地方志数字化模式与案例分析

王芸 肖禹◎著

國家圖書館出版社

图书在版编目（CIP）数据

地方志数字化模式与案例分析/王荟，肖禹著.—北京：国家图书馆出版社，2012.8

ISBN 978-7-5013-4837-4

Ⅰ.①地… Ⅱ.①王… ②肖… Ⅲ.①图书馆工作－地方志－数字化－研究 Ⅳ.①G250.76

中国版本图书馆CIP数据核字（2012）第186632号

责任编辑　邓咏秋

书　　名　地方志数字化模式与案例分析
著　　者　王荟　肖禹　著

出　　版　国家图书馆出版社（100034 北京市西城区文津街7号）
发　　行　（010）66139745，66175620，66126153
　　　　　66174391（传真），66126156（门市部）
E-mail　btsfxb@nlc.gov.cn（邮购）
Website　www.nlcpress.com（投稿）
经　　销　新华书店
印　　刷　北京佳顺印务有限公司

开　　本　710×1000毫米　1/16
字　　数　336千字
印　　张　23.5
版　　次　2012年8月第1版　2012年8月第1次印刷

书　　号　ISBN 978-7-5013-4837-4
定　　价　68.00元

目　录

第1章　地方志数字化概述

在我国浩如烟海的历史典籍中，有许许多多介绍地方情况的文献，其中地方志因其内容涵盖政治、经济、军事、文化等诸多方面，并且记叙全面、详细、系统，因而具有其他文献不可替代的独特价值，成为中国特有的文献资料形式，也是世界文献宝库中的重要财富。由于中华人民共和国建国前后纂修的地方志从内容特征到载体形态具有较大区别，所以国内各个收藏单位普遍采取分编分藏的方式区别对待。因此，我们以中华人民共和国建国作为分界线，把建国以前和建国以后所编纂的地方志书分别称作旧方志与新方志。近几年随着国家经济建设和文化教育事业的发展，一方面读者对地方志信息资源研究、利用的需求日益增长，已不满足于文献提供的单一形式，呈现出多样化、个性化需求，呼唤规范化、知识化服务，另一方面信息技术的迅猛发展，也给传统的文献信息产业带来了革命性的变化，使得新地方志从数量到种类都迅速膨胀，载体形态日益呈现出多姿多彩的态势。需求的日益增长，资源的迅速膨胀，对传统图书馆的地方志收藏、加工、服务都提出了挑战。人们越来越需要寻找一种更简便、更快捷的方式来获取自己所需要的最新信息。近十几年来，随着信息网络技术的飞速发展，文献的数字化成为知识获取与知识传播的重要途径，也为地方志的数字化建设从技术上创造了机会，准备了条件。

地方志数字化就是利用计算机信息技术，将纸质地方志或者胶片地方志转换为影像、全文文本数据，并在此基础上制作书目、索引、资源库等数据的过程。地方志数字化工作，是一个涉及领域广，时间跨度大的系统工程。它既需要多个单位和组织的共同参与，又需要资金和技术的持续投入，不可以一蹴而就，所以地方志数字化一定要走规范化、标准化的建设之路。采用什么样的数据结构和流程、方式进行数字化，既能充分揭示地方志的内容特征，满足地方志数字化的各项功能需求，又能合理地降低数字化的复杂度，具有可操作性，是我们从地方志数字化项目开始就面临的难题，也是贯穿在整个地方志数字化项目始终的课题。

我们在近十年的地方志数字化建设中，立足于地方志数字化过程中的规范化、标准化建设，从地方志数字化前期整理和准备，地方志目录组织，地方志影像化，全文文本化建设和数字化过程中的古籍保护，数字化结束后的检查、验收、利用等诸多环节，审视和总结整个地方志的数字化流程，提出较为科学的、规范的、标准化的地方志数字化建设方案。这个建设方案就是对整个地方志数字化进行模型化的表达，它既包括建立地方志影像化和全文文本化数据模型，也包括建立地方志数字化流程模型。模型化处理较好地解决了既要保证地方志数字化数据质量，提升数据可用性和稳定性，又要降低地方志数字化的工程难度，让数字化工程具有可操作性之间的矛盾，为地方志数字化应用提供了标准化、规范化、具有可操作性的解决方案，同时这一方案也符合当前主流技术要求。

地方志数字化建设可以为用户贡献源于地方志内容又高于地方志固有功能的地方志数字化产品，最大限度地满足用户的功能需求（既包括检索、显示等用户当前的功能需求，同时应考虑用户潜在的功能需求和未来可能出现的功能需求）。

1.1 中国地方志

中国地方志简称“方志”。地方，即地域；志，为“识、记、记述、记载”。顾名思义，“地方志”就是全面记载在某一时间某一空间范围内的自然、社会、政治、经济、文化等方面情况的文献。只不过这已经不是一般意义上所说的记载，地方志有一个区别于其他文献类型的显著标记就是经过长期的发展、演变，它已经形成了一种独特的体裁——志书体。

1.1.1 地方志的概念

地方志的“地方”，是一个广义的空间概念。它既包括记述空间范围是行政区域的一统志、省志、府志、厅志、自治区志、市志、县志、乡志、镇志、村志等综合志，也包括空间范围是地理概念的江河志、山志、岛屿志，空间范围是社会实体的厂志、医院志、兵团志，空间范围是自然实体的植物志、动物志，以及空间范围是建筑实体的亭台楼阁志等专志。

方志萌芽于秦汉时期的地记，发展于隋唐时期的图经，成型于两宋时期并定名为志，鼎盛于元明清时期。而对于地方志的性质和定义，自从清代乾嘉时期方志学诞生以来，就是个争论不休的话题，人们对方志性质的认识有着种种不同的说法。有认为方志是地理书的。此说肇始于《隋书·经籍志》。唐刘知几在《史通·杂述》中说到“九州土宇，万国山川，特产殊宜，分化异俗，如各志其本国，足以明此一方，若盛弘之《荆州记》、常璩《华阳国志》、辛氏《三秦》、罗含《湘中》”。唐宋元，志书序跋中常见地理书说。到清乾嘉时期，不少学者认为，“一方之志，沿革最要”，力主“至乘为地理专书”，形成方志地理学派，其代表人物为戴震、洪亮吉。也有认为方志是历史书的。汉代郑玄把方志看作古国史，此说对后世影响很大。明代方志为史说渐多。到清代，和戴震同时期的另一位方志大家章学诚就认为“方志为古国史，本非地理专门”，强调“志属信史”，认为“方志乃一方全史”。清末至民国时期，梁启超、傅振伦、吴宗慈、李泰棻、寿鹏飞、瞿宣颖等著名学者都祖述章学诚，认为方志属史书。如梁启超在《清代学者整理旧学之总成绩（三）》中说：“最古之史，实为方志，如孟子所称‘晋《乘》、楚《梼杌》、鲁《春秋》’，墨子所称‘周之《春秋》、燕之《春秋》’，庄子所称‘百二十国宝书’，比附今著，则一府州县志而已”。[①] 此外，还有认为方志是史地两性书的。最早提出此说的是朱士嘉，他认为方志“盖无异一有组织之地方历史与人文地理也”。[②] 提出此说最著者为民国年间方志学家黎锦熙，他首次提出方志二源的主张，认为方志是“史地两性，兼而有之”，既是“地志之历史化，又是历史之地志化”。[③] 中华人

---

① 梁启超．中国近三百年学术史［M］．北京：东方出版社，1996：362．

② 朱士嘉．朱士嘉方志文集［M］．北京：北京燕山出版社，1991：44-45．

③ 黎锦熙．方志今议［M］．长沙：岳麓书社，1984：21-22．

民共和国成立后，经历过几次修志高潮，特别是20世纪80年代以来，修志事业发展迅猛。在80年代修志之初人们提出“地方百科全书”、“政书”、“地情书”、“资料书”、“一方古今总览”、“资料性著述”等多种说法。因此，可以说方志性质、定义是伴随方志事业始终的一个课题。中国地方志协会2004年学术年会专题讨论“方志性质”。这次会议的一个重要成果就是为地方志下了一个定义：“方志是记述地方古今各个方面或某一方面情况的科学文献，它既是概括一地自然、社会和人文发展过程的地方史书，也是汇集一方基本知识和系统资料的地方百科全书。”① 它既是纵述历史的地方史书，又是横陈现状的地方百科全书，故有一方之全史之称。这是从地方志的本质属性上为地方志所下的定义。

1.1.2 地方志的特征

对于地方志的特征，有各种不同的归纳和表述方式，但大体上都是从地方志的空间属性、时间属性和内容特征等几个方面去描述和总结的。

1.1.2.1 地方性——空间特征

地方志的记述都有一定的地区范围，或者说空间范围。地方志着力挖掘本地事物及规律与外地（或其他空间范围）的不同之处，详细记载本地区的政治、经济、社会等发展状况，形成了独特的区域文化，具有鲜明的地方特征。如省志、县志等记述的内容都是在一定的行政区域内发生的，工厂志、医院志这类专志记述的内容也是发生在一定的空间范围内的。所以说地方性是方志的主要特征。

根据地方性这个特征，可以得出4项定量指标，囊括并规定着所有的志种。（1）行政区域。以行政区域为空间范围的志书，其种类有一统志、省志、州志、府志、厅志、市志、县志、区志、旗志、乡志、镇志、村志等。（2）自然实体。以自然实体为空间范围的志书，其种类有山志、河志、江志、湖志、海志等。（3）社会实体。以社会实体为空间范围的志书，其种类有厂志、站志、所志、校志、院志等。（4）建筑物体。以建筑物体为空

---

① 王晖. 四论方志性质与特征［J］. 中国地方志，2005（1）.

间范围的志书，其种类有楼志、亭志、阁志、寺志、塔志、堤志、坝志等。这 4 项指标反映出方志的空间状态是多样的，如果只取其中一种状态为方志定性，那就要犯“以偏概全”的错误[①]。例如有的方志定义语对空间的表述为“某一行政区域”、“一定行政区划”，显然就忽略了“自然实体”、“社会实体”和“建筑物体”这 3 项指标，未找到反映方志各志种的所有空间状态的确切概念。方志定义中运用“地方”一词可以泛指大到整个宇宙，小到插针之地的空间范围。

1.1.2.2 时代性——时间特征

每一部地方志都以记述最近一段时间本地区的情况为主，是一个特定时期文化积淀和历史的产物，打上了特定时代经济、政治、文化等方面的烙印。如明清两朝所修的《山东通志》记载了明初至清末山东举人的分布、数量及带动当地刻书、印书业和公私藏书发展的状况，从一个侧面反映了当时科举之兴盛，具有鲜明的时代印记和特征。许多地方志还有续修志书，从时间上，志书在内容和体例方面都具有继承性和连续性。

时代性可分解为 3 项定量指标：（1）因事上溯，超越上限的时代。如地质、文物、历史沿革、兵事、人物等志，都会不同程度地上溯到“太古、上古、中古”等时期。这是通志的特征，一般续修的断代志书很少上溯。（2）上限时期。所有的志书都有一个明确的时间断限。首修志书一般上限起于记述客体的诞生之时，如行政区划建置时、某社会实体成立时、某物体建筑之时。续修志书一般上限在前志下限的次年，对前志需要纠正、补充的可以因事上溯和重点突破。续志由于一些特殊原因可能突破上限，比如新的续志中有反映包括改革开放以来的经济体制改革的，有补修“文化大革命”内容的，这两个方面会大跨度地突破上限。上限到下限虽有几百年与几十年不等，但按《辞海》对“古”的广义解释，上限属于“与今相对的，过去的，旧的，原来的——近古”时期。（3）下限时期，即搁笔前的现状，与古相对的“今之现状”。这 3 项指标反映了方志的时间特性是不完全确定的动态状况。

---

① 王晖．四论方志性质与特征［J］．中国地方志，2005（1）：7-15．

1.1.2.3　系统性——结构特征

地方志内容极为广泛，且成系统。它记载一个地区自然、社会、人文的历史和现状的各个方面：从天文地理、名胜古迹、物产资源、民族宗教、方言俗语、金石碑刻到政治经济、科学文化、典章制度、著名人物、重大事件等，只要在当地有影响的人、事、物，统统属于它的记述范围。同时，包罗万象的内容和新、旧志书之间从形式到内容的继承关系，又使它有别于其他地方性文献。地方志纵向揭示历史演变的连续性，横向反映各个门目的联系性。这种系统性一方面表现为涵盖的内容全，例如包括自然、社会、政治、经济、军事、文化等全方位的省志、市志、县志等志书；另一方面是指在一个独立的系统内反映各个部门、学科之间的关联性、上下级关系等等，例如戏剧志、植物志、方言志、农业志、电力志等系统的专业志书。纵不断线，横不缺项，这是地方志系统性的要求。

1.1.2.4　资料性——内容特征

地方志的主要任务是记录事实，积累资料。资料性是地方志所有特征中最基础的一个特征，是方志生命力之所在。志书是用资料说话的地方史书。周迅在《中国的地方志》[①] 中说：古代地方志虽然许多都出自名家手笔，写得文采动人。但它不同于文学作品，地方志必须准确地反映事实，绝不允许想象和虚构。如同治《竹溪县志》卷十六记 1862 年的一次极光，就是一段优美的散文，而地点、时间、方位、过程、情状都十分确凿具体。资料翔实、真实可靠是志书的生命。所录资料既要丰富，又要实事求是，严加考证，去伪存真，人、时、地、事无差错，做到“资料翔实”。

地方志只回答“是什么”，不回答“为什么”。它的任务不是阐述理论或探讨规律，这是它同一般科学著作不同的地方。一般的科学著作是围绕一两个主题思想或中心论点来组织材料、安排章节，而地方志却基本上是横分若干门类，各类相对独立，或者是按事物发展的客观规律（大小、先后、种属等）编排的，在地方志中并没有什么中心论点贯穿其中。它的编

---

① 周迅. 中国的地方志［M］. 北京：商务印书馆，1998：12.

排原则是便于查找，这正是资料书的特征。

1.1.2.5　科学性——质量特征

科学性主要是针对1949年后新修地方志提出的。新修方志对方志的科学性增加一项新的质量要求，尽管地方志要求记述的事实客观、真实，不能掺杂修志者的个人好恶，但地方志作为一种精神产品，是在一定意识形态下的产物，因此在尊重史实的前提下，还必须做到观点正确，体例完备，特点突出。

1.1.3　地方志的分类

地方志分为全国总志、地区志和专志三类。

1.1.3.1　全国总志

全国总志又称“一统志”。它以行政区域为纲，用地方志的体裁记述全国的情况。著名的全国总志有隋代的《区宇图志》，唐代的《括地志》、《元和郡县图志》，宋代的《太平寰宇记》、《元丰九域志》，以及元明清三代的“一统志”。

1.1.3.2　地区志

地区志占地方志的绝大多数，按照历代行政区划的不同，又有各种不同的类型。如：①省志。省这一级行政区划是从元代开始设置的，以省为范围编修地方志也是从元朝开始的。明清以后，省志大多数称为总志或通志，如明朝成化年纂修的河南省志称为《河南总志》，明朝嘉靖年和清朝顺治、康熙、雍正年编的河南省志都称为《河南通志》；明清时代的湖广省（包括现在的湖南、湖北两省），有明代嘉靖、万历年编的《湖广通志》。②府志。如《（成化）杭州府志》、《（雍正）抚州府志》。府从唐代开始设置，一直延续到清代。③州志。州作为一级行政区划从东汉末年开始。明清时代的州有两种，大多数隶属于府，称为散州，一部分直属于省，和府平级，称为直隶州。如山西代州，管辖的地区大体相当于现在山西代县、繁峙、五台、原平四县，原来是散州，明朝有《（万历）代州志》，清雍正年间改为直隶州，乾隆年间修的志书就称为《直隶代州志》了。④厅志。如《（光绪）赤溪直隶厅志》（广东台山）、《（宣统）丹噶尔厅志》（青海湟源）。清代在新开发的地区设厅。散厅和县平级，隶属于州，直隶厅和府平级，隶属于省。⑤县志。如《（乾隆）历城县志》（山东历城）、《（乾隆）万县志）》（四川万县）。我国春秋时代，一些诸侯国就开始在边境设县，逐渐发展到内地，后来由秦始皇推行到全国。县志大约占到我国现存地方志的70%。⑥乡镇志。以低于县的行政区域作为记述范围，有乡志、镇志、里志、村志、街道志等。如《（康熙）杏花村志》（安徽贵池）、《（乾隆）真如里志》（上海嘉定）、《（民国）曹娥乡志》、《前门街道志》（北京）等。⑦都邑志，也就是城市志。如《（民国）首都志》（江苏南京）等。

此外，还有一些因军事、民族事务等特殊需要而划分的区域，也往往修有志书，如：①卫所志。卫是明代军事编制的名称。明代在军事要地设卫，如建州卫、天津卫等。卫的防地有时可以包括几个府。卫志往往由它的长官（指挥使）主修，如《（康熙）天津卫志》。卫以下设千户所，每所一千二百人；百户所，每所一百二十人，有的也有志书，如《（光绪）三江所志》（浙江绍兴）。②兵团志。兵团也称生产建设兵团，是20世纪50年代建立的戍边屯垦、实行“军、政、企合一”的特殊社会组织。兵团属于中国计划单列的副省级单位，自行管理内部行政、司法事务，受中央政府和所在行政省或自治区政府双重领导。生产建设兵团的管理体系主要有兵团、师、团三级。兵团的团级单位除了团场外，还有农场、牧场等，一般统称为“农牧团场”，行政级别为县处级。师、团、农场、牧场有的也有志书，如：《新疆生产建设兵团农四师志》、《一五零团场志》、《火箭农场志》等等。③边关志。专记边防要塞的情况，如《（嘉靖）山海关志》。④土司志。又叫土司司所志。明清时代，在西北、西南一些少数民族，设置由当地头人世袭的土知州、土知县、招讨使、千户、百户等文武官员，管辖本民族地区，这就是土司司所。它的志书，便由土官主修。如广西思恩县境内的白山司，有土司王言纪主修的《（道光）白山司志》。⑤盐井志。元代开始设官管理盐井，称为“提举”，本来只管盐务，明清时逐渐兼管当地民政刑政。盐井志只见于云南，如《（康熙）黑盐井志》。

这些特殊区域的志书各有特色。边关志、卫所志着重记述有关军事的情况，像山川、要塞、兵马粮秣等。土司志突出民族事务。盐井志主要记盐务。兵团志突出军垦戍边的业绩。但它们也都有和一般地方志书相同的地理沿革、古迹、物产、人物等内容。

1.1.3.3　专志

专志应属于集合概念，包括所有专门志、部门志、专业志、行业志等。专门志，专门记述某一地区的某一项特定事物。如山水志记述山脉、河流、湖、塘、泉等；名胜志记述一地的名胜古迹，包括寺志、塔志、园志、楼志、桥志等；风土志记述一地的风俗民情等；金石志记述当地的铜器碑刻等文物；经籍志或艺文志专介绍当地人的著作；人物志介绍当地著名人物。专业志，是从学科角度上来划分的，如《中国植物志》、《方言志》、《黄梅戏志》。行业志是从工作系统角度来划分的，如《安徽省电力工业志》《安徽省司法行政志》。而部门志顾名思义则是从独立机构角度来划分的，如《台州学院志》、《潍坊市图书馆志》，记述对象就是一个部门，不涉及这个行业系统。

1.1.4　地方志的数量

中国历代纂修过多少地方志已经不可考，据中国科学院北京天文台主编的《中国地方志联合目录》①（收录全国各省、市、自治区的公共、科研单位、大专院校图书馆、博物馆、文史馆、档案馆等190个单位所收藏的方志），收录1949年以前编纂的省、市、府、州、县、乡镇志8264种，其中包括通志122种、府志厅志州志875种、县志5728种、乡镇志326种、乡土志529种、其他684种。这些地方志占全部现存古籍中的比例近乎十分之一，但是这并不是现存地方志的全部，《中国地方志联合目录》不包括全国总志和山水志、寺庙、名胜志等各类专志，也不包括保存在其他图书馆、收藏机构或个人手中的方志。而对于流散在国外的地方志，《中国地方志联合目录》只收录了当时已知的极少数珍本。

---

① 中国科学院北京天文台．中国地方志联合目录［M］．北京：中华书局，1985．

国家图书馆[①]是地方志的最大藏家，无论是数量还是质量都堪称第一。国家图书馆曾先后多次编制馆藏方志书目，主要有：缪荃孙主编的《清学部图书馆方志目》，1914年刊于《古学汇刊》第二集，该目录是清点内阁大库移交京师图书馆的方志目录，共收录方志1676部，其中明代方志224部；谭其骧主编的《国立北平图书馆方志目录》，民国二十二年（1933）国立北平图书馆铅印本，收录方志3800余种；《国立北平图书馆方志目录二编》，民国二十五年（1936）年国立北平图书馆铅印本，收录民国二十二年至民国二十五年间入藏方志862部；《北京图书馆方志目录三编》，1957年北京图书馆铅印本，收录抗战期间和新中国成立后入藏方志书2177种，附名胜、古迹、山志等180种；《北京图书馆古籍善本书目·史部》[②]，1989年书目文献出版社出版，收录方志善本2400余部；《北京图书馆普通古籍总目·地志门》[③]，2003年北京图书馆出版社出版，收录的地志门图书共8774种、17670部、137329册，涉及出版于1911年之前，以古典装帧形式出现的写本和印本图书及出版于1911年之后，以古典装帧形式出现，内容与中国古代地方文化有关的图书。国家图书馆方志馆作为目前国内最大的方志专藏单位，除收藏大量旧方志类图书外，还收藏有新方志17000余种（包括综合志和专志）。新方志的收藏数量还在以每年3000余种的速度增加。

除国家图书馆外，上海图书馆、北京大学图书馆收藏方志均超过5000种，中国科学院图书馆、天津图书馆、南京图书馆、台湾“中央图书馆”收藏方志均超过4000种。国外的中国方志收藏以日本和美国为中心，英国、法国、意大利、德国、比利时、荷兰、瑞典、韩国、新加坡、澳大利

---

① 国家图书馆即中国国家图书馆，其前身是兴建于1909年的“京师图书馆”。1912年更名为“国立京师图书馆”。1928年更名为“国立北平图书馆”。中华人民共和国成立后，1950年更名为“国立北京图书馆”。1951年更名为“北京图书馆”。1998年经国务院批准，更名为“国家图书馆”，对外称“中国国家图书馆”。

② 北京图书馆．北京图书馆古籍善本书目［M］．北京：书目文献出版社，1989.

③ 北京图书馆普通古籍组．北京图书馆普通古籍总目·地志门［M］．北京：北京图书馆出版社，2003.

亚等国都收藏有中国方志。据巴兆祥的《东传方志总目》[①]，日本53家图书机构与文库收藏中国方志4025种；据李艳秋的《国外所藏中国地方志及其目录》[②]，美国犹他州家谱学会收藏中国方志5500余种，美国国会图书馆收藏中国方志4000余种，哈佛大学燕京图书馆收藏中国方志3858种；据安德鲁·莫顿（Andew Morton）的《英国各图书馆所藏中国地方志总目录》，大英博物馆，牛津、剑桥、伦敦、爱丁堡等大学收藏中国方志2516种；据Y. 赫渥艾特（Y. Hervouet）的《欧洲图书馆藏中国方志目录》，欧洲9国25个图书馆收藏中国方志1434种。

1.2 数字化

数字化就是将许多复杂多变的信息转变为可以度量的数字、数据，再用这些数字、数据建立起适当的数字化模型，把它们转变为一系列二进制代码，引入计算机内部进行统一处理，这就是数字化的基本过程[③]。本书讨论的是地方志文献的数字化问题。

目前，对地方志数字化的专门研究还不多，这些研究往往包含在文献数字化或古籍数字化研究中，既没有对地方志数字化的整体研究，也没有对地方志数字化中的重要问题的深入探讨。而在实践领域，虽然出现了一批有一定影响的地方志数字化项目，如国家图书馆的数字方志项目、北京爱如生数字化技术研究中心的《中国方志库》、北京籍古轩图书数字技术有限公司的《中国数字方志库》等，这些项目虽然在一定程度上满足了用户的需求，但是在可用性、易用性、学术性、开放性、标准化等方面都存在或多或少的问题。

1.2.1 数字化的理念

文献数字化可以分为三个层次：

---

① 巴兆祥. 中国地方志流播日本研究［M］. 上海：上海人民出版社，2008.

② 李艳秋. 国外所藏中国地方志及其目录［J］. 图书与情报，1997（3）：40-41.

③ 数字化［OL］.［2011-11-30］. http：//baike.soso.com/v353423.htm?pid=baike.box.

第一个层次是纸本的替代。受时间、空间、文献收藏机构、文献自身特性等限制，一部纸本在同一时间只能提供给一位读者阅览，而且要受阅览或外借的限制。而纸本数字化以后，可以通过网络同时为多用户服务，并且不会再对原纸本造成损耗。纸本的图像数据和文本数据依托计算机、平板电脑、电子阅读器等硬件设备可以很好地替代纸本文献。

第二个层次是数字资源的功能提升。文献数字化后，依托目录、索引、文本等数据，通过检索软件和数据库可以实现全文检索。不同于传统的阅读方式，将海量的数字资源汇集在一起，通过全文检索，用户可以直接找到所需的文献、章节、篇目、段落甚至字句。尽管目前的全文检索还存在很多缺陷，但是已经可以在一定程度上满足用户的需求。

第三个层次是知识提供。知识提供不同于传统的文献检索，它是打破文献原有的组织结构，将大量的文献还原为不同粒度的知识和与知识相关的资源。用户可以摆脱文献的限制，依据自身的需求，直接获取知识和资源。目前，现有的目录库、图像库、文本库、资源库等还不能实现知识提供。

1.2.2 数字化的方法

图像化是将各种载体的文献转化成图像数据的过程。在当前的技术条件下，图像化是最能反映文献原貌的数字化方法。目录、索引等二次文献只能反映文献的部分特征，而文本数据会损失部分版式信息，文本化过程也会引入一些文字错误。同时，图像化在整个文献数字化过程中是一个承前启后的环节，纸质文献转换成数字图像，是全文文本库、资源库建设的基础。

全文文本化是将各种载体的文献转化成全文文本数据的过程，相对于索引数据、书目数据和图像数据，全文文本数据既能揭示文献包含的绝大部分信息，又能支持检索和显示。全文文本数据比书目、索引、图像等类型数据复杂，是数字化研究与实践的重点和难点。同时，全文文本数据是信息检索、信息显示、信息抽取、数据分析、数据挖掘等一系列后续应用的基础，全文文本数据的内容、格式、数据质量、描述方式等都会对后续应用有直接的影响。

资源库是经过整合的有序的数字资源集合。作为资源的集合，资源库容纳的资源类型多样、资源内容丰富、组织手段繁多、展示方式灵活。资源库中各种类型的资源围绕某一主题进行整合，可以直接满足用户某一方面的需求；不同粒度的资源有机地组织在一起，共同为同一主题服务；资源经过深入的标引，可以支持显示、浏览、检索等功能；各类资源之间彼此关联，形成多维的资源网络。

1.3　研究方法

地方志数字化属于交叉领域，既涉及方志学、文献学、目录学等人文学科，也涉及中文信息处理、软件工程等工程技术学科。已有的研究通常是从使用者和创建者两个角度来进行考量。使用者的研究角度往往重视个体需求，从文献的角度来探讨地方志数字化，其中还涉及很多学术问题，但是这类研究常常忽视技术的可行性和数字化项目的工程要求；创建者的研究角度则更重视群体需求，是从工程的角度来探讨地方志数字化，强调技术的可实现性，但是这类研究往往忽视地方志的文献特征和与地方志数字化相关的学术问题。

本书将从微观、中观、宏观三个不同层面讨论地方志的数字化。微观层面主要讨论地方志数字化过程中的具体问题的操作方法和解决方案，例如：地方志机读目录的编制方法，每个字段应该著录、标引的内容；方志图像化的技术参数，图像采集、图像处理等技术细节；方志文本化的文字规范、集外字处理、有限版式还原等。中观层面主要讨论整个地方志数字化项目中每个组成部分的项目流程、技术标准和实施方案，如目录库、图像库、文本库、资源库等。宏观层面主要讨论地方志数字化过程中各组成部分之间的相互关系，地方志数字化的整体建设原则和工作流程，地方志数字化的共建共享和规范化建设的策略。

地方志既包括古籍，也包括民国文献和1949年以后出版的文献。《古籍修复技术规范与质量要求》（GB/T 21712—2008），将古籍定义为“书写或印刷于1912年以前具有中国古典装帧形式的书籍，中国古代书籍的简称”[①]。而1949年以后出版的文献通常采用平装或精装，采用现代印刷技术，在本书中称为普通中文文献。本书将重点讨论古代地方志（古籍）和现代地方志（普通中文文献）的数字化。而民国方志介于古代方志和现代方志之间，兼具两者的特点。故民国地方志的数字化可以参考古代地方志和现代地方志，不作单独讨论。

① 古籍修复技术规范与质量要求［OL］.［2011-11-30］. http：//www.51zbz.cn/biaozhun/20123.html.

第2章　地方志目录库

地方志目录库是指在统一的机读目录数据格式下，按照规范的编目标准加工而成，并最终以计算机网络系统形式向用户提供地方志书目数据资源检索的目录数据库。目录组织在文献数字化建设与服务中起着重要作用，规范化、标准化的目录组织是文献资源共建共享的前提。所谓编制机读目录数据，就是采用计算机可以识别和处理的数据格式，例如MARC格式、DC格式等对文献进行著录、分类和标引。编制地方志机读目录数据的过程就是采用通行的机读目录格式对地方志文献进行客观描述和分析标引的过程。一方面是在地方志收藏单位内部建立起系统、规范的机读目录组织，便于建设者自身对地方志进行科学管理，这有点像给地方志立户口；另一方面通过正确和详细的目录组织为用户聘请一位优秀的导航员，让用户在浩繁的地方志文献中，便捷、快速地找到自己所需要的资料。

地方志目录库检索系统的开发始于20世纪90年代初，地方志数字化建设和其他文献的数字化建设一样，也是从编制地方志机读目录数据开始的。地方志机读目录数据，普遍采用图书馆界通用的MARC格式，对地方志的外部特征和部分内容特征进行客观、规范著录。由于地方志机读目录数据主要用于检索，所以地方志机读目录数据在内容描述、主题标引、检索点设置等方面更注意揭示地方志文献特点。

2.1　机读目录数据编制

地方志是中国特有的一种文献类型。由于其起源早、持续久、类型全、内容丰、数量多，因而自成完整的体系。地方志又是记述某一特定空间和时间内发生的重大史实的文献，所以空间性和时间性是它最突出的特点。

因此在编制地方志机读目录数据时要充分认识地方志的特点，在著录标引过程中努力揭示和凸显地方志不同于其他类型文献的特征，同时这种揭示和凸显又必须符合国际和国家的目录组织规则，在著录规则规定的范围内编制目录数据。通过机读目录数据查询，满足用户对地方志进行查询、更加便捷地获取书目信息的需求。

2.1.1 机读目录编制的原则

编制地方志的机读目录，要求正确地揭示、反映地方志的共性和个性。所谓共性，也就是类的概念，它属于什么地方的地方志，什么类型的地方志。同时要揭示每一种方志的与众不同，它是什么时代的方志，它记事的特点、时间下限是什么，有哪些内容是可以单独分析出来的，等等，都要给予充分的展示。否则，地方志的目录就会除了地名以外，千篇一律，让用户如入迷宫，无从下手。地方志空间性和时间性很强，在进行地方志分类时，要注意反映这种特性。同一地区的地方志，同名但不同时代，地方志的目录要在突出地方性的基础上，体现时间性，要从便于服务和便于管理两个方面下工夫，使读者能够通过机读目录组织，更快速地了解地方志的基本内容、更便捷地检索到所需的地方志、更好地利用地方志。

2.1.1.1 规范著录原则

为了便于地方志信息的组织和交换，向读者提供具有唯一性和一致性的目录信息，必须在地方志机读目录编制工作中遵循规范著录、统一著录的原则。这种规范和统一首先是应用标准的规范和统一，编目单位不能各行其是。《国际编目原则声明》[①] 中指出，“书目记录的著录部分，应以国际上认可的标准为基础”。对于图书馆界来说，这个国际上认可的标准目前就是《国际标准书目著录》（ISBD）。编制地方志机读目录数据必须严格遵循《国际标准书目著录》（ISBD）[②]、《中国文献编目规则》[③]、

---

① 国际编目原则声明［OL］.［2011-11-30］. www.ifla.org/files/cataloguing/icp/icp_2009-zh.pdf.

② 吴龙涛等. 国际标准书目著录（ISBD）［M］. 北京：华艺出版社，2002.

③ 富平，黄俊贵. 中国文献编目规则［M］. 第二版. 北京：北京图书馆出版社，2005.

《普通图书著录规则》[①]、《中文机读目录格式》[②]、《古籍著录规则》[③]、《汉语文古籍机读目录格式》[④]等，只有遵循统一的标准，才能让地方志机读目录数据的编制有章可循、数据规范统一，实现数据共享与交换。目前在地方志机读目录数据的编制实践中，存在各个机读目录制作单位应用规则不统一，各自依据自己制定的规则甚至完全凭编目员的喜好对地方志进行著录、标引的情况，例如，著录同一种地方志，题名、卷数、责任者、出版时间、出版者等信息，选择的信息源不同，著录的字段也不同，这不仅会给用户检索带来很大困难，也给地方志机读目录数据的管理带来麻烦，无法保证地方志机读目录数据的唯一性和一致性，而且会影响机读目录数据的交换和共建共享。第二，在应用统一著录规则的基础上，还要正确理解著录规则，在执行层面统一认识，加强交流。否则，虽然采用相同的标准，但各自按照自己的理解执行标准，标准和规则就将形同虚设。例如记述旧志的正文卷数，按照《中国文献编目规则》和《汉语文古籍机读目录格式》的规定，要在题名后用数字表示卷数，用汉字一、二、三、四等，将"卷数"著录在"其他题名信息"位置，但是各编目单位对正文卷数的处理并不一致，有的直接和正题名连在一起著录，也有的著录在"其他题名信息"位置，有用汉字著录卷数的，也有用阿拉伯数字著录卷数的，这样就会给以后的数据交换和共建共享造成困难。描述同一个具体的事情，应采用统一的陈述语言，例如记述方志的记事下限，虽然是很简单的一个陈述，但也要规范记述用语。根据《国际标准书目著录》（ISBD）的精神和《中国文献编目规则》有关著录用文字的规定，地方志新志和旧志在著录题名与责任者项、版本项（数字除外）、出版、发行等项和丛编项内容时，要按照规定信息源上出现的文字形式如实照录，即按照原书用字客观著录，原书是简体字就用简体字，原书用繁体字就用繁体字。编制机读目录数据时记

① GB/T 3792.2-6，普通图书著录规则［S］. 北京：中国标准出版社，2006.

② 国家图书馆. 新版中国机读目录格式使用手册［M］. 北京：北京图书馆出版社，2004.

③ GB/T 3792.7-2008，古籍著录规则［S］. 北京：中国标准出版社，2009.

④ 鲍国强，程有庆. 汉语文古籍机读目录格式使用手册［M］. 北京：北京图书馆出版社，2001.

述同一类事物，采用的字段也要一致，例如行款的著录，根据《汉语文古籍机读目录格式》的规定，要著录在305（版本与书目史附注）字段。同时描述语言、风格也要保持一致，这样才能便于读者理解，便于同行交流，也便于业务管理。第三，编目中出现著录规则未涉及的新情况，各编目单位应对编目规则进行统一的扩展或修订。相对于编目实践，著录规则可能不够完善，相对滞后。在编目实践中，各编目单位应该加强交流，统一认识，统一扩展或修订规则，只有这样才能保证著录规则和书目数据的一致性，为地方志目录库的共建共享创造条件。

2.1.1.2 新旧志分开编目原则

地方志的新志和旧志从体例到内容都有继承关系。从时间上区分新志一般是指1949年中华人民共和国成立后纂修的地方志，旧志一般是指1949年以前纂修的地方志。从装帧形式上区分，新志一般都采用平装或者精装，旧志一般采取中国传统的装帧形式，如线装、包背装、毛装等。

由于《古籍编目规则》和《普通中文文献编目规则》在信息源的选取、字段使用等方面存在较大区别，新旧方志在用纸、装订等方面也存在较大差异，因此，从文献保护和图书排架的角度，大多数地方志收藏单位在传统上都是分开编目、分别典藏的。同时，图书馆长期以来为了便于图书的典藏、管理和服务，一般都遵循着线装书和精、平装书分别编目的原则。按照这一原则，地方志的新志和旧志也应该适用分别编目的原则。

2.1.1.3 针对性原则

针对性首先是指针对地方志与普通古籍和普通图书的不同特点，突出其地方性、资料性。在整个目录编制环节既要执行统一、规范的著录标准，又要尽量揭示出地方志的文献特性。其次是指针对地方志内部各个志种之间的不同资料特点，在编目中给予特别关注，充分表达。旧志、新志和专志，从内容到形式各有不同特点，例如新志中的综合志，它们在著录内容的选择上虽然与普通中文文献的著录很接近，但综合志的分类和标引要考虑按地区集中，便于目录组织者管理和读者使用。而对于地方志中的专业志，则要考虑按行业、按部门、按专业的特点去集中著录标引。

2.1.2　目录数据格式

地方志目录库的数据格式主要采用MARC格式和Dublin Core（以下简称为DC）格式。它们都是使用广泛的元数据格式。所谓元数据（metadata）最常见的定义是“关于数据的数据（data about data）”。[①] 它是一种用来描述数字化信息资源，特别是网络信息资源的基本特征及相互关系，从而确保这些数字化信息能够被计算机及其网络系统识别、分解、提取和分析归纳的一种框架或一套编码体系。目前，元数据的发展呈多元化的格局。MARC与DC这两种格式发展比较成熟，在图书情报界得到广泛的认可。它们之间可以进行映射和转换。

2.1.2.1　MARC格式

MARC是Machine Readable Catalogue的英文缩写形式，即机器可读目录。它是以代码形式和特定结构记录在计算机存储载体上的、用计算机识别与阅读的目录。MARC可一次输入，多次使用，是信息技术发展和资源共享要求的产物。MARC格式即机器可读目录格式。MARC格式最早于20世纪60年代由美国国会图书馆研制。1973年国际标准化组织将MARC格式作为国际标准正式颁布，即所说的USMARC格式，或称LCMARC，现在已改名为MARC21。

1. USMARC

1965年美国国会图书馆开始研制机读目录，1966年生产出MARC I磁带，1969年正式出版了MARC II磁带，其后陆续出版了专著、连续出版物、档案与手稿资料、视觉资料、乐谱和地图等资料类型的MARC数据文件。由于MARC II格式是美国国会图书馆开发的，故称之为USMARC（又称LCMARC）。为了适应多种类型资料编目的需要，20世纪80年代，国会图书馆将原来分开出版的专著、连续出版物、档案与手稿资料、视觉资料、乐谱和地图等合并，不断更新，简化格式，清除在实际使用时出现

① DIGITAL LIBRARIES：Metadata Resources［OL］.［2011-11-30］.http//archive.ifla.org/II/metadata.htm

的歧义和偏差。1988 年美国国会图书馆网络开发和 MARC 标准办公室颁布了 USMARC 一体化的书目格式，并于 1993 年底开始执行。

所谓一体化就是对各种资料类型均提供一种统一的书目格式，当编制某种资料类型的书目记录时，在格式中选择相应的数据代码，相应的字段、子字段和指示符即可。USMARC 由美国国会图书馆维护和修订，并被多个质量高、数量多的联合目录数据库采用，以它为标准向全世界提供书目数据服务，是国际上采用最多的西文文献编目格式（我国高校大多采用此格式，如 CALIS 联合目录）。

2. UNIMARC

USMARC 之后，又有许多国家陆续进行了本国机读目录系统的开发和研制，欧美许多国家和亚非部分国家都先后建起了本国机读目录系统。为了统一各国机读目录格式，实现不同文种、不同载体的文献机读目录格式的一体化，实现全球资源共享，国际图联（IFLA）于 1977 年主持研制 UNIMARC，并首次出版了《UNIMARC 通用机读目录格式》，UNIMARC 是通用性更大的 MARC。此后国际图联又不断进行了修改，先后推出了 1980、1983、1986、1987、1994、1996、1999 等版本。UNIMARC 是 IFLA 推广使用的格式，已被多个国家和地区采用，如：欧洲许多国家、日本、中国台湾等。

3. CNMARC

中国于 1979 年起开始引进美国 MARC，加以研究。1982 年依据 ISO2709，制定了机读目录的框架格式 GB2901-82《文献目录信息交换用磁带格式》。1988 年起北京图书馆（中国国家图书馆前身）开始研制 CNMARC，并于 1989 年底发行书目文献记录的数据磁带和软盘。CNMARC 是中国采用 UNIMARC 格式，结合中国国情制定的中国机读目录格式。

从上世纪 80 年代中后期开始，国家图书馆开始尝试采用计算机识别格式进行中文普通图书书目数据的编制。当时我国还没有自己的中文图书机读目录格式（CNMARC），只能利用国际图联的 UNIMARC 格式，对于不适合我国编目惯例的地方作了一些调整。中文编目中遇到的问题，推动了 CNMARC 的研制。经过近十年的摸索，北京图书馆依据 UNIMARC 的框架，负责起草了《中国机读目录格式》(CNMARC)，该格式在 1995 年 4 月通过了由文化部科技司主持的审定，并于 1995 年 12 月正式出版了《中国机读目录格式使用手册》。作为文化行业标准，《中国机读目录格式》(CNMARC) 由文化部颁布，于 1996 年 7 月 1 日起在全国正式实施。它基本上译自 UNIMARC，只是根据我国出版物的一些特殊情况和规则的新变化设计了一些地方字段，如 091 统一书刊号、092 订购号和 905 馆藏字段等。但随着编目对象的日益复杂和多样化，IFLA 世界书目控制与国际机读目录委员会，为了满足用户的各种需求，对《UNIMARC》进行了多次更新与修订，《中国机读目录格式》(CNMARC) 根据这些新变化，对《中国机读目录格式》(CNMARC) 在 2001 年 3 月进行了修订。2002 年底，中国国家图书馆又组成了专门工作组草拟了《中国机读目录格式》的国家标准文本。2004 年 3 月经过进一步完善后出版了《新版中国机读目录格式使用手册》。考虑到中国古籍与西方古籍的重大差异，新定义了“193—中国古籍，一般性数据”和“194—中国古籍，藏本形态特征”两个字段。这两个字段更加适合中国古籍的编码著录。这个标准的颁布，使中文文献，包括地方志文献的目录组织建设“有法可依”。

1987 年 1 月国家颁布的《古籍著录规则》使古籍编目从著录项目的设置、排检顺序和著录用标识符号三个方面直接与《国际标准书目著录》(ISBD) 原则接轨，为中国古籍进入中外文献书目信息交流体系创造了条件，也使得旧方志的编目工作走上了标准化、规范化的发展道路。从 1999 开始，国家图书馆古籍编目开始引入机读目录格式，进行计算机编目，旧地方志的数字化编目也是从那时起步的。但最开始还没有专门针对古籍的机读目录格式，有些古籍特殊信息只能借用普通图书机读目录格式来表达，但这种借用，不能完整、准确地表达古籍文献的特征。因此，编制针对汉语文古籍文献的机读目录格式显得非常重要。经过有关专家的努力，2001 年 10 月出版了《汉语文古籍机读目录格式使用手册》。

该手册主要是根据《古籍著录规则》(GB 3792.7-87)、《中国机读目录格式》(WH/T 0503-96) 和《中国机读目录格式使用手册》的基本原则以及古籍编目的实践和经验，选用了适合于汉语文古籍的字段和子字段，并增加了有关的内容说明和应用实例，供编制古籍机读目录数据时参照使用。考虑到广泛的适用范围和古籍机读目录要求多样化，该手册还包括了可能使用的所有字段、子字段以及古籍类型；也因为我国古籍的内容特征、形式特征的多样化和复杂性，在具体内容说明和举例方面根据机读目录的基本原则提出通用格式注释和古籍的主要类型样例。各古籍收藏单位和专题古籍机读目录编者可根据特定需求从中选用有关字段和子字段，并根据具体情况和要求制订更详细的古籍机读目录数据处理细则。①

2.1.2.2　DC 格式

DC 元数据是都柏林核心元数据集（Dublin Core）的简称，1995 年由 OCLC（Online Computer Library Center，联机图书馆中心）和 NCSA（National Center for Supercomputer Applications，美国超级计算机应用中心）在美国俄亥俄州的都柏林创建。1998 年 9 月，IETF（Internet Engineering Task Force，因特网工程任务组）正式接受 DC，将其作为一个正式标准（RFC2413）予以发布。研制 DC 元数据的目的是希望建立一套比较简洁的描述网络电子文献的方法，以便网上信息检索。DC 元数据格式就是 DC 元数据的应用格式，DC 元数据由网络信息资源提供者创建，网络信息资源提供者按 DC 元数据格式的要求对其提供的信息资源的属性、内容进行描述、定位，帮助人们尽快在网上发现所需要的有效信息资源。

1. DC 格式的构成要素

DC 元数据集共包括 15 个核心元数据元素。根据功能的不同，这 15 个元素可分为资源内容描述、知识产权描述及外部属性描述三种类型。资源内容描述类元数据包括标题、主题、资源描述、语言、信息来源、关联、资源的覆盖范围等七个元素，知识产权描述类元数据包括著者、出版者、其他责任者、版权等四个元素，外部属性描述类元数据包括日期、资源

---

① 中国国家图书馆．汉语文古籍机读目录格式使用手册［M］．北京：北京图书馆出版社，2001：1

类型、格式、标识等四个元素。为了进一步描述资源的详细特征，DCMI（Dublin Core Metadata Initiative，柏林核心元数据先导计划）对 DC 的 15 个元素进行限定。元素限定词有两类，一类用于元素的细化限定，该类修饰词使元素的含义的专指度更高；另一类是元素的编码体系，用于说明元素值所属的编码体系，帮助理解值的含义。

2. DC 格式的特点

DC 是为了网上资源的辨识、检索而制定的一种著录格式。其目的是为了寻求一套简单而有弹性、且非专业图书馆人员也可轻易掌握和使用的信息资源著录格式，以提高网络信息资源的开发利用率。DC 有 15 个基本元素用来描述网络资源的内容特征，且这些元素都是可扩展的，每个元素具有可重复性和选择性。同时，DC 的元素是结构化的、有层次的，支持字段检索，提供对特定资源足够全面的描述信息，使用户不用真正链接到检索资源本身就能对资源有全面的了解。DC 元数据格式具有简单易用、可选择、可重复、描述灵活及国际通用等特点。

2.1.2.3　MARC 格式与 DC 格式比较

MARC 是一种复杂格式的元数据，其特点是具有严格的语义规则和完整的信息描述手段，有严格的格式规定，能准确、完整地描述信息资源，尤其是对检索点的选取，能够确保其数据元素组成具有统一性，是目前系统最完善、结构最复杂、标准最严谨的元数据格式，是全球范围认同的成熟的传统机读编目格式，是专供图书馆界专业从事文献分编工作的研究馆员们使用的。它主要由三部分构成：记录头标区、地址目次区、数据字段区。

用 MARC 格式编制及读取目录数据需要编目人员严格遵守编目规则，利用标准分类体系，其系统完善、字段完备、数据结构严密，编目数据质量高，用户检索文献资源的准确率高，能节约检索时间，提高文献的利用效率；MARC 格式属于规范化的受控编目，其数据元素组成具有统一性，有利于资源共享，可提高用 MARC 进行文献信息资源组织的编目人员的工作效率，缩短信息资源组织周期。但采用 MARC 格式编制及读取目录数据，编目成本及维护与更新的费用较高。MARC 格式必需专业的编目人员才能完成，其业务学习和著录成本（含时间、设备、人工）过高；传统文献资源的 MARC 记录描述的各种项目是稳定的，但网络信息资源的各项目是变化的，如网络信息资源的题名、内容、地址等，其中任何一项的变动都会打破书目记录与网络资源的联系，因此 MARC 记录形成之后，还有维护与更新的费用。例如，由于网络信息地址时常更改，为了维护 856 字段链接的有效性，就需花费相当的人力、物力。对数量极为庞大、变化极为频繁的网络信息资源的编目单靠专业编目员难以完成，而非专业人员由于 MARC 格式的复杂性却难以参与进来。不过目前因特网上也有大量相对稳定的重要的信息资源，比较适合用 MARC 格式进行组织。

与复杂的 MARC 格式不同，DC 元数据格式只有 15 个基本元素，较为简单，而且根据 DC 元数据格式的可选择原则，可以简化著录项目，只要确保最低限度的 7 个元素（题名、出版者、形式、类型、标记符、日期和主题）就可以了。复杂 DC 元数据是在简单 DC 元数据的基础上引进修饰词的概念，如体系修饰词（SCHEME）、语种修饰词（LANG）、子元素修饰词（Subelement），进一步明确元数据的特性。特别是通过体系修饰词，把 MARC 的优点和各种已有的分类法、主题词表等控制语言吸收进去。DC 元数据格式所包含的 15 个元素，不论是图书情报专业人员还是一般的用户，都能掌握和使用；所有的元素都具有可选性，标引者可根据资源的内容及行业的不同，选择合适的元素加以描述；所有元素都可重复使用，多创建者、多版本、多语种资源的描述可通过 DC 元数据格式的可重复性实现；网络资源的描述，既可使用规范词，也可使用自由词（关键词）。

2.2　机读目录数据的著录与标引

根据地方志文献的特点和目录库的用户需求，选择计算机可以识别和处理的元数据标准和目录著录、标引规则来组织和表达地方志目录数据的过程，即是对地方志机读目录数据的著录和标引。本书主要讨论 MARC 格式下的地方志机读目录库的制作。编制 MARC 格式的地方志机读目录数据要遵循《中国文献编目规则》、《新版中国机读目录格式使用手册》、《汉语文古籍机读目录格式使用手册》、汉语文分类主题词表、刘国钧分类法等国家标准或行业标准。

2.2.1 机读目录格式

遵循新、旧方志分开编目的原则，新方志适用《新版中国机读目录格式使用手册》，旧方志适用《汉语文古籍机读目录格式使用手册》。尽管新方志和旧方志适用不同的机读目录格式，但汉语文古籍机读目录格式是根据中国机读目录格式（CNMARC）的基本原则制定的，《汉语文古籍机读目录格式使用手册》只不过是在遵循《新版中国机读目录格式使用手册》（CNMARC）结构的前提下，根据古籍编目的实践和经验，针对古籍文献的特点作例外和补充规定，增加适合于汉语文古籍的字段和子字段，例如增加了古籍藏本特征、保护状况等著录内容。但万变不离其宗，二者的共性是显而易见的。

为了突出重点，避免重复，本书先介绍新旧方志编目的通用字段，再介绍新、旧方志编目中字段选取、内容著录等方面的不同点。为了便于区分，本书中用“#”表示 MARC 数据中的空格符号。

2.2.2 通用字段填写细则

CNMARC 记录机构规定了每一个用于交换的标准记录结构，必须由记录头标区、地址目次区、数据字段区、记录结束符四部分组成。本章重点介绍与地方志目录信息有关、需要由编目人员填写的机读目录格式中通用字段的著录方法和著录内容。

2.2.2.1 记录头标区

记录头标区是由 24 个字符构成的定长数据区，位于每个地方志书目记录的开头，字符位置规定从 0 至 23，数据元素含义用字符位置标识。记录头标有 8 项数据元素。通过字符位置标识记录的某些特征，满足计算机处理地方志书目记录的需要。记录头标是定长字段。记录头标没有字段号、指示符和子字段标识。记录头标是必备的，不可重复。

1. 记录头标区数据元素说明

记录头标区包含的数据元素如表 2-1 所示。

表 2-1　记录头标区所含数据元素表

定长数据元素	字符数	字符位置
记录长度	5	0—4
记录状态	1	5
执行代码	4	6—9
指示符长度	1	10
子字段标识符长度	1	11
数据起始地址	5	12—16
记录附加定义	3	17—19
地址目次区结构	4	20—23

（1）记录长度

记录长度（字符位置 0—4），用 5 个十进制数字表示整个地方志书目记录的字符总数，右对齐，空位填“0”。该项数据通常由计算机自动生成。

（2）记录状态

记录状态（字符位置 5），用 1 位代码表示地方志书目记录处理状态。共有 5 种代码：

c＝经修改的记录

书目记录由于改错而变更为一个新记录，或者书目记录中有字段被删除，均视为“经修改的记录”，此时将记录状态为“n”，“o”，“p”的记录，用“c”标识。注意：“c”状态一定是针对已经出版的文献的完整书目记录进行修改时才采用的，当需要修改的书目记录是出版前记录（例如 CIP 在版编目记录）时，出版前书目记录由后来发行后的书目记录替代，则发行后的书目记录要用代码“p”而不是“c”。旧方志一般情况下没有 CIP 在版编目信息，只有正式出版的新方志和影印线装旧方志有 CIP 在版编目信息，但大多数情况下，地方志编目单位不著录出版前信息，故“p”状态基本不用。

d = 表示被删除的记录。

为了标识一个书目记录不再有效，即要删除已发行的记录时，记录状态字符位改填“d”，记录的其他部分可保留发行时的全部字段，也可只提供记录头标、地址目次区和 001 记录控制号字段。记录被删除的原因可在一般性附注字段 300 中说明。

n = 新记录

大多数情况新编的书目记录都是新记录用“n”标识，因此，在系统中一般设为缺省状态。如果已发行过较高层记录，这时的新记录则应取代码“o”，而不是“n”。注意：新记录“n”含义有 2 层，当书目记录对象是不分层的地方志时，每个书目记录的新记录都用“n”；当书目记录对象是丛书、丛编与子目、总集与分集等有层次关系时，最高层（丛书、丛编、总集）的新记录状态用“n”，最高层以下的各层新记录（子目、分册等）的记录状态均用“o”，不用“n”。

o = 曾发行较高层记录

在分层体系中，低于已发行的最高层记录的各层新记录，均用“o”表示，而相应的字符位 8，即层次等级取值“2”。注意：在分层体系中不管有几层，除最高层外，低于最高层的其他层的新书目记录的状态均用“o”，不用“n”。

p = 曾发行不完整的记录或出版前记录

注意：“p”的适用情况是首先曾经发行过不完整记录或者发行过出版前记录（CIP 在版编目），之后当需要用后发行的书目记录替代前面曾发行的不完整记录或出版前记录（如 CIP 记录）时才使用。

大多数情况下，一个书目记录的记录状态应该在“n”、“o”、“c”和“d”当中选一个。准备正式写入数据库的新记录选“n”或“o”。已正式写入数据库，发行后又修改或删除的记录则选“c”或“d”。

（3）执行代码

执行代码（字符位置 6—9），包含记录类型（字符位置 6）、书目级别（字符位置 7）、层次等级代码（字符位置 8）和未定义（字符位置 9）。

1）记录类型

记录类型（字符位置 6），用 1 位代码标示所记录的资料类型。地方志所涉及的记录类型如下：

a = 印刷型文字资料

b = 手写型文字资料

根据地方志制作情况在“印刷型”和“手写型”当中选一个。刻本、活字本、铅印本、石印本、影印本和油印本等一切印刷型志书选“a”，稿本、写本和抄本等手工抄写的志书选“b”。若一部志书包含两种以上的记录类型，如有手抄和刻本两部分，可根据主要部分或第一部分的制作方法选择。

2）书目级别

书目级别（字符位置 7），用 1 位代码标示书目的级别。CNMARC 共定义了 3 种级别：

a = 分析级

记录所描述的地方志在物理上被包含在另一实体之中。地方志的单册的分析记录使用本代码，例如对金石卷、艺文卷做分析记录时选用该级别。

m = 专著

以一册或以限定数量分册即可出全的地方志。

c = 合集

汇集型地方志实体。

注意：这里“合集”的概念是人为汇集的概念，例如合订志书、合刻志书、合函志书等等，当以这个合集为著录对象时，此时书目级别选择“c”合集。

3）层次等级代码

层次等级代码（字符位置 8），该代码表示本书目记录以层次性的关系与同一数据库的其他记录连接，并表明它在层次中的相对位置。所用代码如下：

= 层次关系未定或不采用层次结构

注意：对多层次志书不选择使用多层次著录方法的，可选择“#”。

0 = 无层次关系

不与任何记录有层次关系的独立记录。如：单种的志书，没有做分析著录的多卷集志书。大多数志书的书目记录选用“0”。

1 = 最高层记录

指含有低层记录具有独立存在形式的志书实体（丛书、丛编、总集等的书目记录）。

2 = 低于最高层级的记录

注意：用于所有低层记录。只要记录状态选“o”，则层次级别代码就必须选“2”。

4）未定义

未定义（字符位置 9），用“#”表示。

（4）指示符长度

指示符长度（字符位置 10），用 1 位十进制数表示字段指示符长度。CNMARC 格式规定取 2，由计算机直接生成。

（5）子字段标识符长度

子字段标识符长度（字符位置 11），用 1 位十进制数表示子字段标识符（如 $a）的长度。本格式规定取“2”，由计算机直接生成。

（6）数据基地址

数据基地址（字符位置 12—16），用 5 位十进制数字代码表示第一个数据字段相对于记录首位的起始字符位置。该基地址数由计算机自动生成。

（7）记录附加定义

记录附加定义（字符位置 17—19），用 3 个字符位表示处理记录所需的细节。包括编目等级（字符位置 17）、著录格式（字符位置 18）、未定义（字符位置 19）。

1）编目等级

编目等级（字符位置 17），用 1 位代码表示机读书目记录的完整程度以及编制记录时是否核对过编目实体。注意：针对地方志机读书目记录而言，此处编目实体就是待编志书。所用代码如下：

= 完全级

表示编制机读书目记录时曾与编目实体核对过。

1 = 次级 1

表示未核对过编目实体。如：根据志书目录卡片制作的回溯书目记录。

2 = 次级 2

表示记录是出版前的。

3 = 次级 3

表示该书目记录是不完整的记录，而且记录发行机构不一定会为此记录升级为完全级。

2）著录格式

著录格式（字符位置 18），用 1 位字符代码表示该记录采用的著录规则。所用代码如下：

= 记录完全采用 ISBD 格式，中国国家标准《文献著录规则》与 ISBD 等效，所以完全采用国家标准的也用该代码标识。

i = 记录部分采用 ISBD 格式，记录中的部分字段符合 ISBD 规定。

n = 记录不采用 ISBD 格式，记录中的所有字段都不符合 ISBD 规定。

3）未定义

未定义（字符位置 19），用“#”表示。

（8）地址目次区款目结构

地址目次区款目结构（字符位置 20—23），用 4 个字符位说明地址目次款目的长度和结构。本格式规定字符位 20、21、22 取值分别为 4、5、0，字符位 23 还未定义，用“#”表示。这 4 个字符位的值和符号可由计算机自动生成。

2. 字段填写说明

记录头标区的信息，除记录状态（字符位 5）、执行代码（字符位 6–8）和记录附加定义（字符位 17—18）要求编目员填写外，其他均由计算机系统在转换成 ISO 2709 格式记录时自动生成。也就是说记录头标中的字符位置 9、字符位置 10（指示符长度）、字符位置 11（子字段标识符长度）、字符位置 20—23（地址目次区结构），所含的特定值可通过计算机程序自动生成。字符位 0—4（记录长度）和 12—16（数据基地址）所含的是数据型数据，表示记录中相应部分的字符数量可由计算机在生成记录时计算产生。

头标区填写时，编目员注意正确填写第 5（记录状态）、6（记录类型）、7（书目级别）、8（层次等级）字符位置。由于编目对象一般都是新的书目记录，所以记录状态（字符位置 5），设定缺省值为“n”（新记录），但要注意当书目记录正题名是子目名时，即记录状态应该选用“o”，即选用“曾发行较高层记录”，此时一定不要忘记子目的上位一定要有一条丛书或丛编的书目记录。字符位置 6，反映的是书目记录的资料类型，具体到旧方志是指旧方志是印刷型文字资料（包括刻本、活字本、铅印本、影印本等）还是手写型文字资料（包括抄本、写本等）；字符位置 7（书目级别），对于大多数地方志书目记录来讲都是以限定数量分册（一册或数册）即可出全的志书，所以选用“m”（专著类资源），只有在做单册的分析记录（例如志书中的艺文志、金石志的分析记录）时使用“a”分析级代码。当书目记录的著录对象为合订或合刻志书时，书目级别选择“c”合集代码。字符位置 8（层次等级），一般情况下编目单位会选择有层次关系，所以该代码不选择“#”，而是在“0”、“1”、“2”中选定，这个代码反映的是记录层次等级的变化。一般情况下，我们设定缺省值为“0”即无层次的记录，说明该记录是不与任何记录有层次关系的独立记录。它既不是某种丛书或丛编，也不是从属于某种丛书或丛编的子目。需要注意的是当书目记录建立了层次关系时，最上层的记录的层次等级选则“1”，其含义是最高层次的记录。例如：如果书目记录是由文库、丛书、单册三层组成的，则只有最高层文库层的书目记录的层次等级选择“1”，丛书和单册层的书目数据的层次等级都要选择“2”，即低于最高层次的记录。

记录头标区的著录，一律使用单字节，字母代码用小写。注意缺省值的修改。

3. 与记录头标相关的字段

记录头标中提供的数据元素与 CNMARC 格式的其他部分是没有关联的，书目记录头标里的代码表示的主要是书目记录的特征，而不是直接表示地方志文献本身的特征。

4. 示例

例 2-1：00776nam1#2200277###450#

本例为密云县志［光绪］的头标。表示：一个新记录，是印刷型文字资料（刻本），本记录的制作符合 ISBD 的规定，制作书目记录时与方志原书核对过，并另制作有其中某一组成部分的分析记录，本记录为最高层记录。

例 2-2：00709oaa2#2200229###450#

本例为密云县志［光绪］中诗文卷的分析款目的头标。表示：一个新记录，是印刷型文字资料（刻本），本记录的制作符合 ISBD 的规定，制作书目记录时与方志原书核对过，本记录为低层记录。

2.2.2.2　标识块（0-- 字段）

标识块用以标识记录或标识在编文献的号码。所谓标识记录理解为和书目记录有关的一系列编码，是在书目记录制作过程中由编目机构赋予的。例如：记录处理标识。所谓在编文献号码一般指文献出版机构赋予在编文献的标识，它是在编文献的唯一标识号，在书目记录制作前已经存在（例如 ISBN 号）。

凡是正式出版的新方志文献都有国际标准书号即 ISBN 号，但因为旧方志属于古籍的范畴，一般情况下不具有 CNMARC 所定义的现代文献特征与编号，故应用于旧方志书目记录的标识块字段主要是与书目记录本身有关的号码，例如记录标识号。这个号码与书目记录有关，与在编旧方志原书无关。新版的具有古籍装订形式的旧方志除外。

1. 常用字段

已定义并适合于地方志的字段如下：

001　记录标识号

005　记录处理时间标识

010　国际标准书号（正式出版的地方志）

2. 使用说明

001　字段必备

005　字段由计算机系统自动生成

010　选择使用

3. 记录标识号（Record Identifier，001 字段）

（1）字段定义

本字段包含与记录唯一相关的标识符号，对应地方志书目记录的就是地方志书目记录编制机构分配给该记录的控制号。

（2）字段填写说明

本字段无指示符，可由用户自行定义，没有任何限制。国际标准书号、国家书目号也可作为记录标识号。记录标识号由计算机系统自动生成。

以国家图书馆为例，1997 年至 2003 年间，国家图书馆使用文津系统，记录标识号（001 字段），长度为 12 个字符位，如表 2-2 所示。

表 2-2　文津系统记录标识号所含数据元素表

定长数据元素	字符数	字符位置
资料库类型代码	2	0—1
编目年	4	2—5
编目流水号	6	6—11

2003 年以后，国家图书馆使用 ALEPH 系统，记录标识号（001 字段）不设编目年和专门数据库代码，使用统一编目数据流水号作为记录标识号，长度改为 9 个字符位。

（3）示例

例 2-3：文津系统记录标识号

001　312001064086

其中“31”表示资料库类型为古籍库，“2001”表示编目年为 2001 年，“064086”为编目流水号。

例 2-4：ALEPH 系统记录标识号

001　002319294

该记录为系统中的第 2319294 条记录。

4. 记录处理时间标识（Version Identifier，005 字段）

（1）字段定义

本字段包含记录的最后处理日期和时间，以便系统判断所处理书目记录的版本情况。

（2）字段填写说明

本字段记载书目记录经过转录、修改和/或发行的最后日期。日期以YYYYMMDD形式记录。其中YYYY表示年，MM表示月，DD表示日。时间采用HHMMSS.T形式，HH表示小时，MM表示分钟，SS表示秒，T表示1/10秒。本字段无指示符，各项数据均右对齐，不足时左边空位填0（零）。该项数据由计算机自动生成，共16个字符。

（3）示例

例2-5：

005　19991006162418.0

注：本记录最后处理时间为：1999年10月6日16时24分18秒。

例2-6：

005　20060529142435.0

注：最后处理数据时间为2006年5月29日14时24分35秒。

例2-7：

005　20050811103001.0

注：最后处理数据时间为2005年8月11日10时30分01秒。

5. 国际标准书号（International Standard Book Number，010字段）

（1）字段定义

本字段包含由各国指定的机构分配的国际标准书号和区分记录中的多个国际标准书号的限定信息。即使没有国际标准书号，本字段也可计入获得方式和（或）价格。

（2）子字段

表2-3　001字段的子字段表

子字段标识符	子字段内容	注　释
$a	国际标准书号	不可重复
$b	限定	不可重复
$d	获得方式和（或）价格	不可重复
$z	错误的国际标准书号	可重复

（3）字段结构

010##$a 国际标准书号

国际标准书号（International Standard Book Number）简称 ISBN，是国际通用的图书或独立的出版物（除定期出版的期刊）代码。出版社可以通过国际标准书号清晰地辨认所有非期刊书籍。一个国际标准书号只对应一种或一套出版物。

ISBN 号有两种表达。2007 年前的出版物国际标准书号由十位数字组成，被三条短横线分为四段。2004 年，国际 ISBN 中心（IIA）出版了《13 位国际标准书号指南》（Guidelines for the Implementation of 13-DigitISBNs），描述了于 2007 年启用的 13 位的 ISBN 的概况。国际标准化组织 ISO 于 2005 年 1 月出版了新的标准，该标准以 13 位数字的 BooklandEAN 条形码作为图书和图书相关产品的唯一条形码。2007 年 1 月 1 日起，全世界所有 ISBN 代理机构只发布 13 位的 ISBN。所以，2007 年 1 月 1 日后的出版物国际标准书号（ISBN）由 13 位组成，被四条短横线分为五段。

10 位国际标准书号（ISBN-10）为四段式，由 10 位数字组成，被三个连接号或三个空格分割为四段，各段的含义是：第一个号码段是地区号，又叫组号（Group Identifier），最短的是一位数字，最长的达五位数字，大体上兼顾文种、国别和地区。把全世界自愿申请参加国际标准书号体系的国家和地区，划分成若干地区，各有固定的编码："0"、"1" 代表英语，使用这两个代码的国家有：澳大利亚、加拿大、爱尔兰、新西兰、波多黎各、南非、英国、美国、津巴布韦等；"2" 代表法语，法国、卢森堡以及比利时、加拿大和瑞士的法语区使用该代码；"3" 代表德语，德国、奥地利和瑞士德语区使用该代码；"4" 是日本出版物的代码；"5" 是俄罗斯出版物的代码；"7" 是中国出版物使用的代码。第二个号码段为出版社号，由国家标准书号中心负责分配，其位数视申请出版社图书出版量多少而异，人民出版社（北京）的社号是 "01"，广东人民出版社的社号是 "218"，方志出版社的社号是 "80122"，第三段为书序号，由出版社负责管理分配；第四段为校验码。10 位标准书号校验码只有一位，从 0 到 10，10 由 X 代替。校验码的计算方法如下：

第一步：计算加权和：即将 ISBN 号码前 9 位数字分别乘以 10，9，8，7，6，5，4，3，2，然后将它们相加，得到加权和（设该加权和为 S）；

第二步：计算余数：将第一步得到的加权和除以 11，取其余数（设该余数为 M）；

第三步：计算校验码：用 11 减去第二步得到的余数 M，所得之差就是校验码（N）。

例：某 ISBN 的前 9 位是 7-309-04547

S=7×10×+3×9+0×8+9×7+0×6+4×5+5×4+4×3+7×2=226；

226÷11=20…6，所以，余数 M=6；

N=11-6=5

所以该 ISBN 号的校验码为“5”。

完整的 ISBN 号为：7-309-04547-5。

13 位国际标准书号（ISBN-13）为五段式，由 13 位数字组成，被四个连接号或四个空格分割为五段，各段的含义是：第一号码段是 978 或 979，第二个号码段是地区号，第三个号码段是出版社号，第四个号码段是书序号，第五个号码段是校验字符。校验位的加权算法与 10 位 ISBN 的算法不同。具体算法是：用 1 分别乘 ISBN 的前 12 位中的奇数位（从左边开始数起），用 3 乘以偶数位，乘积之和以 10 为模，10 与模值的差值即可得到校验位的值，其值范围应该为 0—9。

ISBN-10 之前加“978”，即为 ISBN-13。例如：962-8488-95-3（ISBN-10）转换后为 978-962-8488-95-7（ISBN-13）。

（4）示例

例 2-8：2007 年前出版物的 ISBN 号

7-88082-583-5

例 2-9：2007 年后出版物的 ISBN 号

978-7-104-02632-7

例 2-10：溧阳市军事志

010##$a978-7-5506-0830-6$b 精装 $d CNY208.00

例 2-11：叶姓史牒文萃

010##$a978-962-8488-95-7$dCNY25.00

例 2-12：珠海历史人物图志

010##$a7-80689-648-1$b 精装 $d CNY680.00（全七册）

例 2-13：

010##$a7-313-01037-0$b 线装 $d CNY108.00$z7-313-1037-0

注：$z 记录错误的 ISBN 号。当发现 ISBN 号有错误时，要将子字段符号 $a 改写成 $z。

2.2.2.3　编码信息块（1 -- 字段）

1. 内容范围

本编码信息块包括固定长编码数据元素。字段中的数据以字符位置定义。各子字段标识符后第 1 个字符位置定为“0”位置。当编目机构未在给定字段中提供任何编码信息时，该字段可省略（必备字段除外）。如果在一个字段中提供的数据不完整，则该字段相应的空缺位置应标识填充符（ | ）。

2. 常用字段

已定义并适合于地方志书目记录的字段如下：

100　通用处理数据

101　作品语种

102　出版或制作国别

105　编码数据字段：专著性文字资料

106　编码数据字段：文字资料——形态特征

193　编码数据字段：中国古籍——一般性数据

194　编码数据字段：中国古籍——藏本形态特征

（1）通用处理数据（General Processing Data，100 字段）

1）字段定义

本字段是定长代码数据，主要包括地方志书目记录入档时间、出版年代、阅读对象、编目语种和字符集等代码。

2）子字段

子字段 $a 以字符位置标识全部数据。字符位数为 0—35。所有被定义的字符位必须在该子字段出现。该子字段不可重复。

3）字段结构

100##$a 通用处理数据

4）字段填写说明

①入档时间

入档时间（字符位置 0—7），通常是指书目记录建立或以机读形式输入计算机文档的时间，该时间不因记录修改或参与交换而改变。

注意：入档时间是首次建档时间，是保留的最原始的记录建立时间，不可更改是其特点。采用国际标准（ISO 8601-1988）形式，由 8 个数字字符组成，形式为：YYYYMMDD。其中 YYYY 为年，MM 为月，DD 为日，月、日不足 2 位时前置“0”。例如：19990816 表示该书目记录机读形式生成的日期为 1999 年 8 月 16 日。

②出版时间类型

出版时间类型（字符位置 8），用 1 位字符代码标识出版物的出版时间类型，这些时间类型根据文献的出版状态设定。地方志书目记录中通常出现的出版时间类型如下：

d = 一次或一年内出全的地方志

指以一册出版或以多册在同一时间或一年内出全的地方志。出版时间 1 填写出版年。出版时间 2 填写“####”。例如：明嘉靖元年［1522］刻本，出版时间类型为“d”，出版年 1 为“1522”，出版年 2 为“####”。

e = 复制本（重印本、影印本、再版本、照相本、拓本）

当在编志书不是新版本，在制作技术上是依原版或底本的内容格式原样复制的。出版时间 1 填写复制本的出版年。出版时间 2 填写底本或原著的出版年或起始年。出版时间无法完全确定时，则任一位未知的数字可用“#”代替。例如：清光绪三十四年［1908］影印本，据清嘉庆十三年［1808］刻本影印，出版时间类型为“e”，出版年 1 为“1908”，出版年 2 为“1808”；清乾隆四十八年［1783］拓本，原碑刻立年代不详，出版时间类型为“e”，出版年 1 为“1783”，出版年 2 为“####”；《经氏谱牒》2007 年重新排版本，底本为清同治十一年［1872］《经氏家乘》，出版时间类型为“e”，出版年 1 为“2007”，出版年 2 为“1872”。

f = 出版时间不确定的地方志

出版时间 1 填写推测的最早出版年。出版时间 2 填写推测的最晚出版年。这两项时间不允许使用“#”。例如：清刻本，出版时间类型为“f”，出版年 1 为“1644”，出版年 2 为“1911”；清初刻本，出版时间类型为“f”，出版年 1 为“1644”，出版年 2 为“1722”；清末刻本，出版时间类型为“f”，出版年 1 为“1851”，出版年 2 为“1911”；明万历刻本，出版时间类型为“f”，出版年 1 为“1573”，出版年 2 为“1619”。

g = 连续出版时间超过一个年度的地方志

出版时间 1 填写起始出版年，如果起始出版年无法完全确定，则不确定的数字位可用空格代替。出版时间 2 填写最后的出版年。若出版物仍在出版中，则填写“9999”，待出版完成后，改为最后出版年。如果最后出版时间无法完全确定，则不确定的数字位可用“#”代替。例如：清道光十六至二十年［1836—1840］济南刻本，出版时间类型为“g”，出版时间 1 为“1836”，出版时间 2 为“1840”；清康熙五十二年至乾隆八年［1713—1743］吴县刻本，出版时间类型为“g”，出版时间 1 为“1713”，出版时间年 2 为“1743”；北京志（北京出版社，1999—2008，仍在出版中），出版时间类型为“g”，出版时间 1 选择每个分册的具体出版时间，出版时间 2 为“9999”。

j = 具有详细的出版时间

用于具有明确出版年月日的手稿。出版时间 1 填写出版年，出版时间 2 填写详细的出版日期，形式为“MMDD”，月、日不足 2 位时前置“0”。如果没有出版日，则用“##”占位。有制作年月日时间的手稿可选择“j”。

u = 出版时间不详

当志书中没有任何出版时间信息时使用。出版时间 1 填写 4 个空格。出版时间 2 填写“####”。相应的 210 字段 $d（出版时间）无任何时间信息，此时可选择“u”。

③出版时间 1

出版时间 1（字符位置 9—12），4 位字符的公元年份。

④出版年 2

出版时间 2（字符位置 13—16），4 位字符的公元年份。

⑤阅读对象代码

阅读对象代码（字符位置 17—19），用 3 组 1 位字母代码表示适宜的阅读对象。从左至右顺序填写，不用的位置填“#”。所用代码如下：

a = 普通青少年（不用或不能用 b、c、d、e 时，用此代码）

b = 学龄前儿童（0—5 岁）

c = 小学生（5—10 岁）

d = 少年（9—14 岁）

e = 青年（14—20 岁）

k = 科研人员

m = 普通成人

u = 不详

一般志书可使用“ekm”，但若某种地志书只供版本研究之用，应选用“k##”。

⑥政府出版物代码

政府出版物代码（字符位置 20），用 1 位字母代码标识所编地志书是否是政府出版物，以及发行该地方志的政府等级。政府出版物系指由政府机构发行或资助出版的文献。科研院所、学术团体不属于政府机构。专业志通常不作为政府出版物看待，故均可选填“y”（非政府出版物）。已定义的代码如下：

a = 国家（中央）

b = 国家直辖的一级行政区（中国的省 / 中央直辖市 / 自治区 / 特别行政区）

c = 中级行政地区（中国的省辖市 / 地区 / 自治州 / 盟）

d = 基层行政机构（中国的县 / 旗 / 镇 / 市辖区）

e = 中央级以下行政机构联合出版

g = 流亡政府

h = 政府级别不确定

u = 无法确定是否为政府出版物

y = 非政府出版物

z = 可以确定的其他政府级别

如有必要，由地方政府部门组建的地方志编纂委员会编辑出版的地方志等可选用相应代码。

⑦修改记录代码

修改记录代码（字符位置 21），用 1 位字符代码标识现有字符集是否充分满足编制出版物文字数据的需求。由于计算机配置的字符集的局限，对于一些特殊文字（如音译）或特殊的数学公式、希腊字母以及其他无法完整写出的符号的处理，录入数据时不得不对原有字符作必要的变更。这种情况被认为是修改记录，用 1 位代码标识。已定义的代码如下：

0 = 记录无变更

1 = 记录有变更

⑧编目语种代码

编目语种代码（字符位置 22—24），用 3 位字符代码标识编目使用的语种，必备。如果源记录含多语种，即题名页以外的全部信息以多种语言重复描述，可以根据需要，依据本格式为每种语言做 1 条记录。语种代码采用《国际机读目录格式手册》中附录的语种代码。《新版中国机读目录格式使用手册》后附录 A 为语种代码。CNMARC 格式编目语种为汉语文，代码是“chi”。

⑨音译代码

音译代码（字符位置 25），用 1 位字符标识记录中所采用的音译方案的代码。已定义的代码如下：

a = ISO（国际标准化组织）音译表，包括汉语拼音方案

b = 其他音译方案

c = 多种音译体系：ISO 或其他方案

y = 未使用音译

地方志书目记录的音译代码可取“y”值，表示未使用音译。

⑩字符集

字符集（字符位置 26—29），用 2 个双字符代码标识用于记录交换中的主要图形字符集，必备。第 26—27 位标识 G0 集，第 28—29 位标识 G1 集。G1 集不需要时，第 28—29 位为“##”。CNMARC 格式中已要求使用 ISO 10646 统一编码字符集，第 26—29 位就应标识为“50##”。

⑪补充字符集

补充字符集（字符位置 30—33），以 2 个双字符代码标识最多 2 个在记录交换中使用的补充字符集。第 30-31 位标识 G2 集。第 32—33 位标识 G3 集。如果没有补充字符集，上述位置则填“####”。汉语文古籍书目记录目前不使用补充字符集，填“####”。所以旧方志的书目记录也填“####”。

⑫题名文字代码

题名文字代码（字符位置 34—35），用 2 位字符代码标识正题名使用的文字。这里指的是被记录的地方志正题名所使用的文字体系，而不是书目数据或地方志正文所使用的文字体系。地方志常用的正题名文字代码应选“ea”（广义中文）。

5）示例

例 2-14：

100##19990929e19591593km#y0chiy50######ea

2001#$a 顺天府志 $b 地方志 $e 万历 $e 六卷 $f（明）沈应文,（明）谭希思修 $g（明）张元芳纂

205##$a 影印本

210##$a 北京 $c 中国书店 $d1959

324##$a 据明万历 21 年（1593）刻本影印

例 2-15：

100##20050811g20059999em#y0chiy50######ea

2001#$a 北京地方志 $i 风物图志 $b 地方志 $f 段柄仁主编

210##$a 北京 $c 北京出版社 $d 2005

（2）文献语种（Language of The Item，101 字段）

1）字段定义

本字段记录在编地方志的整体、部分和题名的语种代码。如果记录的方志为译著，则还应记录其原著的语种代码。

2）指示符说明

指示符 1：翻译指示符。该指示符标识志书是否为译著或含译文。已定义的代码如下：

0＝志书为原著

1＝志书为译著（译自原著或非原著的中间语言）

2＝志书含有译文（不包括提要译文），指中外文对照

指示符 2：未定义，填“#”。

3）子字段

101 字段的子字段如表 2-4 所示。

表 2-4　101 字段的子字段表

子字段标识符	子字段内容	注　释
$a	正文语种	可重复
$b	中间语种（非译自原著）	可重复
$c	原著语种	可重复
$d	提要语种	可重复
$e	与正文语种不同的目次页语种	可重复
$f	与正文语种不同的题名页语种	可重复
$g	与正文第一语种不同的正题名语种	不可重复
$i	附件语种	可重复

4）子字段说明

$a 表示正文语种，在正文是多语种的情况下可重复。如果语种超过三个，也可用代码“mul”表示。

$b 表示中间语种（非译自原著），即中间译著的语种。当正文是译自多种中间语言的译著，或译文借助于多种中间语言时，可重复。

$c 表示原著语种，在原著使用多种语言时可重复。

$d 表示提要语种，在提要语种与正文语种不同时使用。如果提要是多种语言，可重复。

$e 表示与正文语种不同的目次页语种，当目次页语种与正文语种不同时，使用该子字段。在目次页使用多种语言时可重复。

$f 表示与正文语种不同的题名页语种，当题名页语种与正文语种不同时，使用该子字段。在题名页使用多种语言时可重复。

$g 表示与正文的第一语种不同的正题名语种，当正题名语种与第一个 $a 子字段的正文语种不同时，使用该子字段。由于正题名语种是根据一种语言确定的，故该子字段不可重复。重复出现的其他语言的正题名是并列题名，其语种在 200 字段的 $z 子字段中标识。

$i 表示附件语种（附件指内容属于在编志书的一部分，但在物理上是志书实体分离的，附件载体形式可以和志书实体一致，也可能载体形式不同，例如志书附带光盘磁带等等），附件的语种与正文语种不同时使用。如果附件有多个语种，可重复。

5）填写说明

指示符 1 的使用：如果志书中的译文仅为提要，则不用“2”这个值；如果志书正文出现两种（含两种）以上的文字（一般是指对照读物），才用“2”。

语种代码采用《国际机读目录格式手册》中附录的语种代码。《新版中国机读目录格式使用手册》附录 A 表 A.2 为语种代码排序，可参见。

6）示例

例 2–16：

1010#$a chi

2001#$a 保定人物志 $f 孙进柱主编

注：保定人物志的正文为汉语文。

例 2–17：

1010#$a chi$g eng

2001#$a 人物志逐字索引 $f 刘殿爵（D. C. Lau），陈方正（Chen Fong Ching），何志华（Ho Che Wah）主编

注：人物志逐字索引的正文语种是中文，同时有与正文语种不同的英文并列正题名。

例 2-18：

1012#$a chi$a mon

2001#$a 乌拉特中旗人大志 $f 兰建中主编

注：本志为蒙文汉文对照，蒙文列前，汉文列后。

例 2-19：

1010#$g chi$a mon

2001#$a 陈巴尔虎旗人民代表大会志 $b 地方志 $e 1950—2011$f 满都拉主编 $g 陈巴尔虎旗人大常委会编

注：本志正文为蒙文，而正题名语种是汉文，此时正题名语种为 $g chi

（3）出版或制作国别（Country of Publication or Production，102 字段）

1）字段定义

本字段用代码形式记录地方志的出版或制作国的国别，可有一个或多个国别。本格式涵盖的地方志的出版或制作国别是中国。

2）子字段

102 字段的子字段如表 2-5 所示。

表 2-5　102 字段的子字段表

子字段标识符	子字段内容	注　释
$a	出版或制作国别	可重复
$b	出版地区	可重复
$2	非国际标准出版地区代码来源	可重复

3）子字段说明

$a 表示地方志的出版或制作国的代码。国家代码采用 GB 2659（ISO 3166）的两位大写字母代码，见《新版中国机读目录格式使用手册》附录 B。当有多个出版或制作国时，可重复。

$b 表示地方志的出版或制作地区的代码。该代码取自非 ISO 3166-2 的其他代码表，国内地区采用《中华人民共和国行政区划代码》（GB 2260），见《新版中国机读目录格式使用手册》附录 D 表 D.2。代码表的细节在 $2 子字段中说明。当方志有多个出版或制作地时，该子字段可紧跟相应的 $a 后重复。编目常用到的出版制作国代码如下：

CN = 中国

SG = 新加坡

TH = 泰国

$2　非国际标准出版地区代码来源

说明 $b 子字段中代码的来源，见《新版中国机读目录格式使用手册》附录 G。该子字段可重复。但在目前的编目中，该子字段没有选择使用。

4）字段填写说明

地区代码不能单独出现，必须紧跟国家代码之后。若所编地方志是在同一个国家的多个地区出版，国家代码也需要重复。

地方志机读书目记录中地方志的出版或制作国别一般情况下是中国，故 $a 子字段选"CN"，旧方志与古籍一致，当出版地区不好确定时，$b 子字段暂不选用。新方志 $b 采用中华人民共和国行政区划代码，见《新版中国机读目录格式使用手册》附录 D 表 D.2。

5）示例

例 2-20：

102##$a CN

2001#$a 顺天府志 $b 地方志 $e 一百三十卷附录一卷 $f（清）李鸿章，（清）万青黎修

205##$a 刻本 $b 增修

210$d 清光绪 15 年［1889］

注：顺天府志制作国为中国，但出版地区不确定，本字段 $a 填"CN"。

例 2-21：

102##$a CN$b 420000

2001#$a 武昌县志 $e 二十六卷卷首一卷卷末一卷 $f（清）钟桐山修

205##$a 刻本 $b 增修

210##$a 武昌 $c 华亭林长庆 $d 清光绪 13 年［1887］

注：本字段 $b 填“武昌”所在省“湖北”的地区代码。

非正式出版物，没有明确的出版或制作地，以纂修者所在地为出版或制作地。

例 2-22：《乌拉特中旗人大志》，是非正式出版物，书中找不到明确的出版制作地址，但在书名页有“乌拉特中旗人民代表大会常务委员会编”字样，所以出版国别和出版或制作地著录为：

102##$a CN$b 150000

2001#$a 乌拉特中旗人大志 $f 兰建中主编

注：本字段 $b 填“乌拉特中旗”所在自治区“内蒙古”的地区代码。

例 2-23：

102##$a SG

2001#$a 新加坡宗乡会馆史略

注：出版或制作地为外国的，文献仅提供了出版国，没有提供具体的出版地时，只著录出版或制作国别 $a 即可，$b 为空。

（4）编码数据字段：专著性文字资料编码（Coder Data Field：Textual Material，Monographic，105 字段）

1）字段定义

本字段针对专著性印刷文字资料设立，新方志类图书编目使用此字段。

2）字段使用情况

本字段选择使用，不可重复，对新方志类文献建议提供该字段，旧方志不使用该字段。

3）子字段说明

子字段 $a 以字符位置标识其全部数据。所有被定义的字符位必须在该字段中出现，不可重复。子字段 $a 所含的数据元素如表 2-6 所示。

表 2-6　105 字段的子字段 $a 所含数据元素表

数据元素名称	字符数	字符位置
图表代码	4	0—3
内容类型代码	4	4—7
会议代码	1	8
纪念文集指示符	1	9
索引指示符	1	10
文学体裁代码	1	11
传记代码	1	12

4）字段填写说明

①图表代码

图表代码（字符位置 0—3），用四位代码表示图表信息，从左到右顺序填写，不足四位用空格表示。当超过四位代码时，建议优先考虑选取地图、肖像、表格这几个对地方志文献来讲比较重要的信息点。

a = 图表

除下列代码以外的图表系列，如示意图、曲线图或没有专门编页码的图表类型等，地方志文献中附于文献前后或者书中的独立成页的照片、图片以及地方志文献中的插图，不论是否编码，图表用纸张是否与正文用纸张一致，只要是图表页没有明确标注“图版”字样，一律写入“a”图表，同时在 215 字段中的子字段 $c 根据图表的具体内容作“图、彩图、彩照、插图”等著录。

b = 地图

包括新旧地图、地形图。

c = 肖像

个体或群体的肖像、画像、照片等。肖像与其他人物像的区别是肖像一定是人物的头部的正面的像。

f = 图版

含有解说性事项的叶，有无文字说明均可，在文献中不计页数。由于ISBD严格定义了图版的著录方式，如果在105字段选用“f”图版元素的话，就一定要同时在215字段中的子字段$a做著录，具体说明图版的页数。所以建议在具体的编目实践中，建议只有明确标有“图版”的图页再入“f”，地方志文献中的图表大部分入“a”图表，地图、肖像等有明确定义的图表除外。

h = 摹写本

部分或全部文献的复制品，不仅复制正文，而且还模仿了作品的原貌。

k = 表格

图书中插有的各类表格。

m = 录音资料

指图书中附带的录音、录像资料。

y = 无图

指图书中只有文字，没有插图、照片等各类图片。

②内容类型代码

内容类型代码（字符位置4—7），用四位字符代码表示文献内容类型，从左到右顺序填写，不足四位用空格表示。当超过四位代码时，按下表所列顺序依次选取前四个。

不论在编文献是包含下列资料还是就是下列资料类型，例如:《国家书目》文献本身就是书目,《天津新编志书目录摘要》文献本身就是摘要,《第二届地方文献国际学术研讨会论文集》中含有目录，都使用这些代码，但代码“c”除外。只有当文献本身为索引时，才能用字符“c”标识。例如：人物志逐字索引，内容类型代码为“c”。文献含索引，不能使用代码“c”，要使用索引指示符（字符位置10）表示。

a = 书目

指包含主题、分类、出版地、出版者等一项或多项共同特点的书目出版物。可以是正式的书目类图书，例如：中国国家书目入“a”，也可以是含有书目的图书。

b = 目录

汇集性目录或展览会目录，或有特定机构如出版商、书商等编制的目录。

c = 索引

指在编图书本身就是索引。例如:《人物志逐字索引》入“c”，这本文献的正文就是索引。如果文献中包含正文的索引不在这里标识，要到“索引指示符”处进行标识。

d = 文摘或摘要

专指描述性、信息性文摘或提要。例如:《中国地方志总目提要》，这部书收录的是对全国各省、市、自治区近 200 个各类收藏单位收藏的现存地方志的评述，所以它的内容类型代码选“d”。《天津市新编志书目录提要》，这本书重点是按类介绍天津市新编志书工作的成果，介绍新编志书的内容特征，所以这类文献的内容类型代码选“d”。

e = 字典、词典

专指工具书。例如:《中国近现代人物别名字典》入“e”。

g = 名录

包括个人名录、机构名录、地点名录。

i = 统计资料

按某一专题系统汇集的，并通常用表格形式编排的数字资料。

o = 数字表格

除统计资料以外的表格式数字信息用“o”。

z = 其他

如果在编图书内容中不包含上述字符代码包含的信息，则内容类型选用“z”。

③会议代码

会议代码（字符位置 8）用来区分在编图书是否是会议出版物，例如会议纪念文集、会议论文集、会议报告等。已定义的代码如下:

0 = 非会议出版物

1 = 会议出版物

例如:《第二届地方文献国际学术研讨会论文汇编》，是国家图书馆地方文献中心召开第二届地方文献国际学术研讨会后出版的会议论文集，所以该书的会议代码就要用“1”。

④纪念文集代码

纪念文集代码（字符位置9）用来区分是否是纪念文集。纪念文集指为某一庆祝活动，为纪念名人、机构、社团而出版的荣誉或纪念性出版物。已定义的代码如下：

0 = 非纪念文集

1 = 纪念文集

例如：《新加坡白氏公会五十周年纪念特刊》，就不仅是一个会议文集，而且还是为白氏公会成立五十周年而作的纪念文集。所以，纪念文集代码用“1”。

⑤索引指示符

索引指示符（字符位置10）对在编图书中是否包含有正文的索引进行标识。如果在编图书本身是其他著作的索引，不在这里标识，而是在内容类型代码中选“c”。

⑥文学体裁代码

文学体裁代码（字符位置11）用于区分在编图书是否是文学作品，各种文学体裁的标识符号如下：

a = 小说

b = 戏剧

c = 散文

d = 幽默、讽刺作品

e = 书信

f = 短篇故事

g = 诗词

y = 非文学作品

z = 多种或者其他文学体裁，含上述多种体裁或体裁不详的文学作品

因为文学体裁标识符只能用一个字母标识，所以上述标识都是针对整部在编图书而言，只有整部书是小说才能标识为“a”。地方志整体看不属于文学作品，虽然方志中包含艺文或诗词、散文、故事等，但不能直接标

识为“g”、“c”等。当整部的地方志做著录对象时，文学体裁代码只能选“y”。但是如果针对地方志中的艺文志做分析著录时，艺文志的分析记录的文学体裁代码一般不能用“a”至“g”中的一个标识符号标识，而是要根据具体情况选择“z”，多种或其他文学体裁，只有当艺文只包含单一类文学体裁，例如诗词类时才可以选“g”。

⑦传记代码

传记代码（字符位置 12）用一位字符代码表示作品的传记类型，已定义的代码如下：

a = 自传，为传主本人的传记

b = 个人传记，是传主以外的人为传主一个人书写的传记

c = 合传，含有多人传记或家族传记

d = 含传记资料

y = 非传记资料

“a”至“c”用于标识整部图书为传记类的图书，“d”表示图书含有传记资料，地方志类图书多属于此种情况，整部地方志不属于传记，但含有大量传记类资料，所以一般地方志类图书要在传记类型项选择标识“d”。在地方志编目实践中，建议“d”的著录从宽，一般只要书中含有人物的基本信息，例如姓名、生卒年、工作的业绩或者获得的荣誉称号等等信息，建议传记代码选“d”。当在编图书为非传记类资料，且不含有传记内容时，选择标识符“y”。

5）示例

例 2-24：

105##$acf##oz#010yd

2001#$a《裴氏文史资料：“中华裴氏”之第十三期裴氏文化遗产申报纪念册》

例 2-25：

105##$akm##iz##101yy

2001#$a《第二届地方文献国际学术研讨会论文汇编》$f 国家图书馆古籍馆编

例 2-26：

105##$ay###c###000yy

2001#$a 人物志逐字索引 $f 刘殿爵等主编

（5）数据字段：文字资料——形态特征（Coded Data Field：Textual Material—Physical Attributes，106 字段）

1）字段定义

所谓文字资料的物理形态是指在编文献如地方志的文字是以什么样的形式展现给读者的。地方志新旧志都可以选用这个字段。

2）子字段

子字段标识符 $a，表示文字资料代码数据，不可重复，已定义的代码如下：

d = 大型印刷品（宽大于 35cm），当地方志文献的宽度超过 35cm 时，文字资料代码选用“d”

e = 报纸形式

h = 手写本

i = 多种物理形态

j = 小型印刷本，当地方志文献的宽度小于 10cm 时选用

r = 普通印刷本，大多数地方志新志选用此文字资料代码

z = 其他形式，旧志刻本等选用此代码

3）字段填写说明

根据地方志的情况，对于旧方志的抄本、稿本、写本选“h”；当地方志文献附带光盘、磁带等时选“i”；对大多数地方志新志选“r”；对于旧方志的刻本、套印本、活字本、石印本、影印本等一般选“z”。

4）示例

例 2-27：

106##$az（旧志刻本）

2001#$a 顺义县志 $e 康熙 $e 五卷 $f（清）黄成章修

205##$a 刻本

210##$d 清康熙 59 年［1720］

例 2-28：

106##$ai（附光盘 1 张，属于多种物理形态）

2001#$a 新乡市田家炳高级中学校志 $f 熊夫征主编

215##$a 15，189 页 $c 肖像，彩图 $d 26cm$e 光盘 1 张

例 2-29：

106##$ar（普通印刷本）

2001#$a 王山口村志 $f 于周武主编

（6）编码数据字段：中国古籍——一般性数据（Coded Data Field: Chinese Antiquarian General，193 字段）

1）字段定义

本字段是有关中国古籍文献物理形态的定长编码数据，适用于旧方志。注：新方志适用 105 字段。

2）子字段说明

子字段标识符 $a，表示中国古籍编码数据——一般性数据，不可重复。包含的数据元素如表 2-7 所示。

表 2-7　193 字段的子字段 $a 所含数据元素表

数据元素名称	字符数	字符位置
书籍代码——内容类型	6	0—5
书籍代码——技术	2	6—7
书籍代码——墨色	1	8
书籍代码——刻工	1	9
书籍代码——出版者牌记	1	10
书籍代码——避讳	1	11
书籍代码——支撑材料	2	12—13
插图代码——书	4	14—17
插图代码——全页图版	4	18—21
插图代码——技术	2	22—23

（续表）

数据元素名称	字符数	字符位置
插图代码——墨色	1	24
插图代码——支撑材料	2	25—26
未指定	1	27

①书籍代码——内容类型

书籍代码——内容类型（字符位置 0—5），用 3 个双位字符代码表示内容类型，从左至右顺序填写，不用的字符位填空格。超过 3 个双位代码时，则按下表所列顺序依次选取前 3 个。

无论是文献含有某种形式的资料还是完全由该种形式的资料构成，都应使用这些代码。如无意为本数据元素编码，则在字符位置 0—5 标识填充符（｜）。若需表示某种下表未列出的资料类型，使用代码“zz”。已定义的代码如下：

aa = 儒家经典

儒家十三经总类、易、书、诗、礼、乐、春秋、四书等。

ab = 小学

含训诂、字书、韵书等。

ac = 谶纬

含河图、洛书、谶、经纬等。

az = 其他儒家经典

包括原属于子部儒家类书籍。

ba = 历史著作

史部总类、正史、别史、纪传、编年、纪事本末、杂史、载记、史表、史抄、史评等。

bb = 传记

总传、别传、家谱、年谱、日记、杂传、科举录、职官录等。

bc = 政书、职官、诏令奏议

通制、仪制、邦计、邦交、军政、律令、考工、掌故琐记、科举、公牍档册、官制、官箴、政纪、时令等。

bd = 地理

总志、方志、山水志、水利、专志、游记、外纪、防务、舆图等。

be = 金石

金、石、玉、陶、泉、印、甲骨等书籍。

bf = 目录

公藏、私藏、知见、地方艺文、书志、版本等书籍。

ca = 诸子百家著作

诸子百家总类、道家、墨家、名家、纵横家、兵家、法家、农家农学（含农艺、蚕桑、园艺、畜牧、水产、鸟兽虫、兽医、烹调等）、医家（含医经、本草、诊法、方论、针灸、养生、史传等）、杂家杂著（含杂考、杂说、杂品、杂纂、杂编等）、小说家（含杂事、逸闻、琐语等）。

cb = 天文历算、术数

天文、历法、数学、占侯、相宅、相墓、占卜、命书相书、阴阳五行、杂术等。

cc = 艺术

书画、音乐、篆刻、游艺等。

cd = 工艺

含日用器物、文房四宝、观赏品等。

ce = 宗教

含佛教、道教、基督教、伊斯兰教等。

da =（时代、地域、国别）著作总集、著作别集

db = 文学作品

文、诗、词、曲（含诸宫调、散曲、俗曲、弹词、宝卷、曲选、曲谱、曲律、曲韵、曲评、曲话、曲目等）、戏剧（含杂剧、传奇等）、小说（含短篇、长篇等）。

ea = 类书、百科全书

fa = 丛书

汇编、辑佚、地方、家集、自著等综合丛书和专科丛书。

ga = 参考工具书

ha = 短时效资料

如广告（书商、印刷商、出版商广告）、销售目录（拍卖商、书商、制造商等的目录）、大幅招贴画、节目单等。

ia = 备查文献

如证书、试卷、价单、账簿、戏单、礼单、名刺、汇钞、契约等。

ja = 非专题性著作

如信札、语录等。

ka = 纪念作品

如纪念集、诔文、恩荣录等。

la = 教学著作

包括蒙书、时文选注、点评等。

ma = 娱乐读物

如游戏、谜书等。

na = 作品的改编本，如节本等。

zz = 其他

= 不需赋值

②书籍代码——技术

书籍代码——技术（字符位置 6—7），用 2 位字符代码表示古籍的书写印刷形式。已定义的代码如下：

a = 刻写

指在石头、金属器皿、竹木简等上刻写的。

b = 写抄

c = 捺印

d = 雕版印刷

e = 活字印刷

f = 套版印刷，含饾版

g = 石版印刷

h = 珂罗版印刷

i = 金属刻版印刷

v = 混合

z = 其他

= 不需赋值

③书籍代码——墨色

书籍代码——墨色（字符位置 8），用 1 位字符代码表示古籍的书写印刷墨色。已定义的代码如下：

a = 墨色

b = 朱色

c = 蓝色

d = 朱墨两色

e = 彩色

f = 无色拱花

v = 混合

z = 其他

= 不需赋值

④书籍代码——刻工

书籍代码——刻工（字符位置 9），用 1 位数字代码表示书上是否有刻工姓名。已定义的代码如下：

0 = 未载刻工姓名

1 = 载有刻工姓名

⑤书籍代码——出版者牌记

书籍代码——出版者牌记（字符位置 10），用 1 位数字代码表示书上是否有出版者牌记。已定义的代码如下：

0 = 未载出版者牌记

1 = 载有出版者牌记

⑥书籍代码——避讳

书籍代码——避讳（字符位置 11），用 1 位数字代码表示内容是否避讳。已定义的代码如下：

0 = 无避讳

1 = 避讳

⑦书籍代码——支撑材料

书籍代码——支撑材料（字符位置 12—13），用 2 位字符代码表示书籍写印所用的支撑材料。已定义的代码如下：

a = 甲骨

b = 竹木简

c = 丝织品

d = 纸（一般）

e = 麻纸

f = 皮纸

g = 竹纸

h = 草纸

i = 木浆纸

j = 羊皮纸、犊皮纸

v = 混合纸

z = 其他

= 不需赋值

⑧插图代码——书

插图代码——书（字符位置 14—17），用 4 位字符代码表示古籍内与文字混排的插图信息。从左至右顺序填写，不用的字符位填空格。超过 4 位代码时，则按下表所列顺序依次选取前 4 个。注意这些字符位中优先使用空格而非“y”。

这些代码通常与文献的载体形态描述中的术语有关。如果无意为本数据元素编码，则在字符位置 13—17 标识填充符（ | ）；如果为本数据元素编码，但插图类型少于 4 种，则其余字符位填空格。如使用“y”，则其余三位填空格。已定义的代码如下：

a = 插图

用于以下代码未包括的或还没用特定编码的插图类型。

b = 卷首插图

c = 卷内插图

d = 卷末插图

e = 人物肖像、画像

f = 地图含疆域图

g = 城市建制图

h = 景物图

i = 器物图

j = 谱系图（表）

k = 航海图

l = 工程图（设计图）

m = 小说戏曲故事图

n = 山石花草鸟兽图

o = 神怪图

p = 宗教图

q = 杂图，如墓图、民俗图等

r = 乐谱

y = 无插图

z = 其他

= 不需赋值

⑨插图代码——全页图版

插图代码——全页图版（字符位置 18—21），用 4 个字符代码表示古籍内整页图版的插图信息。从左至右顺序填写，不用的字符位填空格。超过 4 位代码时，则按下表所列顺序依次选取前 4 个。

这些代码通常与文献的载体形态描述中的术语有关。如果无意为本数据元素编码，则在字符位置 18—21 标识填充符（｜）；如果为本数据元素编码，但全页图版的插图类型少于 4 种，则其余字符位填空格。已定义的代码如下：

a = 插图

用于以下代码未包括的或还没用特定编码的插图类型。

b = 卷首插图

c = 卷内插图

d = 卷末插图

e = 人物肖像、画像

f = 地图含疆域图

g = 城市建制图

h = 景物图

i = 器物图

j = 谱系图（表）

k = 航海图

l = 工程图（设计图）

m = 小说戏曲故事图

n = 山石花草鸟兽图

o = 神怪图

p = 宗教图

q = 杂图，如墓图、民俗图等

r = 乐谱

y = 无插图

z = 其他

= 不需赋值

⑩插图代码——技术

插图代码——技术（字符位置 22—23），用 2 位字符代码表示绘印插图所用的技术。已定义的代码如下：

a = 手绘

b = 普通木刻

c = 木刻套版，含饾版拱花

d = 石版

e = 珂罗版

f = 金属雕刻版

u = 不详

v = 混合

z = 其他

= 不需赋值

⑪插图代码——墨色

插图代码——墨色（字符位置 24），用 1 位字符代码表示插图的绘印墨色。已定义的代码如下：

a = 墨色

b = 朱色

c = 蓝色

d = 朱墨两色

e = 彩色

f = 无色拱花

v = 混合

z = 其他

= 不需赋值

⑫插图代码——支撑材料（字符位置 25—26）

用 2 位字符代码表示图版所用的载体。如果文献无图版，则此 2 位填空格。已定义的代码如下：

a = 甲骨

b = 竹木简

c = 丝织品

d = 纸（一般）

e = 麻纸

f = 皮纸

g = 竹纸

h = 草纸

i = 木浆纸

j = 羊皮纸、犊皮纸

v = 混合纸

z = 其他

= 不需赋值

⑬未指定

未指定（字符位置 27）。

3）字段填写说明

$a 子字段以字符位置标识其全部数据。字符位从 0—27 计数，所有被定义的字符位必须在该子字段中出现。这些字符位中应优先使用“#”而不是“y”。

4）示例

例 2-30：

193##$abd####d#a000gcf##fh##b#ag##

注：明万历刻本《青浦县志》的编码字段。该书为明代方志，墨印刻本，无刻工名，无避讳，无牌记，有疆域图和景物插图。

（7）编码数据字段：中国古籍——藏本形态特征（Coden Data Field: Chinese Antiquarian—Copy Specific Attributed，194 字段）

1）字段定义

本字段含有有关中国古籍藏本形态特征的定长编码数据。旧方志适用。

2）子字段说明

194 字段的子字段如表 2-8 所示。

表 2-8　194 字段的子字段表

子字段标识符	字段内容	注　释
$a	中国古籍编码数据——藏本形态特征	不可重复
$5	使用本字段的机构	不可重复

194 字段子字段 $5 以代码形式标识使用本字段的机构名。推荐使用《全国文献收藏单位名称代码与条码》中的代码，也可以采用该机构的全称。

如果该机构保存的古籍多于 1 部，则本子字段应在冒号之后加一排架标志。不可重复。若该字段被选用，则此子字段为必备。

194 字段子的字段 $a 包含的数据元素如表 2-9 所示。

表 2-9　194 字段的子字段 $a 所含数据元素表

数据元素名称	字符数	字符位置
装订材料代码	3	0—2
装帧形态代码	1	3
装订类型代码	1	4
合订代码	1	5
保护状况代码——封皮	1	6
保护状况代码——书籍主体	2	7—8

①装订材料代码（字符位置 0—2）

装订材料代码（字符位置 0—2），用 3 位字符代码表示所采用的装订材料的类型。已定义的代码如下：

a = 羊皮纸、犊皮纸

b = 皮革

c = 木、竹

d = 布、丝织品

e = 合成材料

f = 薄纸板

g = 纸

h = 未装订

z = 其他

= 不需赋值

②装帧形态代码（字符位置 3）

装帧形态代码（字符位置 3），用 1 位字符代码表示装帧形态。已定义的代码如下：

a = 简册装

b = 卷轴装

c = 梵夹装

d = 龙鳞装

e = 缝缋装

f = 粘叶装

g = 经折装

h = 蝴蝶装

i = 包背装

j = 线装

k = 毛装

l = 精装

m = 未装订

z = 其他

= 不需赋值

③装订类型代码（字符位置 4）

装订类型代码（字符位置 4），用 1 位字符代码表示装订类型。已定义的代码如下：

a = 原版装订，即初版装订

b = 改装

c = 现代装订

d = 复原，摹真装

e = 复原，仿装

f = 与另一文献合订

出版者、发行者和（或）保存者装订的。

h = 未装订

z = 其他

④合订代码（字符位置 5）

合订代码（字符位置 5），用 1 位字符代码表示手头的藏本是独立著作还是与 1 部或多部其他文献合订。已定义的代码如下：

0 = 独立著作

1 = 与其他文献合订

⑤保护状况代码——封皮（字符位置 6）

保护状况代码——封皮（字符位置 6），用 1 位字符代码表示手头藏本封皮的保护状况。已定义的代码如下：

a = 很好

b = 好

c = 磨损

d = 损坏

e = 裂散

f = 散失

z = 其他

⑥保护状况代码——书籍主体（字符位置 7—8）

保护状况代码——书籍主体（字符位置 7—8），用 2 位字符代码表示手头藏本主体的保护状况。已定义的代码如下：

a = 很好

b = 好

c = 磨损

d = 损坏

e = 残缺

z = 其他

= 不需赋值

3）字段填写说明

$a 子字段以字符位置标识其全部数据。字符位从 0—8 计数，所有被定义的字符位必须在该子字段中出现。如记录含有多于1部藏本的细节，可重复。

4）示例

例 2–31：

194##$ag##jd0cb$5NLC：SBYL：04830

注：此例为国家图书馆藏明万历《青浦县志》一书的编码字段。该书为线装古籍，封皮磨损，书籍本身是残本，虫蛀严重，已修补托裱。国家图书馆善本特藏部藏，这部书索书号为04830。

2.2.2.4 著录信息块（2 -- 字段）

1. 内容范围

本著录信息块包含除“附注项”和“标准号与获得方式项”以外的其他ISBD（《国际标准书目著录》）规定的著录信息，也就是说包含题名与责任说明项即200字段、版本项即205字段、文献特殊细节项即207字段、出版发行项即210字段、载体形态项即215字段、丛编项即225字段。由于207字段是针对连续出版物设置的，不适用于新、旧地方志，本书在此不作讨论。

2. 常用字段

著录信息块（2 -- 字段）已定义并适用于地方志的字段如下：

200 题名与责任说明项

205 版本说明项

210 出版发行项

215 载体形态项

225 丛编项

3. 使用说明

对于地方志类文献，著录信息块（2 -- 字段）的著录原则遵循国家标准《中国文献编目著录规则》和《古籍著录规则》。200字段出现的责任说明应在7 -- 字段作为检索点进行标引。7 -- 字段的检索点标引是规范标引，可以与200字段不一致。

ISBD的规定标识符均不在子字段的首尾处输入，因为大多数ISBD规定的标识符一般都对应一个固定的子字段标识符。例如：第一责任者标识“/”已经转换成$f等等。

著录信息块（2 -- 字段）包含的字段是机读书目记录的核心字段，由于新旧地方志就载体形态来讲与普通古籍和普通中文书基本相同，所以在著录信息块（2 -- 字段）的题名选取、版本确定、载体形态的著录等方面是一致的，而这些内容在《新版中国机读目录使用手册》和《汉语文古籍机读目录格式使用手册》里都有明确的阐述和应用举例，所以在这里只对地方志机读目录涉及的重要字段200字段做详细讨论，其余字段就不再一一赘述了。地方志文献与古籍和普通中文文献最显著的区别在于它文献内容的地区性、时间性、连续性和资料性，因此在我们编制地方志文献机读目录数据的过程中一定要着重揭示地方志文献的这些特点。另外新旧方志之间由于采用的编目规则不同，所以又造成新旧方志在著录对象的划分、著录单位的确定、信息源的选取、版本著录等方面有所区别，本书将在下面分别给予介绍。

4. 新、旧方志机读目录著录对象和范围

新方志机读目录著录对象是1949年以后纂修的，装帧形式主要是以精装或平装为主的地方志类图书（期刊除外）。如果影印（或复制）的旧方志是按新方志的装帧形式装订的（平装或精装），则这类影印旧志按新方志编目。旧方志的著录对象为1949年以前纂修的地方志类图书或虽为1949年后纂修、出版，但装帧形式为中国古典装帧形式的方志类图书，以及根据旧方志原书制成的缩微资料。

5. 新、旧方志的著录单位

著录单位，就是在编制书目记录时，每个书目记录所面对的最小实体。可以按一册（卷）书，也可以按套或按篇。新方志的基本著录单位规定为，正式出版的地方志类文献，以ISBN号为准，每一个ISBN号对应一种地方志，就是一个著录单位。非正式出版的志书，每一个独立的题名就是一个著录单位。

旧方志的著录单位分为两个级别：以每种旧方志的每个藏本为基本著录单位；或以每种旧方志的每个版印为基本著录单位。著录时可根据具体情况及需求选取著录单位的级别。在以往的编目实践中，按照以下原则确定旧方志的著录单位。

抄本：因为抄本是一本本个别抄写成的，每一个抄本的抄写人、抄写地、抄写日期、抄写字体、抄写方法、纸张材料乃至抄写的底本，都可能有所差异甚至是根本不同，所以同一种志书的每一个抄本的藏本都作为同一种志书的不同版本处理。很显然，抄本的著录单位就是每一个具体的抄本的藏本。也就是说每一个抄本，都算一个独立的著录单位，有几个抄本就算几种书。

刻本：刻本的制作首先是制板。同一副书板一次可以刷印出很多复本，这些复本的文字内容和外形特征基本是相同的，属于同一版本。书板还可以长期保存，可以在一个很长的历史时期内多次印刷，而每一次刷印时，由于书板在长期保存过程中出现破烂、残损等情况，常常会对书板进行一些修补、剜改、增添内容的工作；此外，每一次刷印所用的纸张、印墨和装帧情况也会各有特点。诸种因素导致同一刻本的不同印次的印本在内容和形式方面有所差异。旧方志刻本，包括近代的石印本、铅印本都存在这种同一版刻的不同印次的情况，我们称之为版印。版印体现在方志上，有增刻本和重印本或后印本等形式，同一种旧方志不同版本有两种情况，一是有内容上的增加，另一是无内容上的增加。例如：湖北［同治］江夏县志八卷首一卷，国家图书馆存有三个版本，其版本分别著录为：1. 同治 8 年（1869）刻本；2. 光绪 7 年（1881）增修本；3. 民国 7 年（1918）后印本。这三个版本正文的版式、内容完全一样。不同之处是：光绪版在原牌记的左端增加了一行文字："光绪七年续刷"。民国版则更换了牌记。因江夏当时已改称武昌，所以民国七年后印本在封签和牌记都改为"武昌县志"。《中国地方志联合目录》（以下简称联合目录）将光绪 7 年版的同治《江夏县志》著录为"增补重印本"。从该书实际情况看，不论是"增修"还是"增补"，并无内容上的变化，仅是对同治旧牌记的增补。与光绪版一样，民国版是有明确纪年的后印本。这也是我们区分旧方志是否可以独立成为一个著录单位的标志。不论是"增修"重印本，还是"增补"重印本，只要能与前印本区分开，都应该成为独立的著录对象。所以旧方志刻本著录时，一律以每种旧方志具体的版印形态为著录单位。也就是说，凡是能考证出不同版次的旧方志，每一个版印都是一个著录单位。

6. 新、旧方志著录信息源

就版本特征来说，新方志属于普通中文文献范畴，所以新方志的著录信息源与普通中文文献相同。按编目规则规定普通中文文献的著录信息源是文献本身，那么新方志的著录信息源也是志书本身，但志书的信息不足时，可参考其他信息源（例如相关工具书）。

（1）新方志信息源及其选取顺序

新方志信息源及其选取顺序如下：

200 字段　题名与责任说明：正题名首选志书题名页（或代题名页）题名，当题名页题名不完整、或不能正确反映志书内容时，可参考版权页、封面、书脊等处题名，但当题名取自规定信息源之外的信息时要置于[ ]号内，并在附注项作说明。

205 字段　版本项：版本项的选取顺序是版权页、题名页。当版本信息来自上述规定信息源以外时，例如来自前言、序或封底等处时要置于[ ]号内，并在附注项作说明。

210 字段　出版发行项：出版发行项的选取顺序是版权页、题名页。当版本信息来自上述规定信息源以外时，例如来自封底等处时要置于[ ]号内，必要时在附注项作说明。

215 字段　载体形态项：载体形态项的规定信息源是整部图书和附件。数量：指图书的页数、卷册数等，一般包括正文页数及正文前后的其他页数。

225 字段　丛编项：规定信息源是题名页、版权页、封面、书脊、封底

（2）旧方志著录信息源及其选取顺序

旧方志著录信息源及其选取顺序如下：

200 字段　题名与责任说明项：正题名首选正文首卷卷端，以后依次为其他各卷卷端、各卷卷末、目次、凡例、题名页、版心、序跋、原印书签及书中其他部分。

205 字段　版本项：全书的版本类型特征及有关文字记述。

210 字段　出版发行项：全书中有关的写刻印刷的文字记述，写刻印刷的特征和风格，如纸张、版式、字体、墨色、刻工、讳字等。

215 字段　载体形态项：完整本全书。

225 字段　丛编项：丛编著录以总目录为主要信息源，以总目录、上述各部分为规定信息源。

7. 题名责任说明字段（Title And Statement Of Responsibility，200 字段）

（1）字段定义

本字段包含地方志的题名、其他题名信息、与题名相关的责任说明以及并列题名、并列责任说明等。与《中国文献编目规则》、《古籍著录规则》中的“题名与责任说明项”相对应。

（2）字段使用情况

本字段必备，不可重复。

（3）指示符说明

指示符 1：题名有无检索意义。已定义的代码如下：

0 = 题名不作检索点

1 = 题名作检索点

指示符 2：未定义，填“#”。

（4）子字段说明

200 字段的子字段如表 2-10 所示。

表 2-10　200 字段的子字段表

子字段标识符	子字段内容	注　释
$a	正题名	必备，可重复
$b	一般文献类型标识	可重复
$c	其他责任者的正题名	可重复
$d	并列正题名	可重复
$e	其他题名信息	可重复
$f	第一责任说明	可重复
$g	其他责任说明	可重复
$h	分辑号	可重复
$i	分辑名	可重复
$z	并列正题名语种	可重复
$5	使用本字段的机构	不可重复
$9	正题名汉语拼音	不可重复

$a 表示文献的正题名。正题名是文献题名的主要组成部分。一个完整的文献题名包括正题名（$a）、分辑号（$h）、分辑名（$i）、交替题名（又名）。但不包括其他题名信息（如副题名）和并列题名。同一责任者有多个题名时，本子字段可重复。本子字段必备。

例 2-32：湖北省江夏县志第一卷题名为湖北省江夏县志，其他各卷卷端题名为江夏县志

2001#$a 湖北省江夏县志 $b 地方志 $e 三 $f（清）王庭桢修 $g（清）彭崧毓纂

5141#$a 江夏县志

注：在 514 卷端题名字段作著录后，因为可以自动生成卷端题名附注，故可不在 3 -- 字段再作附注说明。

若在规定信息源（书名页）上同时出现多部文献的题名而无总题名（如合订书）时，同一责任者的多个题名（最多不能超过三个）用 $a 重复记入本字段，超出三个以上的正题名（从第四个题名开始记入 3 -- 附注项字段）。

例 2-33：

2001#$a 陕县下庄村志 $b 地方志 $a 张氏家谱 $f 下庄村志编纂委员会编

$b 表示一般文献类型标识。用词语或代码标识志书所属资料类型。（例如：普通古籍、善本、地方志、专著、家谱等等），放在第一个题名后，该子字段可重复。著录为：$b 普通古籍、地方志等等。国家图书馆的地方志文献，无论新旧方志，$b 一般文献类型标识一律用“地方志”标识。

当题名由正题名 $a 加分辑号 $h 或分辑名 $i 组成时，$b 一般资料标识放在整个题名后，也就是要放 $h、$i 后面，当正题名后跟随的是 $e 其他题名信息（副题名）时，$b 一般资料标识是放在 $a 之后，$e 之前。当题名是由 $a+$e+$h 或 $i 组成时，此时 $b 要放在整个正题名即 $h 或 $i 之后。总之，该子字段一定要放在完整的第一个题名之后。

例 2-34：

2001#$a 陕县下庄村志志 $b 地方志 $a 张氏家谱

例 2-35：

2001#$a 四川省彭州中学志 $b 地方志 $e 一九〇一—二〇〇一

例 2-36：

2001#$a 鄱阳县人民医院志 $e1933-2008$h 上册 $b 地方志

$c 表示不同责任者的正题名。在编志书含有多个不同责任者的作品，无总题名，而只有各自题名时，第一题名以外的其他题名分别记入本子字段。与正题名第一责任者不同的其他责任者著作的正题名按原书次序著录，题名超过三个只著录前三个，未予著录的其他题名和责任者在附注项说明。本子字段可以重复。

不同责任者的合刻或合订书名除在 200 字段做 $c 外，并做第二条记录，第二条记录用 423 字段向前连接，并生成附注。

例 2-37：

2001#$a 黎明乡志 $b 地方志 $e 一卷 $f 柯昌碧纂 $c 赛江乡志 $e 一卷 $f 范思则纂 $c 立新乡志 $e 一卷 $f 万文舒纂

$d 表示不同语言或文字的正题名。出现在 $a 或 $c 子字段的正题名的另一种语言文字的题名记入本子字段。在有多个并列正题名时，本子字段可重复。凡入本字段的并列题名，需同时记入 510 字段。

例 2-38：

2001#$a 布达拉宫胜迹志 $b 地方志 $dFAMOUS CULTURAL AND HISTORICAL SITES IN THE POTALA PALACE$zeng$f 布达拉宫管理处编

$e 表示其他题名信息。本子字段记录修饰、解释和补充题名内容的文字，包括副题名和其他说明文字。

例 2-39：

2001#$a 黄山区农业志 $b 地方志 $e：1949-2009$f 汤家友主编

$h 表示分辑号（分卷册号）。分辑号是指有共同题名的多卷（册）志书的分辑编号。有多层分辑编号或并列分辑号的，本子字段可重复。

例 2-40：

2001#$a 三台县地方志 $h20$i 德光乡志 $b 地方志 $f 德光乡志编写组编

例 2-41：

2001#$a 经氏家乘 $h 卷之七 $h 未集 $b 地方志

$i 表示分辑名。有共同题名的多卷（册）志书的分辑题名。有多层分辑题名，本子字段可重复。志书分辑（册）名是有共同题名的多卷（册）文献的从属题名。对于多层分辑（册）题名或并列分辑（册）的编号，本子字段可重复。它有三个特征：（1）它是正式书名，读者会直接用它当书名来检索。（2）分辑（册）名有共同的上位题名，在这个共同题名下有若干个子目。（3）表示所包括内容在更大范围内的先后次序。

例 2-42：

2001#$a 三台县地方志 $h40$i 明理乡志 $b 地方志 $f 明理乡志编写组编

正题名由共同题名与从属题名标识和（或）从属题名组成，也就是说正题名是由共同题名和分辑（册）号和分辑（册）名共同组成，根据著录规则，分辑（册）号和分辑（册）名的著录顺序依据原书的客观顺序著录。

规定信息源无正题名或正题名信息不完整的记录，可根据其他信息源著录，或由编目人员自拟，置于方括号内，并在附注项说明。

例 2-43：

2001#$a［顺天府志诗选］$b 地方志 $f（清）法式善撰

注：顺天府志诗选是《元诗选》癸集中的一个子目，题名是由编目员自拟或根据其他信息源著录的。此时，要在附注项说明题名出处。

提取检索点时，机器会自动去掉标点符号，不用再在 5 -- 字段作著录。

$f 表示第一责任说明，即对该志书负有主要责任的责任者说明，也就是常说的第一责任者。当 $f 伴随 $a、$c、$d、$h 和 $i 同时出现，或 $f 为并列责任说明时，本子字段可重复。

对于每一个 $a、$c、$d、$h 和 $i，第一责任说明 $f 只能有一个，但 $f 内可对应多个责任者，它们之间用逗号分隔。对于无总题名的分属不同责任者的多个题名，$f 子字段可重复，但注意每个 $f 跟在每个对应的 $c 之后。

例 2-44：

2001#$a 鄱阳县人民医院志 $e1933-2008$f 张勤主编 $h 上册 $b 地方志 $f 康黎主编

701#0$a 张勤 $4 主编

701#0$a 康黎 $4 主编

1912 年以前去世的中国责任者名称前加“( )”标识朝代；外国责任者在名称前加“( )”标识其原国籍，如泰西、高丽、日本、英国等。僧人“释”氏，不用“( )”括起。

责任方式，如：撰、注、编、纂、辑、译等，其前不加任何子字段标识符。

例 2-45：

2001#$a 地理全志 $b 普通古籍 $e 十篇二卷 $f(英)慕維廉(Muirhead, W.)撰

210##$a 上海 $c 益智书会 $d 清光绪 28 年（1902）

701#0$c 英国 $a 慕维廉 $cMuirhead，W.$4 撰

$g 表示其他责任说明。本子字段包含第一责任者之后出现的次要责任者，包括同一责任方式的并列的其他责任者。本子字段著录与 $a、$h、$i 子字段题名相对应的其他责任说明，并在 702（个人）或 712（团体）子字段记录。有多个不同责任方式时，本子字段可重复。

例 2-46：

2001#$a 歙县财政续志 $b 地方志 $e1988-2005 $f 方有正主编 $g 歙县财政局编

701#0$a 方有正 $4 主编

71202$a 歙县财政局 $4 编

$z 表示并列正题名语种。本子字段记录 $d 子字段中的并列题名语种代码。有多个并列正题名时，本子字段可重复。

例 2-47：

2001#$a 布达拉宫胜迹志 $b 地方志 $dFAMOUS CULTURAL AND HISTORICAL SITES IN THE POTALA PALACE$zeng$f 布达拉宫管理处编

$9 表示正题名汉语拼音。正题名的汉语拼音形式记录在本子字段。本子字段数据由计算机自动生成。本子字段选择使用。

例 2-48：

2001#$a 地方志灾异资料丛刊 $h 第一编 $h 1$b 地方志 $f 贾贵荣，骈

字骞编 $9 di fang zhi zai yi zi liao cong kan

（5）字段结构

1）2001#$a 正题名 $b 一般文献类型标识 $f 第一责任说明

相当卡片格式：正题名［一般文献类型标识］/ 第一责任说明

2）2001#$a 正题名 $b 一般文献类型标识 $f 第一责任说明 $g 其他责任说明

相当卡片格式：正题名［一般文献类型标识］/ 第一责任说明；其他责任说明

3）2001#$a 正题名 $b 一般文献类型标识 $e 其他题名信息 $f 第一责任说明

相当卡片格式：正题名［一般文献类型标识］：其他题名信息 / 第一责任说明

4）2001#$a 正题名 $b 一般文献类型标识 $d 并列题名 $f 第一责任说明 $z 并列题名语种

相当卡片格式：正题名［一般文献类型标识］= 并列题名 / 第一责任说明

5）2001#$a 正题名 $b 一般文献类型标识 $e 其他题名信息 $d 并列题名 $e 并列其他题名信息 $f 第一责任说明 $z 并列题名语种

相当卡片格式：正题名［一般文献类型标识］：其他题名信息 = 并列题名：并列其他题名信息 / 第一责任说明

6）2001#$a 无总题名的第一题名 $b 一般文献类型标识 $a 第二题名 $f 第一责任说明

注：为同一责任者的合订、合刻志书

相当卡片格式：无总题名古籍的第一题名［一般文献类型标识］；第二题名 / 第一责任说明

7）2001#$a 无总题名古籍的第一题名 $b 一般文献类型标识 $f 第一责任说明 $c 第二题名 $f 第一责任说明

注：不同一责任者的合订、合刻志书

相当卡片格式：无总题名古籍的第一题名［一般文献类型标识］/ 第一责任说明 . 第二题名 / 第二责任说明

8）2001#$a 共同题名 $h 分辑标识 $i 分辑题名 $b 一般文献类型标识 $f 第一责任说明

相当卡片格式：共同题名 . 分辑标识，分辑题名［一般文献类型标识］/ 第一责任说明

9）2000#$a 题名，又名，交替题名 $b 一般文献类型标识 $f 第一责任说明

相当卡片格式：题名，又名，交替题名［一般文献类型标识］/ 第一责任说明

（6）字段填写说明

1）200 字段的子字段如果在信息源中空缺，则不要求从信息源以外的其他部分复制相关信息到本块。例如：200 字段中的责任者子字段 $f 或 $g 原缺，而检索字段（7 -- 字段）的责任者系编目者分析后附加，则不可以把检索字段的责任者信息补充到题名责任说明字段。也就是说 200 字段的子字段一般都来自在编志书的客观信息。但是 200 字段的 $a 除外。因为 $a 字段为必备子字段，不能为空，所以当在编志书题名原缺时，允许在 200$a 字段根据考证、分析放入自拟题名。

2）子字段顺序一般按正题名、并列题名、其他题名信息、责任说明等著录规定顺序排列，而不一定按子字段标识字母顺序。著录规则中的标识符号一般应予省略，在需要生成卡片或书本式目录时，计算机可自动加注。此条使用说明也适用于其他字段。

3）冠于题名前部的责任者名称、出版发行者名称，以及“续编”、“新编”、“详校”、“实用”等词语，一律依原题照录在相关子字段。如需用去除前冠词的书名作检索点时，可在 500 字段中记录去掉前冠词的统一题名，或在 540 字段中记录编目员补充的附加题名。

4）交替题名作为正题名的一部分，紧随正题名后，而不是记录在另一个重复的 $a 子字段。此时，该处题名已无检索意义，指示符 1 取 0。为了题名得以检索，应将正题名和交替题名分别记录在 517 或其他 5 -- 的适宜字段中。

5）并列题名在 $d 子字段记录的同时，还应作为检索点在 510 字段记

录。此外，还应将表示并列题名语种的代码记入各自的 $z 子字段。语种代码参见《新版中国机读目录格式使用手册》附录 A 表 A。有几个 $d，就应该有几个 $z。语种标识顺序应与并列题名顺序一致。

6）封面题名、书脊题名或其他题名应记录在 512 至 517 相应字段中。

7）无总题名的志书出自同一责任者时，可重复 $a 子字段，将多个题名（不超过三个）依次记录；若出自不同责任者时，则将第一题名记录在 $a 子字段，其他题名（两个以内）重复 $c 子字段记录。与此同时，还应将第一题名以外的其他合订题名记入 517 字段。并将相应的责任者紧随各自的正题名后，记入 $f 子字段。

8）一般文献类型标识是经过规范的、用以表示文献所属资料类型的概括性术语，可参见《文献类型与文献载体代码》（GB 3469-83）记录一般类型标识。在各类型文献集中一库时，标识文献的资料类型是十分必要的。按照《文献类型与文献载体代码》，国家图书馆规定地方志的一般文献类型标识为“地方志”。记录时，一般文献类型标识的外括标识符号“[　]”省略。

9）子字段 $f 和 $g 均应紧跟相应子字段 $a、$c、$d、$h、$i 之后。

10）200 字段中省略的题名和责任说明均可记入 300 或 304 字段。

11）个人和团体责任者同时存在时，无论是个人还是团体，谁负主要责任，就应视为第一责任者，记录在 $f 子字段，其他的个人和团体责任者则为次要责任者，记录在 $g 子字段；不能辨明主要责任者时，一般以个人责任者中负主要责任的为第一责任者，记录在 $f 子字段，而将负次要责任的个人及团体记录在 $g 子字段。

12）$9 子字段紧跟相应 $a 之后。汉语拼音只对正题名中的汉字而言，非汉字成分，如外文字母、阿拉伯数字、标点符号，仍保留原有形式。汉语拼音全部用小写，可用功能键生成。

（7）新方志著录中需要特别注意的一些问题

新方志在著录、分类、标引上虽然完全适用普通中文图书的编目规则，但新方志作为一种具有地区性、时间性和连续性特征的文献类型，在 200 字段的著录上一定要注意体现这些特征。综合志要优先突出地区性，而专志则首先明确专业性，另外，如何区分综合志和专志的异同也是在 200 字段著录时需要特别注意的问题。

1）综合志著录优先考虑地区性

综合志当作为一种地方特藏或专藏文献，在 200 字段与普通中文文献著录上的不同之处在于要首先考虑按地域集中的原则。所谓综合志的概念就是它的记事空间是在一个行政区域内，包括一统志、省志、府志、厅志、自治区志、市志、县志、乡镇志、村志、街道志等。

例 2-49：

2001#$a 广西通志 $i 公安志 $b 地方志 $e 1993—2008$f 文起洁主编 $g 广西壮族自治区地方志编纂委员会编

330##$a 本志包括机构、刑事案件侦查、打击经济犯罪、禁毒、预审与监所管理、治安管理、边防保卫、警卫、道路交通管理、消防管理、公共信息网络安全监察、警务保障等二十篇内容。

例 2-50：

2001#$a 广西通志 $i 机械工业志 $b 地方志 $f 余先正主编 $g 广西壮族自治区地方志编纂委员会编

330##$a 本书上限 1899 年，下限至 1990 年至。详今明古、反映行业特点和时代特征的原则，记述了广西机械工业系统的历史和现状。

例 2-51：

2001#$a 广西通志 $i 城乡建设志 $b 地方志 $f 宋继东主编 $g 广西壮族自治区地方志编纂委员会编

330##$a 本志主要指对城市、县镇、建制镇、集镇、村镇和广大村庄基础性设施的建设，重点工程建设，以及以城镇为主，带动村庄的城乡规划、房地产、市政建设、市容环境、建筑勘查设计与施工、科研教育和城乡建设管理等。

《广西通志·公安志》、《广西通志·机械工业志》、《广西通志·城乡建设志》作为普通中文图书处理时，揭示的是该书自身的内容特征，即是讲公安工作、机械工业志和城乡建设情况的，但当把它们作为一种地方文献专藏处理时，我们就不单单只考虑揭示该书自身的内容特征，而是更注重把它们看成是整个广西通志的组成部分，我们面对的是广西通志这个整体，所以著录时要将他们在地方史志下集中，优先揭示地域性，这样所有广西的地方志就集中到一起了。这样著录的缺点是弱化了对每一种书自身的内容特征，为了弥补这个缺憾，我们会在主题分析块，在按地方史志分类、标引后，再给一个专指分类号 D631（公安工作），F426.4（机械工业），F299.276.7（广西地方城市经济），这样既解决了保持地方志地区性、综合性特点的要求，又照顾了揭示每种书内容特征的要求。主题标引块在后面的章节讨论。

2）如何区分综合志和专志

不同类型的志书，功能各不相同，内容各有侧重。我们还要针对地方志文献的不同类型，采取不同的编目策略，最大限度的揭示地方志内容，方便读者使用。对于综合志（省志、市志、县志等）志书来讲，它涵盖的内容极为广泛，记载一个地域自然、社会、人文的历史和现状的各个方面。在这里，地方性（空间性）是第一位的，它的系统性和资料性都是以地域性为基础的。综合志重点在于它是一个特定地域的百科全书，脱离了地域性，它的专业性就失去了意义。所以在著录综合志时一定要按地区集中。而对于各类专志（指在一个独立的系统内反映各个部门、学科之间的关联性、上下级关系等等。例如戏剧志、植物志、方言志、农业志、电力志等各系统的专业志书和山志、水志、湖志等专门志），专业性是第一位的，它虽然有一定的空间（地域）范围，但此时地域性已经退其次，专业特点或行业特点更为突出。因此，著录专志，要按专业、按行业等集中，在强调专业性、系统性的基础上，体现地域性和时代性。所以，综合志和专志最主要的区别在于，一个以地域为主，一个以专业或行业为主。

如何区分综合志和专志，本书介绍一种简单、方便的方法：划分的标准主要依据正题名。规范信息源为题名页。一般情况下综合志和专志从题名上是容易区分的，凡是以“地域名称”+“行政区划名称”（省、市、区、县等）+“志”复合而成的正题名，不管后面是否有专志名称，一律按综合志处理。如果是“地域名称”+“专业、行业、部门”+志，则一律按专业志处理，不论是单册还是成套的方志，都按这个标准处理。这种划分方法，虽然有些机械，但标准相对客观，好统一，不容易造成歧义。例如：《广西通志·公安志》；《广西通志·机械工业志》；《广西通志·城乡建设志》等，它们都要一个共同的题名："广西通志"，"公安志"、"机械工业志"、"城乡建设志"等是总题名下的分册名，这时 2001#$a 统一为"广西通志"强调广西地方志是一个整体概念。而按专业志著录的志书，一般都是以 ×× (地区名称) + 专志名称或者直接叫 ×× 山志、×× 湖志等等，他们正题名中要带一个专业或行业、或部门等的名称。这种情况下，我们将这类志书按专业志或专志著录。按专志处理的例子：北京工业志，是对北京整个工业系统所涵盖的各个行业、各个部门情况的记述和总结。它的行业性是最突出的特性，在行业性下，反映的是地域性，各个地方都有工业，北京工业志，核心是工业，记事的空间范围是北京。所以专业志关注的首先是专业或部门，其次才是地域，这样著录，便于按专业集中，方便读者使用。

例 2-52：

2001#$a 北京工业志 $i 仪器仪表志 $b 地方志 $f 卞援朝主编

330##$a 本志记述的上限为 1949 年，下限一般为 1998 年底，记述了北京市仪器仪表工业发展过程，并侧重 1983 年 11 月以后的状况，兼述了北京地区国务院各部委及区、县所属仪器仪表企业情况。

例 2-53：

2001#$a 北京工业志 $i 煤炭流通志 $b 地方志 $f 李京来主编

330##$a 本书记载时限上溯事业发端，下至 2000 年 12 月底，记述了北京地区煤炭流通发端、沿革、现状等，尽力涵盖整个煤炭流通业。

专业志的这种处理方法为后面的按专业或行业进行主题分类标引打下了基础。通过这种著录方式，北京工业志就可以先按专业集中在"中国工业史"下的各地区史（F429.1/.7）下集中，再依照中图法规定，按地区复分，在后面的主题标引块将会进一步阐述。

（8）旧方志 200 字段著录的主要内容

地方志旧志是古籍文献中内容特征鲜明的一种文献类型，因此，在遵循古籍一般著录原则的基础上，在著录内容上有一些需要突出和强调的地方。

1）题名

根据古籍著录规则规定，“凡题写于规定信息源所提供的题名之后的、有助于识别一种著作的文字，均可作为其他题名信息著录于正题名之后，对区分旧方志有意义的卷数、语种、年代、地区、体裁等信息，必要时可自拟著录于正题名之后，并置于方括号内”。由于地方志的题名基本上是以地域名称加“志”、“乘”等构成的，不便于区分同一地域不同年代成书的方志，所以当地方志题名中不包含年代时，在著录中，我们一般将方志的纂修年作为“其他题名信息”著录在正题名之后。

例 2-54：

2001#$a 蓬安旧志 $b 地方志 $e 光绪 $e 十五卷卷首一卷 $f（清）方旭修 $g（清）张礼杰等纂

312##$a 蓬安旧志又名蓬州志

5171#$a 蓬州志

注：“光绪”是本书的纂修年，著录在正题名之后，用来补充正题名，增加区分度

例 2-55：

2001#$a 平凉府志 $b 地方志 $e 十三卷 $f（明）赵时春纂修

300##$a 本书版心题：泾州志书

5151#$a 泾州志书

注：“十三卷”是本书的卷数，放在其他题名信息里，著录在正题名之后，用来补充正题名，增加区分度。

2）卷数

正文卷数依正文原题著录于正题名或并列题名之后，许多志书除主卷外，还有卷首、卷末、附录等卷数，均须一一著录于主卷之后。没有卷次的，就注明不分卷。凡在题名后须用数字表示的卷数或卷次，用汉字数码写为一、二、三、四……。56 卷，应写为五十六卷。104 卷，写为一百四卷。137 卷，写为一百三十七卷。正文以上下、上中下、天干地支等作为卷次标识，统计卷数应转换为汉字数码著录，并在附注项说明。正文题为若干卷，其中全部或部分卷次又分出若干子卷，仍依正文所题卷数著录，不计子卷。

正文分集（编），再分卷，应按正文所题依次著录，其间以逗号分隔。

正文分章、节、回等，均以正文所题著录。

正文或正文以外部分所题卷数与目录所题卷数不符，目录等处又未注明原因，以正文或正文以外部分所题卷数著录，并在附注项说明（以实际卷数著录）。正文或正文以外部分所题卷数与目录所题卷数不符，目录已在有关卷次下注明“待刻”、“嗣出”、“原缺（阙）”、“未成”等字样，依目录所题卷数著录，并在附注项说明。残书依全书的卷数著录，实存的卷数和卷次在附注项复本附注中说明。

例 2-56：

2001#$a 开县志 $b 普通古籍 $e 咸丰 $e 二十七卷卷首一卷 $f（清）李肇奎等修 $g（清）陈昆等纂

例 2-57：

2001#$a 丰都县乡土志 $b 缩微制品 $e 不分卷 $f 刘承烈编 $g 余树堂增订

3）责任者

编目规则规定的责任者及其责任说明，包括责任者朝代、名称和各种责任方式，一般按信息源责任者名称形式和顺序著录。如籍贯、职衔或字号等信息不是识别该责任者所必需，可不予著录。民国前的责任者，著录朝代和姓名，民国后的著者只著录姓名，外国著者著录国籍。

当正文首卷卷端所题责任说明不完整、不规范时，在题名责任者项（200 字段）照录。必要的（如姓名、生卒年、字号、朝代、籍贯和国别等）补充和考证，著录于附注项，考证、补充后的规范名称著录在责任者字段（7 -- 字段）。

正文首卷卷端所题责任说明不能代表全书或未题有责任说明时，应从规定信息源的其他部分选择适当的责任说明著录，并在附注项说明。

在实际的著录工作中，官修方志，一般以各级地方主官为主修，以当地绅士或延聘学者为总纂，须注明某人修，某人纂。私人所纂志书，只需著录某人纂。或纂或修，著录体例要一致，否则会被误认为两种书。

正文首卷卷端所题责任说明有误，照录，将有关考证著录于附注项。

规定信息源中未提供责任说明，但可由其他资料查考出时，题名责任者项不予著录，把以查考出的责任说明著录在附注项，说明来源，将查考出的责任说明著录在责任者项。

例 2-58：

2001#$a 广东通志初稿 $e 嘉靖 $e 四十卷首一卷

304##$a 是书责任者取自序言，为：（明）戴璟修；（明）张岳纂

701#0$a 戴璟 $c 明 $4 修

702#0$a 张岳 $c 明 $4 纂

4）出版时间和纂修时间

出版时间是志书刊成也就是刷印成书的年代，纂修年代是指将志书纂修完成的时间，但这时可能还没有刷印成书。出版项著录刊成年代，纂修年代著录在其他题名信息的位置。一般情况下纂修年和版本年应该是一致的，但旧志有许多是后印本，这时纂修年和刊印年是不一致的。还有一种情况要注意，就是汇编本，有时后人把一个地区的几个旧志汇编在一起出版，而这几个旧志不是一个年代的，我们著录时一般著录最早的纂修年。

与其他古籍类图书相比，地方志除了地区性（空间性）突出之外，还有一个特点就是时代性（时间性）强，而且当题名中没有包含时代概念时，地方志的题名的区分度就很差，有的地方几百年来数次修志，或者续修志书，但题名上没有反映，给读者使用造成困难，所以在旧志中凡是清代以前纂修的志书，如果题名中不含有时代的，需要在题名项作一个特别说明，按照著录规则的规定，我们将地方志的纂修年著录在正题名后的其他题名信息子字段，用 $e 表示。

例 2-59：

2001#$a 广东通志初稿 $b 地方志 $e 嘉靖 $e 四十卷首一卷

205##$a 刻本

210##$d 明嘉靖 14 年（1535）

注：纂修年和出版年一致。

例 2-60：

2001#$a 蓬安旧志 $b 地方志 $e 光绪 $e 十五卷 $f（清）方旭修 $g（清）张礼杰等纂

205##$a 石印本

210##$c 蓬安县益友石印社 $d 民国 24 年［1935］

注：纂修年和出版年不一致，光绪年间纂修，民国 24 年刊印。

例 2-61：

2001#$a 宜宾县志 $b 地方志 $e 嘉庆 $e 五十四卷卷首一卷 $f（清）刘元熙修 $g（清）李世芳纂

205##$a 铅印本

210##$c 叙府大同书局 $d 民国 21 年［1932］

注：表示纂修年是嘉庆年间，出版年是民国 21 年（1932）。

例 2-62：

2001#$a 忠州直隶州志 $b 地方志 $e 道光 $e 八卷卷首一卷 $f（清）吴友篪修 $g（清）熊履青纂

注：表示是道光年间纂修。

例 2-63：

2001#$a 峨眉县续志 $b 地方志 $e 宣统 $e 十卷 $f（清）李锦成修 $g（清）朱荣邦等纂 $g 赵明松重辑

205##$a 刻本 $b 重修

210##$d 民国 24 年［1935］

注：表示是宣统年间续修的县志，出版年是民国 24 年（1935）。

民国以后纂修的方志即便题名中没有指明纂修年，也不在题名后添加纂修年，换句话说如果题名中不含纂修年，$e 中也没提示，一定是民国后出版的。

例 2-64：

2001#$a 华阳县志 $b 地方志 $e 三十六卷卷首一卷 $f 陈法驾，叶大锵修 $g 林思进，曾鉴纂

205##$a 刻本

210##$d 民国 23 年［1934］

例 2-65：

2001#$a 万县乡土志 $ 地方志 $e 光绪 $e 九卷 $f（清）佚名纂修

205##$a 石印本

210##$c 万县嘉惠印刷馆 $d 民国 15 年［1926］

215##$a2 册 $c 图

300##$a 原缺卷 5 礼俗录及卷 7 图说

300##$a 此志编于清光绪 32 年

2.2.2.5　附注块（3 -- 字段）

1. 内容范围

本信息块以自由行文方式对著录项目或检索信息作进一步陈述说明，它涉及地方志文献内容和物理形态各个方面。本块所列字段均可重复。若有多项附注同属一种类型，则重复同一字段。

2. 常用字段

已经定义的适用于地方志的字段如下：

300　一般性附注

304　题名与责任说明附注

305　版本与书目史附注

306　出版发行等附注

307　载体形态附注

310　装订及获得方式附注

312　相关题名附注

314　知识责任附注

316　现有藏本附注

317　出处附注

324　原作版本附注

327　内容附注

330　提要或文摘附注

3. 使用说明

（1）本信息块有 30 个子字段，分类较细。有两种作法。第一种作法严格按字段要求使用，第二种做法 300—315 合并使用，320—345 字段按要求使用。根据地方志文献的具体情况，建议主要用好 300 字段,305 字段，

314 字段，316 字段，327 字段，393 等字段。

（2）某些附注字段可由其他字段的数据生成时，不必重复填写。例如4 -- 款目连接块中的一些字段，5 -- 相关题名块中的一些字段，都可以通过指示符的控制，生成相应的附注，此时，不必重复填写。

（3）一种志书有多个附注时，应按照字段顺序号，排列附注内容，以便于检索。

在编目实践中，要合理地选择使用附注字段，要有一定的前瞻性。附注内容有明确的使用意义，且外延容易界定的，适宜独立设置附注字段。例如：知识责任附注，提要，内容附注，藏本附注等等，都有明确的适用范围，独立出来对当前的使用和今后机读记录的发展有益处。例如：作者规范信息可以直接从 314 知识责任附注中提取，327 内容附注可以直接作检索点等等，这类有特定意义的信息应该做独立的附注加以著录。附注字段设置太细太多，以为专指性强，结果适得其反，每个编目员的理解难以统一，容易造成各行其是，歧义机会反倒增加。同时一旦细化，还加大了对源格式的要求，增加了操作难度，影响工作进度和数据质量，而且将来一旦格式修订，整合工作量大。

在适当使用相应的专指附注字段的前提下，注意 300 一般性附注字段的应用。首先 300 字段是一个包容附注信息量最大的字段。从 301 字段到 315 字段的附注信息，如不单独著录到更专指的附注字段，其附注内容都可以放到 300 字段著录。另外，凡是不能分配到更为专指的附注字段的任何附注内容（即无对应附注字段的任何附注），都可以著录到 300 字段。所以，从这个意义上说，使用 300 字段作附注是一个更安全、更方便的选择。

地方志中的综合志，比如省志、府志、厅州志等篇幅比较大，有的几十卷甚至百卷之多，对于旧志除了和一般古籍一样要著录书名、卷数、著者、版本等内容外，还要对志书的行款、印章、版框尺寸进行著录和说明。此外要依据志书现有的内容，运用简明扼要的语言将志书中比较有特色或者读者使用频率比较高的以及可以独立成篇的内容予以说明。比如对于艺文志（文学门、目录门）、金石志（古器物门）、经籍志（目录门）以及传记等内容，在刘国钧分类法中都独立成章，我们往往在附注中作一个专门的说明。

由于附注块的字段结构比较简单，而且机读目录格式使用手册对附注块各字段的定义、使用说明等都有详细的注释，为节省篇幅，在此不再赘述，只将新旧方志在附注块的应用通过举例加以说明。

4. 一般性附注（General Notes，300 字段）

（1）字段定义

本字段包括对著录项目或检索点作扩展说明的任何信息。在尽可能使用相应的专指字段前提下，本字段主要是著录那些无对应附注字段的相关附注。

（2）字段填写说明

地方志记事上下限、出版发行附注、底本附注、题名责任者附注、文物级别、可参看的有关著作等记录于此，也可记录在下面的专指附注中。编目单位可选择执行。如果附注内容需分成多条，则重复本字段，分别记录每条附注。字段可重复。

1）地方志记事下限附注

新中国成立后的大规模修志高潮出现在 20 世纪 80 年代以后，根据中国地方志指导小组办公室的统计，截止到 2010 年底，全国共出版省、市（地）、县三级综合志书 6713 部。[①] 除了省志、市（地）志、县志，还有大量的乡镇志和各种简志、专业志、部门志等。新方志的著录，虽然没有要求将纂修年著录在题名之后，但时间性是地方志的重要特征，尤其是 80 年代中期以后的大规模修志持续了近 20 年，首轮修志工作还没有完全结束，第二轮的续修方志工作又开始了，所以同一地区的地方志在时间上有一个衔接和区分的问题。因此，著录新方志的记事下限，就显得非常重要。所以，对于新方志，无论是综合志还是专志，都要求著录记事下限。记事下限可以随内容提要一起著录在 330 提要附注项，也可以单独著录在 300 一般性附注字段。旧方志一般不著录记事下限，如果需要著录记事下限也

---

① 中国地方志指导小组办公室．2010 年度全国地方志系统工作进展情况统计［J］．中国地方志通讯，2012（1）：1-5．

著录在 300 一般性附注字段。但如果在题名与责任说明字段（200 字段）中的其他题名信息（$e）中著录了志书的记事范围，就不需要在附注项著录志书的记事下限了。

例 2-66：

2001#$a 海南省志 $h 第六卷 $i 审计志 $b 地方志 $f 海南省地方志办公室编

300##$a 本志下限止于 1992 年

例 2-67：

2001#$a 城里村志 $b 地方志 $e1951—2009 $f 李瑞星主编 $g 城里村志编委会编

注：因为在题名与责任说明字段（200 字段）中的其他题名信息（$e）中著录了该志书的记事范围 1951—2009，所以就不需要在附注字段重复著录志书的记事下限了。

例 2-68：

2001#$a 泗水县人民医院志 $b 地方志 $f《泗水县人民医院志》编纂委员会编

300##$a 本志上限起于 1948 年，下限止于 2000 年。

例 2-69：

2001#$a 泗水县人民医院志 $b 地方志 $f《泗水县人民医院志》编纂委员会编

330##$a 本书真实地记录了泗水县人民医院自 1948 年到 2000 年的发展历程，全面展现了人民医院的改革成果，充分展示出人民医院的美好前景。

例 2-70：

2001$#a 简阳县续志 $b 地方志 $e 十卷卷首一卷卷末一卷 $f 李青廷等修 $g 汪金相，胡忠阀纂

300##$a 记清道光五年至民国十五年（1926）年事

例 2-71：

2001#$a 夹江县续志 $b 地方志 $f 刘作铭等纂修

300##$a 此志记事至宣统三年

2）方志出版发行附注

在新方志中有许多专业志、行业志和村镇志等志书，不是正式出版物，是由编纂单位或其上级主管单位出版的，对于这些非正式出版物，一般要求在附注项加以说明。出版发行方面的附注既可以放在专指的出版发行附注字段 306 字段，也可以统一放在 300 字段，编目单位可以根据自身的情况选择使用。旧方志的有关出版发行方面的附注包括牌记、校勘者、刻工、藏版地点序跋等也可以著录在本字段。

例 2-72：

2001#$a 彭州中学志 $b 地方志 $f 刘光祺主编 $g 彭州中学志编写组编

300##$a 本志上限起于 1901 年，下限止于 2001 年

300##$a 内部发行

例 2-73：

2001#$a 宣威军事志 $b 地方志 $f 李海冲，李维云，祝继和主编

300##$a 本书由昆明五华教委印刷厂印刷

例 2-74：

2001#$a 彰明县志 $b 普通古籍 $e 同治 $e 五十七卷卷首二卷 $f（清）何庆恩修 $g（清）李朝栋，（清）吴士柽纂

300##$a 书中刻工有：王亮、沈恒等

300##$a 卷 51 经籍志，卷 52 金石志，卷 57 艺文志

当有两个以上的 300 附注时，建议按照一定顺序著录相关附注。比如规定出版发行附注在前，记事下限附注在后，或者相反。总之当有多项内容填入本附注字段在时，最好规定附注内容的顺序。比如前面提到的记事下限附注和出版发行附注在新方志中是经常出现的附注内容，要有所规范。

3）书名又名附注

例 2-75：

2001#$a 新校天津卫志 $b 地方志 $e 康熙 $e 四卷卷首一卷 $f（清）薛柱斗修 $g（清）高必大纂

205##$a 铅印本

210##$c 易社 $d 民国 23 年［1934］

215##$a2 册 $c 图

300##$a 卷 4 艺文

300##$a 本书又名：天津卫志

5171#$a 天津卫志

4）底本来源附注，也可以著录在 324 字段

例 2-76：

2001#$a 直隶通州志 $b 地方志 $f（清）王继祖修 $g（清）夏之蓉纂

205##$a 影印本

300##$a 本书据清乾隆 20 年（1755）刊本影印

5. 题名与责任说明附注（Notes Pertaining To Title & Statement of Responsibility，304 字段）

（1）字段定义

本字段包括不宜在 200 字段中记录的，但与 200 字段的题名责任者有关的附注。

（2）字段填写说明

1）一切与 200 字段题名或责任者有关的信息均可记入本字段，也就是说该附注记录的对象一定是针对 200 字段的信息。包括题名来源、题名在 200 字段中的省略部分、对责任说明的详述或评注等等。凡填写在本字段的内容也可以填写在 300 一般性附注字段，编目单位自由选择。记录在本字段的附注也可以记录在 300 字段。

2）如果附注内容系引用文献中的原文，则应将引文置于引号中，并说明出处。

3）三个以上的合刻（或合抄）志书题名，在 200 字段只著录 3 个，超过部分可在本字段著录。

4）关于交替书名的说明在本字段记录。

5）当 200 字段题名不是取自正文首卷卷端时，应对其来源加以说明。从编题名如果不是取自总目录，也应说明来源。

6）题名为编目员自拟时，也在本字段说明。

7）当正文以上下、天干地支、千字文、六艺、成语、诗韵等作为卷次标识时，200 字段中其他题名信息应将总卷数转化为汉字数码著录，而在本子段对原书原有的卷次编排进行说明。

8）如正文全部或部分卷次又分出若干子卷，则子卷的情况在本字段说明。

9）如遇正文或正文以外部分所题卷数与目录卷数不符，则目录所题卷数及目录中所标其他内容，均在此说明。

10）正文首卷卷端所题责任者不能代表全书或未题责任者时，应从规定信息源的其他部分选择适当的责任者在 200 字段著录，并在本字段说明。

11）正文首卷卷端所题责任者有误时，应将有关考证内容在本字段著录。

12）责任者说明取自正文首卷卷端以外的部分，应在本字段说明。

13）如有多条附注，则重复使用 304 字段。

例 2-77：

2001#$a 新乡市田家炳高级中学校志 $f 熊夫征主编

304##$a 田家炳高级中学，原名：新乡市第三中学

例 2-78：

2001#$a 增补万宝全书 $e 二十卷 $f（明）陈眉公辑 $g（清）毛焕文补辑

304##$a 辑者据书名页题，补辑者据序题

例 2-79：

2001#$a 奉贤警察志 $f 陈佐时，马勤根主编

304##$a 书名据封面题

例 2-80：

2001#$a 曾文正公家训 $b 普通古籍 $e 二卷 $a 曾文正公家书

205##a 铅印本

210$a 上海 $c 申报馆 $d 清光绪间

304##$a 与曾文正公家书合刊

304##$a 书名据卷端题

304##$a 本书无责任者，编目员根据本书内容补充著录

701#0$a 曾国藩 $c 清 $4 撰

例 2-81：

2001#$a［府谷县志］$e 一卷 $f（清）郑居中编纂

304##$a 书名代拟

例 2-82：

2001#$a 宣威市军事志 $e 前 256-2005$f 李海冲，李维云，祝继和主编

304##$a 祝继和自 2007 年 3 月—12 月担任该书主编

6. 版本与书目史附注（Notes Pertaining To Edition & Bibliographic History，305 字段）

（1）字段定义

本字段包括与在编古籍的版本及书目史相关的附注信息。包括批校题跋、行款、避讳、印章、用纸等

（2）字段填写说明

1）一切与版本、书目史相关的信息，无论是源自在编地方志，还是其他文献，均可记入本字段。凡记录在本字段的附注都可以记录在 300 字段。

2）附注内容包括被著录地方志与此前其他版本之间关系的细节说明，以及版次正误等，主要反映志书版本的沿革情况，如前一版的情况（包括时间、地点、优劣等）以及本版的版本特征。

3）如果附注内容系引用文献中的原文，则应将引文置于引号中，并说明出处。

4）本字段不反映复本特征。复本特征记入 316 字段（现有藏本附注）或 317 字段（出处附注）。

5）本字段不反映底本情况。底本情况记入 324 字段（原作版本附注）。

6）如有多条附注，则重复使用 305 字段

例 2-83：

2001#$a 江夏县志 $b 普通古籍 $e 同治 $e 八卷卷首一卷 $f（清）王庭

桢修 $g（清）彭崧毓纂

205##$a 刻本 $b 增修

210##$d 清光绪 7 年［1881］

215##$a9 册 $c 图

300##$a 卷 8 艺文志

305##$a 据清同治 8 年（1869）刻版增修

例 2-84：

2001#$a 万县乡土志 $b［地方志］$e 九卷 $f（清）佚名纂修

205##$a 石印本

210##$c 万县嘉惠印刷馆 $d 民国 15 年［1926］

215##$a2 册 $c 图

300##$a 此志纂修于清光绪 32 年

305##$a 原缺卷 5 礼俗录及卷 7 图说

例 2-85：

2001#$a 高安县志 $b 地方志 $e 同治 $e 二十八卷卷首一卷 $f（清）孙家铎等修 $g（清）熊松之等纂

300##$a 卷 21—26 艺文志

305##$a11 行 23 字小字双行同白口左右双边单鱼尾

例 2-86：

2001#$a 同官方言谣谚志 $b 地方志 $e 一卷 $f 黎锦熙等编

305##$a 黄纸本

305##$a 书衣有黎锦熙墨笔题字

7. 出版发行等附注（Notes Pertaining To Publication Distribution，306 字段）

（1）字段定义

本字段包括与在编地方志的出版发行等事项相关的附注信息。

（2）字段填写说明

1）一切与出版发行相关的信息，无论是源自在编地方志，还是其他文献，均可记入本字段。填写在该字段的内容，也可记录在 300 字段。

2）本字段包含出版发行方面的附注，包括新志的出版、发行、印刷和旧志的牌记、校勘者、刊刻者、刻工（或抄写者）、藏版地点、原印序跋等。

3）如果附注内容系引用文献中的原文，则应将引文置于引号中，并说明出处。

4）如有多条附注，则重复使用306字段。

例2-87：

2001#$a密云县志$b地方志$e八卷卷首一卷$f臧理臣等修$g宗庆煦总纂

210##$a密云$c（伪）密云县公署$d1938（民国27年）

306##$a《联合目录》著录该书出版年为民国三年（1914）铅印本

例2-88：

2001#$a周礼$e十二卷$f（汉）郑玄注

306##$a本书各卷后有牌记，牌记文字及字体各不相同，如卷三末牌记为楷书“婺州市门巷唐宅刊”，卷四为行书“婺州唐奉议宅”，书中刻工有：王珍、吴亮、沈亨等。

例2-89：

2001#$a魏书$e一百十四卷$f（北齐）魏收撰

210##$d［刻印年不详］$d明嘉靖八年［1529］重修

306##$a大约刻于元代

8. 载体形态附注（Notes Pertaining To Physical Description，307字段）

（1）字段定义

本字段包括与在编古籍载体形态相关的附注信息。包括存佚、配补、附件责任者。

（2）字段填写说明

1）未记入215字段的与在编地方志载体形态相关的信息可记录在本字段。也可记录在300字段。本字段包含地方志载体形态的完整本附注，包括特殊的开本（如袖珍本、巾箱本）、附件责任者等。

2）地方志卷、册的存佚、配补情况等复本特征应记入316字段。

3）如有多条附注，则重复使用 307 字段。

例 2–90：

2001#$a 苍梧县志 $e 同治 $e 十八卷卷首一卷 $f（清）蒯光焕，（清）李百龄修 $g（清）罗勋等纂 $g（清）黄玉柱，（清）王鋼绅续修 $g（清）王栋续纂

307##$a 有补配

9. 装订及获得方式附注（Notes Pertaining To Binding & Availability，310 字段）

（1）字段定义

本字段包含有关在编古籍装订及获得方式的附注。

（2）字段填写说明

1）用自由行文的方式记录与在编地方志装订及获得方式有关的注释。与在编地方志装订及获得方式相关、未记入 010 字段的信息可记录在本字段，也可以记入 300 字段。

2）如有多条附注，则重复使用 310 字段。

例 2–91：

2001#$a 新方志琐谈续集 $b 地方志 $f 青野著

310##$a 著者赠送

例 2–92：

2001#$a 贵阳市志 $i 科学技术志 $b 地方志 $f 王萼华，王燕玉主编

205##$a 修订本

310##$a 本书有精装、平装 2 种装帧形式

10. 相关题名附注（Notes Pertaining To Related Titles，312 字段）

（1）字段定义

异于正题名或并列题名的其他题名的相关信息记入本字段。

（2）字段填写说明

1）凡需生成附注的相关题名或与相关题名有关的信息均可记入本字段。但是，记入 5 -- 相关题名块字段的输出内容已经反映附注内容的，则不必在 312 字段重复。并列题名的附注可记入 304 字段，也可记入本字段。

凡记录在本字段的内容也可以记录在 300 字段。

2）如果其他题名需作检索点，如封面题名、卷端题名等，而“5 -- 相关题名块”字段输出的内容能充分表述相关题名附注内容，则只需填写“5 -- 相关题名块”字段，本字段不必重复填写。

3）若“5 -- 相关题名块”字段输出的内容不能充分表述相关题名附注内容，则需填写完整的附注内容，如：目录题名、序跋题名、版心题名、版权页题名等。

4）如有多条附注，则重复使用 312 字段。

例 2-93：

2001#$a 江夏县志 $b 普通古籍 $e 同治 $e 八卷卷首一卷 $f（清）王庭桢修 $g（清）彭崧毓纂

205##$a 刻本 $b 后印

210##$d 民国 7 年（1918）

215##$a9 册 $c 图

300##$a 卷 8 艺文志（也可以记录在 327 字段）

312##$a 书名页题武昌县志

324##$a 据清同治 8 年（1869）刻版重印

5171#$a 武昌县志

11. 知识责任附注（Notes Pertaining To Intellectual Responsibility，314 字段）

（1）字段定义

本字段包含在编地方志知识责任的相关附注。

（2）字段填写说明

1）200 字段中知识责任及其相关情况的进一步说明，可记入本字段。（例如责任者小传）

2）200 字段里已选用的知识责任中省略的责任说明，如需作附注，应记入 304 字段，而不是本字段。

3）当 200 字段 $f、$g 与 7 -- 字段不同时，须在本字段作附注（责任者的规范名称附注入 314 字段）。

4）如有多条附注，则重复使用314字段。

5）与304字段的区别：记录在304字段的信息，必须是对应出现在200字段的信息的说明，例如书名页或正文卷段的责任者是三个以上，200字段只著录了一个责任者，其余责任者信息应在304字段作附注。

例2-94：

2001#$a大藏一览$e十卷$f（宋）陈实撰

314##$a（宋）陈实,《四库全书总目提要》作“陈实原”，并误为明人。《宁德府志：嘉靖》卷四：“陈实，字充美，号大隐居士。”

例2-95：

2001#$a青浦县志$b善本$e万历$e八卷$f（明）卓钿修$g（明）王圻纂

314##$a卓钿（？-1598）号荣麓，福建沙县人。万历十年经元，二十三年知青浦县，二十六年卒于官。

314##$a王圻（1530-1615）字符翰，号洪洲，祖籍江桥。嘉靖四十四年（1565年）进士，授清江知县，调万安，擢御史。

12. 现有藏本附注（Notes Relating To The Copy In Hand，316字段）

（1）字段定义

本字段是有关地方志的现有复本方面的说明。它对应于《国际标准书目著录（古籍）》(即ISBD（A）附注项中与现有复本有关的附注。本字段包括在编地方志特定藏本特征的附注，这类附注，有利于了解地方志的版本、数量、装帧、收藏、识跋等方面的形成及变化情况。

区别完整本还是复本的标准是古籍写刻成书时已存在的版本特征还是成书后在流传过程中新形成的藏本特征。就中国古籍而言，书中的藏书章、批校、题跋、残缺等后加藏本特征，属于古籍复本的特征。

（2）字段填写说明

1）主要用于对在编地方志的后续藏本特征、复本数量及相关情况、装帧变化、内容残缺等状况的记录，以利更详细描述藏本特征，区别不同复本。

2）使用本字段的机构可用代码，也可用名称。代码可参见《全国文献收藏单位名称代码与条码》。记录中只有一部复本可只记录馆藏机构代码。

3）当多个本字段说明不同复本的有关附注，$5 子字段的馆藏代码后加冒号“：”再注明相应复本的索书号。例如“NLC：FGPG：37410”。

4）一个 316 字段只能说明一部复本的有关附注。同一和不同复本的有关附注可重复使用 316 字段。

5）如有多条附注，则重复使用 316 字段。

例 2-96：

2001#$a 青浦县志 $b 善本 $e 万历 $e 八卷 $f（明）卓钿修 $g（明）王圻纂

205##$a 刻本

210##$d 明万历［1573—1620］

305##$a9 行 20 字，小字双行同，白口，左右双边。

316##$a 存 4 卷：1—4。$5 NLC：SBYL：04830

注：这部地方志是残本，由中国国家图书馆古籍馆收藏，索书号为 04830

例 2-97：

2001#$a 广博物志 $e 五十卷 $f（明）董斯张纂 $g（明）杨鹤等订

205##$a 刻本

210##$c 吴兴蒋礼高晖堂 $d 清乾隆二十六年［1761］

316##$a 29 册，存 46 卷：卷 1—39、44—50$5NLC：FGPG：37410

例 2-98：

2001#$a 南溪县志 $b 普通古籍 $e 六卷附南溪文征四卷 $f 李凌霄等修 $g 钟朝煦纂

205##$a 铅印本

316##$a 虫蛀 $5NLC：FGPG

例 2-99：

2001#$a 武功县重校续志 $b 地方志 $e 三卷 $f（清）张文熙纂修 $g 康吕赐校补

316##$a 本书已经金镶玉改装 $5NLC

例 2-100：

2001#$a 安平县志 $b 地方志 $e 六卷 $f（明）王欣修 $g 王三余纂

205##$a 刻本

210##$d 明万历 17 年（1589）

215##$a1 册

305##$a9 行 18 字白口四周双边单鱼尾

316##$a 存 1 卷：卷 5$5NLC：FGPG

13. 出处附注（Provenance Note，317 字段）

（1）字段定义

本字段包含有关在编地方志出处方面的附注，因为主要用于古籍，所以主要适用于旧方志。

（2）字段填写说明

1）本字段记录的是现有藏本的出处，它与 316 字段的区别在于 316 字段侧重记录现有藏本的现状，例如缺叶、虫蛀、装帧等情况。而本子段着重记录现有藏本的出处、来源，例如曾是陈垣藏书或钤“古里瞿氏记”、“铁琴铜剑楼”印等等。理论上每部藏本都应该有 317 记录，而且应包括第一部藏本，即本记录反映几部地方志就应有几个或更多 317 字段。在实际编目工作中，我们一般只在此字段记录某些（个）复本出处的特殊情况，如地方志的藏书章、来源说明、原或现拥有者的签名等。

2）本字段记录的内容一定是在流传、收藏过程中新产生的对来源、出处有关的各项特征的补充说明。

3）发行编号、获得方式、入藏代价等采访信息附注（如捐赠人、捐赠时间等）在此注明。

4）如有多条附注，则重复使用 317 字段。

例 2-101：

2001#$a 青浦县志 $b 善本 $e 万历 $e 八卷 $f（明）卓钿修 $g（明）王圻纂

305##$a9 行 20 字，小字双行同，白口，左右双边。

317##$a 该书于民国二十一年（1932 年）九月二十九日从罟里瞿氏（铁琴铜剑楼）购入 $5NLC：SBYL：04830

例 2-102：

2001#$a 简阳县续志 $b 地方志 $e 十卷卷首一卷卷末一卷 $f 李青廷等修 $g 汪金相，胡忠阀纂

317##$a 西谛藏书 $5NLC

注：这部方志现由中国国家图书馆收藏，来源于郑振铎先生的捐赠。

例 2-103：

2001#$a 夹江县续志 $b 地方志 $f 刘作铭等纂修

205##$a 石印本

210##$a 嘉定 $c 同昌石印局 $d 民国 18 年［1929］

215##$a 1 册

300##$a 本志仅举贡、节孝两部分

300##$a 本志记事至宣统三年

317##$a 本书为夹江县志局送阅样本

14. 原作版本附注（Original Version Note，324 字段）

（1）字段定义

本字段包括与摹绘、仿制或缩微复制品相关的原作版本的附注。

（2）字段填写说明

1）用自由行文的方式记录包括影印、仿真或复制品原作版本的信息。

2）复制本的底本版本在此注明。

3）有关底本地方志的原信息按著录项目的次序著录于同一条附注中。

4）如有多条附注，则可重复使用 324 字段。

例 2-104：

2001#$a 高安县志 $b 地方志 $f（清）张文旦修修 $g（清）陈九畴纂

205##$a 影印本

210##$a 北京 $c 中国书店 $d2002

215##$a 400 页 $c 图 $d26cm

324##$a 据清康熙 10 年（辛亥 1671）刻本影印

例 2-105：

2001#$a 葭州志 $b 地方志 $e 嘉庆 $e 二卷 $f（清）高珣等纂修

205##$a 影印本

324##$a 据清嘉庆十四年（1809）修，民国廿二年（1933）重刊石印本影印

15. 内容附注（Contents Note，327 字段）

（1）字段定义

本字段包括地方志内容的附注，包括地方志文献的组成部分和丛书子目及附录内容等。

（2）指示符说明

指示符 1：完整程度指示符

表示附注是否完整地记录了地方志所含内容。已定义的代码如下：

0 = 内容附注不完整

1 = 内容附注完整

指示符 2：结构指示符。已定义的代码如下：

= 非结构式附注

1 = 结构式附注

（3）字段结构

1）3270#$a 附注内容

2）32711$a 附注内容 $b 一级子章节（部分）$c 二级子章节（部分）……$p 页码 $z 其他信息

（4）字段填写说明

1）当在编地方志内容较多时，如需作进一步揭示，可将其组成部分或子目记入本字段。

2）容附注完整时，指示符 1 用“1”标识；如只作重点记录，则指示符 1 用“0”标识。

3）内容附注为结构式形式时，指示符 2 用“1”，如有多条内容附注，则重复 327 字段；内容附注为非结构形式时，指示符 2 用“#”，如有多条内容附注，则重复 $a 子字段，$p、$z 子字段则紧随相应的 $a 子字段之后。

4）每个子目均可记入一个 327 字段；每一个 327 字段均可按第一个 327 字段一样采用 ISBD 标识符记录相关情况。这种整套记录方式也属于结构式附注。每个子目做单册记录时，每条记录用 461 字段向上连接丛编信息。

5）地方志内容的整体说明记入本子字段。当内容附注采用非结构形式时，文献的各个组成部分应分别记入重复的 $a 子字段，数据可以采用任何形式著录。如果是题名在前，责任在后，应使用 ISBD 数据元素的定义和标识符。如果要将责任说明放在题名的前面，则应按照其检索点的形式著录。子字段内应包含相关的著录标识符。通常地方志丛书的每一个子目可重复记入本子字段。当子目分别作分析记录，并且与主记录连接时，子目可以不在本字段著录。地方志文献中具有独立检索意义的部分可以在此著录。如：金石、艺文、传记等。

6）当内容附注是完整的，即指示符 1 设置为“1”时，不用记入“内容”一词或与之等同的其他导引性词语，因为在输出内容附注时，可以由计算机自动生成。

例 2-106：

2001#$a 重修东乡县志 $b 普通古籍 $e 光绪 $e 十二卷卷首一卷典礼备考二卷 $f（清）如柏等纂修

305##$a9 行 25 字小字双行同白口四周双边单鱼尾

3270#$a 卷 9 内有碑碣，卷 11 艺文志

例 2-107：

2001#$a 中国地方志集成 $i 陕西府县志辑 $h41$f 凤凰出版社编

3271#$a 乾隆府谷县志 /（清）郑居中，麟书纂修；（清）胡文铨纂 $a 乾隆绥德州直隶州志 /（清）吴忠诰修；（清）李继峤纂 $a 光绪绥德直隶州志 /（清）孔繁朴修；（清）高维岳纂

例 2-108：

2001#$a 绥德直隶州志 $e 光绪 $e 八卷卷首一卷 $f（清）孔繁朴等修 $g（清）高维岳纂

3270#$a 卷 7 分上、下 2 子卷，卷 8 艺文志

16. 提要或文摘附注（Summary/Abstract，330 字段）

（1）字段定义

本字段包含地方志类文献的提要或文摘，包括揭示性、陈述性、评论或评介性等的内容。本字段选择使用。若需记入多个附注，则本字段可重复。

（2）字段填写说明

1）旧方志可暂时不编写内容提要。

2）若编写内容提要，有关附注内容可并入提要之中。

3）旧方志提要行文可根据书目性质选择语体文或白话文进行编写。

例 2-109：

2001#$a 巴县志 $b 专著 $e1986—1994$f 重庆市巴南区地方志编纂委员会［编］

210##$a 重庆 $c 重庆出版社 $d 2002

215##$a 26，622 页 $c 地图，彩照（20 页）$d 26cm

330##$a 本书内容包括：总述、大事记、县域、政党、政协、群团、政权、政法、军事、民政、劳动人事、农业、工业、商贸、乡镇企业、交通、邮电、城乡建设、财政税务、金融保险等 22 篇。

例 2-110：

2001#$a 新乐县志 $b 普通古籍 $e 乾隆 $e 十卷续志十卷 $f（清）麻廷璥续纂修

205##$a 刻本

210##$d 清乾隆 22 年［1757］

215##$a4 册 $c 图

305##$a9 行 22 字小字双行同白口四周双边单鱼尾

330##$a 清麻廷璥续纂修。廷璥，新乐知县。是志二十卷，目次为：天文、地理、建置、贡赋、祠祀、职官、选举、人物、艺文、杂志等。该志详细记载了县境内各地集市贸易的时间和地点，有一定史料价值。

17. 系统外字符附注（Outsystem Chinese Note，393 字段）

（1）字段定义

本字段包含有关记录中出现的系统中字符集所缺字符的附注。

（2）子字段说明

子字段标识符为 $a，表示附注内容，不可重复。用符号和文字描述的方法对系统中字符集所缺汉字进行描述，包括字形结构及其读音。

（3）字段结构

393##$a 系统外字符附注内容

（4）字段填写说明

1）记录中的系统外汉字用“〓”表示，然后在本字段对该字作附注。

2）附注描述按照固定格式进行：393##$a 〓 =［字形结构描述］（汉语拼音）。

3）对“字形结构描述”可用约定符号，如：“-”为减，“→”为置换等描述，也可根据字的上、下、左、右结构用文字描述。难以用上述规则描述的字，可注明字典名称及页码。

4）系统外字符有两个及以上读音时，所有读音均记录在圆括号“( )”内，其间用逗号“,”分隔。

5）常用描述符号有：

_　表示减

→　表示换

├　表示左，右上、右下

┤　表示左上、左下，右

┬　表示上，下左、下右

┴　表示上左、上右，下

┼　表示上左、上右、下左、下右

（5）示例

例 2-111：减去结构，使用符号：（—）= 表示减去汉字中的某个部分

393##$a 〓 =［甗（—）瓦］（yan）

注：表示“甗”字去掉右边的瓦。

例 2-112：更换结构，使用符号：（→）= 表示更换汉字中的某个部件

393##$a 〓 =［澄（氵→扌）］（cheng）

注：表示“澄”字左边的三点水更换为提手。

393##$a 〓 =［横（木→米）］（音未详）

注：表外字的写法是将“木”换成“米”。

例 2-113：繁简变更，使用符号：（繁）= 表示用该字或部件的繁体

393##$a 〓 =［戋（繁）］（jian）

注：表示用“戋”字的繁体。

例 2-114：左右结构，使用符号：两字间不加符号空一字位置 = 表示左右部件合并

393##$a 〓 =［曾羽］（zeng）

例 2-115：上下结构，使用符号：部件之间加方位词 = 表示上下部件合并

393##$a 〓 =［容（上）衣］（音未详）

393##$a 〓 =［山（上）人（中）土（下）］（chu）

例 2-116：使用（ ⊢ ）表示左、右上、右下。

393##$a 〓 =［有，（ ⊢ ）或巛］（同彧 yu）

393##$a 〓 =［言， ⊢心及］（音未详）

例 2-117：使用（ ⊣ ）表示左上、左下、右

393##$a 〓 =［非虑（ ⊣ ），力］（lv）

例 2-118：使用（ ⊤ ） 表示上、下左、下右

393##$a 〓 =［鹿（ ⊤ ），鹿鹿］（同粗 cu）

例 2-119：使用（ ⊥ ）表示上左、上右、下

393##$a 〓 =［丰刃（ ⊥ ），廾］（qi）

393##$a 〓 =［扌斤⊥，衣］（音未详）

例 2-120：使用（ ＋ ）表示上左、上右、下左、下右

393##$a 〓 =［工，（ ＋ ）工工］（音未详）

例 2-121：内外结构

393##$a 〓 =［門（外）公（内）］（zhong）

例 2-122：难以描述的字，可注明该字所在字典的页码，使用符号：必须区分时，也可同时注明字典的版本、栏位和字序

393##$a 〓 =［龟（繁）袖珍字海第 998 页］（gui）

393##$a ■ = [中华字海第 1293 页第 3 栏第 6 字]（huo 第 3 声音火）

393##$a ■ = [康熙字典 1239 页右起第一黑体字]

2.2.2.6　连接款目块（4 -- 字段）

1. 内容范围

记录中的每个连接款目字段所包含的数据字段，均嵌入被连地方志记录实体的字段号、指示符和子字段标识符。本字段必须包括足够的数据，以标识被连接的地方志实体。

本块所表示记录之间的连接，有以下三方面关系：

（1）层次关系：整体与部分的隶属关系，部分与整体的从属关系。如主丛编、附属丛编、单册与单册分析之间的关系。

（2）平行关系：如同一部地方志的不同版本、不同载体间的关系。

（3）时间关系：一种地方志与先前记录或后续记录之间的关系。

在款目连接字段中，有两种连接技术嵌入字段技术和标准子字段技术。本书选用嵌入字段技术。

本连接款目块选择使用。

2. 常用字段

已经定义的适用于地方志的字段如下：

423　合订、合刊

461　总集

463　单册

3. 指示符

本连接款目块各字段均可重复，有相同的指示符、子字段和填写原则。

指示符 1：未定义，填“#”。

指示符 2：附注指示符。已定义的代码如下：

0 = 不作附注

1 = 作附注

指示符 2 用以标识提供记录的机构是否利用此字段的数据生成附注。显示记录时，特定的字段标识号可转换成固定的导语。该导语描述被连文献和所编文献的确切关系。导语的文字措词可根据接收记录机构的实际做法决定。

4. 子字段

推荐地方志记录中的连接字段应优先选择被连记录中的下列数据：

001 记录标识号

2001#$a 正题名

5. 字段结构

4 -- #1$1 被连接数据的字段号 + 指示符 + 子字段标识 + 子字段内容

6. 字段填写说明

（1）被连接的丛书记录，应该是有数据的实体，而不应该长期是空记录。

（2）每个 $1 子字段均包含有字段标识号、指示符、子字段标识符的完整的数据字段。

（3）$1 子字段中的字段标识号、指示符、子字段标识符、题名等均与被连接记录中的相关标识一致。

（4）一种文献同时与多种文献相关时，须重复“4 -- 款目连接字段”。

7. 合订、合刊（Issued with，423 字段）

（1）字段定义

本字段用于实现在编地方志与合订、合刊出版的其他地方志的平行连接。

（2）字段填写说明

1）本字段记录的地方志与 200 字段记录的地方志是并列关系，没有主次之分。

合刻类地方志在分别作记录时，要用 423 字段标明后续记录中某一记录对第一记录的向前连接关系。

合订地方志也包括合编记录中的正编文献与补编、续编地方志。

因为本记录没有其他字段反映所连接的正文情况，所以本字段应该生成附注。

2）合订出版的无总题名地方志，责任者相同时依如下格式填写 423 字段：

2001#$a 无总题名的第一种地方志题名 $a 第二种地方志题名 $f 责任者

2001#$a 无总题名的第二种地方志题名 $f 责任者

423#1$1001（第一种地方志的记录标识号）或 2001#$a 第一种地方志题名 $1701#0 或 71102$a 责任者 $4 责任方式

3）合订出版的无总题名地方志，责任者不同时，依如下格式填写 423 字段：

2001#$a 无总题名的第一种地方志题名 $f 第一种地方志责任者 $c 第二种地方志题名 $f 第二种地方志责任者

2001#$a 无总题名的第二种地方志题名 $f 第二种地方志责任者

423#1$1001（第一种地方志的记录标识号）或 2001#$a 第一种地方志题名或 $1701#0 或 71102$a 责任者 $4 责任方式

4）合订文献的第二个及其以后的记录分别用本字段向前连接数据库中的第一个合订记录。

5）本字段生成附注时，应前置导词"合订著作还有："

6）全部合订记录的书目级别为 m，层次级别代码为 0。

7）第一合订记录的 2 -- 至 4 -- 字段，均描述整本合订书的特征。

8）第一合订记录的 5 -- 以后字段只描述第一合订著作的特征。

9）第二合订记录（或其余合订记录）的 200 及以下字段只描述本合订著作的特征。

10）本字段主要嵌套 001 字段，如必要，也可嵌入 2 -- 的相应字段。

例 2-123：

记录 1：

001　312001005302

2001#$a同官地质矿工志$b地方志$e三卷$a同官方言谣谚志$e一卷$f黎锦熙撰编

210##$d 民国 33 年［1944］

215##$a 2 册

304##$a 书名据书衣题

305##$a 黄纸本

305##$a 书衣有黎锦熙墨笔题字

记录 2：

2001#$a 同官方言谣谚志 $b 地方志 $e 一卷 $f 黎锦熙撰编

210##$d 民国 33 年［1944］

215##$a 2 册

423#1$1001312001005302

或者：

423#1$12001#$a 同官地质矿工志 $e 三卷

例 2-124：

记录 1：

001 004014606

2001#$a 陕县下庄村志 $b 地方志 $f 张孟鳌主笔 $c 张氏家谱 $f 张同昌主笔

210##$d 2003

215##$a 474 页 $c 肖像及照片 $d28cm

300##$a 记事下限止于 2002 年

记录 2：

001 004014609

2001#$a 张氏家谱 $b 地方志 $f 张同昌主笔

210##$d 2003

215##$a 474 页 $c 照片 $d 28cm

300##$a 记事止于第二十五世

423#1$1001004014606

（或 423#1$12001#$a 陕县下庄村志）

例 2-125：

记录 1：

001 005575069

2001#$a 黎明乡志 $b 地方志 $e 一卷 $f 柯昌碧纂 $c 立新乡志 $e 一卷 $f

范思则纂 $c 塞江乡志 $e 一卷 $f 万文舒纂

210##$a［三台］$c［三台县地方志办公室］$d1984

215##$a281 页 $c 地图，照片 $d26cm

300##$a 内部发行

300##$a 黎明乡志、立新乡志记事下限止于 1983 年，塞江乡志记事下限止于 1984 年

记录 2：

001　005575164

2001#$a 立新乡志 $b 地方志 $e 一卷 $f 范思则纂

210##$a［三台］$c［三台县地方志办公室］$d 1984

215##$a112-189 页 $c 照片 $d26cm

300##$a 内部发行

300##$a 本书下限止于 1983 年

423#1$1001005575069

记录 3：

001　005575196

2001#$a 塞江乡志 $b 地方志 $e 一卷 $f 万文舒纂

210##$a［三台］$c［三台县地方志办公室］$d 19874

215##$a 190-281 页 $c 地图，照片 $d 26cm

300##$a 内部发行

300##$a 本志上限起于 1911 年，下限止于 1984 年

423#1$1001005575069

8. 总集（Set，461 字段）

（1）字段定义

本字段用于实现在编单册或分集地方志向上与多层关系中最高级实体——总集的连接。总集这里的定义是一组物理上独立、由一个共同题名标识的地方志文献。它包括丛编、多卷集或系列资料。

（2）字段填写说明

1）本字段用于标识地方志丛书子目（零种）或附属丛书（分集）对

总集（丛书）一层的向上连接。

2）本字段包含总集（丛书）的有关说明，而200字段记录的是地方志丛书子目（零种）或附属丛书（分集）。

3）因为本记录已有225字段反映所编地方志属何种丛书，所以本字段向上连接可以不生成附注。

例2-126：

记录1：

001　005418248

2001#$a辽宁盖州地方志丛书$b地方志

210##$a沈阳$d辽沈书社

记录2：

001　005418224

2001#$a盖州教育志$b地方志$f盖州市教育委员会编

210##$a沈阳$c辽沈书社$d 1993

215##$a 334页$c地图，照片$d 26cm

2252#$a辽宁盖州地方志丛书

461#0$1001005418248

9. 单册（Piece，463字段）

（1）字段定义

本字段用于实现在编分集级或总集级地方志向下与单册的连接，也可用于实现在编方志单册分析向上与单册的连接。

（2）字段结构

本字段连接单册，不可以越级连接。

本字段包含单册（子目）一级实体的说明，而200字段记录的可以是总集（丛书）或分集（附属丛书），也可以是单册分析等内容。

因为本记录没有其他字段反映所连接的单册地方志情况，所以本字段应该生成附注。

建议具有层级关系的书目数据只做向上连接，并且只连上面相邻的一级记录，所以使用本字段时，200字段记录的是单册分析。

例 2-127：

记录 1：

2001#$a 宁波府志艺文 $e 一卷 $f（清）万经等编辑

300##$a// 宁波府志：雍正，三十六卷卷首一卷 /（清）曹秉仁修；（清）万经等纂.—刻本，增刻.—清同治 6 年（1867）.—第 15 册.—宁波府志卷 35

记录 2：

001　312001076588

2001#$a 宁波府志 $e 雍正 $e 三十六卷，卷首一卷 $f（清）曹秉仁修；（清）万经等纂

205##$a 刻本 $b 增刻

210##$d 清同治六年［1867］

215##$a 第 15 册

300##$a 卷 35 艺文

305##$a 9 行 22 字小字双行同白口四周双边单鱼尾

例 2-128：

连接方法 1，463 字段连接 2 -- 字段

2001#$a 宁波府志艺文 $b 地方志 $e 一卷 $f（清）万经等编辑

215##$a 第 15 册

300##$a// 宁波府志：雍正，三十六卷卷首一卷 /（清）曹秉仁修；（清）万经等纂.—刻本，增刻.—清同治 6 年（1867）.—第 15 册.—宁波府志卷 35

463#1$12001#$a 宁波府志 $e 雍正 $e 三十六卷，卷首一卷 $f（清）曹秉仁修 $g（清）万经等纂

例 2-129：

连接方法 2，463 字段连接 001 字段

2001#$a 宁波府志艺文 $b 地方志 $e 一卷 $f（清）万经等编辑

215##$a 第 15 册

300##$a// 宁波府志：雍正，三十六卷卷首一卷 /（清）曹秉仁修；（清）

万经等纂.—刻本，增刻.—清同治 6 年（1867）.—第 15 册.—宁波府志卷 35

463#1$1001312001076588

注：此为地方志《宁波府志》中《艺文》部分的单册分析例子。

2.2.2.7　相关题名块（5 -- 字段）

1. 内容范围

本块的字段用于记录所编地方志的相关题名。相关题名指在地方志不同位置出现的、是除正题名之外的与该地方志文献相关的其他题名，或未出现在所编地方志中由编目员补充的题名。它们一定是与本记录正题名有关的题名信息，是正题名的补充检索点，并可生成附注，大多数相关题名同时生成相应的引导语。例如封面题名、书脊题名等。

相关题名块（5 -- 字段）中的题名，只用于著录 200$a 子字段正题名以外与所编地方志相关的其他题名，200$a 子字段中的正题名不应在 5 -- 字段中重复著录。

这些题名一般为全书题名，也包括部分题名、从属题名等。

以上所选字段的指示符第一位均用于标识题名的检索意义，说明编目机构是否用该题名建立独立的题名检索点（或附注）。如果需要生成独立的题名检索点，则指示符 1 赋值“1”，如不需要，则指示符 1 赋值“0”。如果需要用该字段的数据自动生成附注，则由系统软件设置，例如 512 字段，附注前导词显示“封面题名 ×××”，514 字段，附注前导词显示“卷端题名 ×××”等。

对于相关题名块（5 -- 字段）中不能生成附注的相关题名的文字性附注在 312（或 300）字段说明。

2. 常用字段

已经定义的适用于地方志的字段如下：

500　统一题名

510　并列正题名

512　封面题名

514　卷端题名

515 逐页题名

516 书脊题名

517 其他题名

540 编目员补充的附加题名

3. 统一题名（Uniform Title，500 字段）

（1）字段定义

统一题名实际上就是为不同版本具有不同正题名的同一种文献所选取的更具代表性的规范题名。本字段包含由书目机构选取的规范题名及其附加信息。

统一题名即规范题名，是由编目人员选取的特定题名。一种文献在流传过程中，往往会出现多个具有不同题名的版本。从中确定广为流传并人所熟知的题名作为规范题名，记录在本字段，便于集中检索有关书目记录。

当本字段重复使用时，即表明所编文献具有若干个（如不同时期内）统一题名。此情况十分罕见。

（2）字段使用情况

指示符 1：题名意义指示符。已定义的代码如下：

0 = 统一题名无检索意义，不由此生成检索点

1 = 统一题名有检索意义，生成检索点

在地方志编目中，如果选定统一题名，则统一题名均有意义，本指示符始终设置为 1。

指示符 2：主款目指示符。已定义的代码如下：

0 = 统一题名不作为主款目

1 = 统一题名作为主款目

在我国目前的中文编目中不采用主款目的概念，本指示符始终设置为 0。

（3）字段填写说明

1）同一种地方志只能有一个统一题名。统一题名选定后，该文献地方志的其他书目记录中均要做 500 字段，并在 300 字段或 312 字段中说明该文献所具有的其他题名。

2）使用本字段，应采用中文（或籍）题名规范数据。

（4）示例

例 2-130：

2001#$a 元史艺文志 $b 地方志 $e 四卷 $f（清）钱大昕编

50010$a 补元史艺文志

注：补元史艺文志作为统一题名，并生成检索点。

例 2-131：

2001#$a 河北省衡水县地方实际情况调查报告 $b 地方志 $f 冀察政务委员会秘书处第三组编

300##$a 书签题：衡水地方实际情况调查报告

50010$a 河北省衡水县地方实际情况调查报告

5171#$a 衡水地方实际情况调查报告

注：书签题名附注也可以放在 312 字段

4. 并列正题名（Parallel Title Proper，510 字段）

（1）字段定义

本字段不仅包括对应于正题名的其他文种题名，即严格意义上的并列题名，亦包含版权页、封面、封底等处出现的正题名的外文题名或译作原文名，以及正题名的其他民族文字形式。它用于生成附注或检索点。

（2）指示符说明

指示符 1：题名检索意义指示符。已定义的代码如下：

0 = 并列题名不作检索点

1 = 并列题名作检索点

指示符 2：未定义，填“#”。

（3）字段填写说明

1）记入 200 字段 $d 子字段的并列题名应同时填入 510 字段；200 字段中有几个 $d 子字段，就应该做几个 510 字段。

2）正题名的外文题名或译作的原文名均记入 510 字段。如例 2-132、例 2-133。

3）当有多个并列题名时，可重复使用 510 字段。

例 2-132：

2001#$a 布达拉宫胜迹志 $b 地方志 $d FAMOUS CULTURAL AND HISTORICAL SITES IN THE POTALA PALACE$zeng$f 布达拉宫管理处编

5101#$aFAMOUS CULTURAL AND HISTORICAL SITES IN THE POTALA PALACE$zeng

例 2-133：

2001#$a 观物博异 $b 专著 $dThe universe of the infinitely great and the infinitely little$e 八卷 $f（法国）普谢撰 $g（英国）季理斐（MacGillivray, D.）译 $g 李鼎星述 $zeng

5101#$aThe universe of the infinitely great and the infinitely little$zeng

5. 封面题名（Cover Title，512 字段）

（1）字段定义

本字段包含出现在新方志封面（旧方志书衣或封套位置）上的明显有异于正题名的题名信息。它可用于生成附注或检索点。

（2）指示符说明

指示符 1：题名意义指示符。已定义的代码如下：

0 = 封面题名不作检索点

1 = 封面题名作检索点

在地方志著录中，所著录的封面题名一般均有意义，本指示符一般设置为 1。

指示符 2：未定义，填“#”。

（3）字段填写说明

1）新方志封面，旧方志书衣或封套题名与正题名明显不同时，可选择使用本字段。

2）当有多个不同封面题名时，本字段可重复。

例 2-134：

2001#$a 光绪嘉兴县志 $b 地方志 $f（清）赵惟嵛修 $g（清）石中玉，（清）吴受福纂

324##$a 据光绪 34 年（1908）刻本影印

5121#$a 嘉兴县志

注: 512 字段可生成附注: 封面题名: 嘉兴县志

例 2-135:

2001#$a 能源部水利部中南勘测设计院志 $b 地方志 $f 能源部水利部中南勘测设计院志编纂委员会编

300##$a 征求意见稿

5121#$a 中南院志

注: 512 字段可生成附注: 封面题名: 中南院志

6. 卷端题名(Caption Title, 514 字段)

(1)字段定义

古籍的正题名一般取自正文首卷卷端，旧方志也是如此。但当正文其他卷卷端(每卷首页起始处)出现的题名明显不同于正题名时可使用本字段。它用以生成附注或检索点。

(2)指示符说明

指示符 1: 题名意义指示符。已定义的代码如下:

0 = 卷端题名不作检索点

1 = 卷端题名作检索点

指示符 2: 未定义，填"#"。

(3)字段填写说明

1)《古籍著录规则》规定 200 字段正题名一般应依首卷卷端照录，当旧志正文首卷卷端所题题名不能代表全书或未题名时，应从规定信息源其他部分选择适当的正题名著录。因此，只有当 200 字段的正题名非取自首卷卷端，而首卷卷端题名又明显与 200 字段的正题名不同且具有检索意义时，才可以使用本字段记录首卷卷端题名。

2)旧志的其他卷端题名与正题名明显不同时，也可选择使用本字段。

3)当有多个不同的卷端题名时，本字段可重复。

例 2-136:

2001#$a 隆德县志 $b 地方志 $e 四卷 $f 桑丹桂等修 $g 陈国栋等纂

5141#$a 重修隆德县志

注: 514 字段可生成附注: 卷端题名: 重修隆德县志

例 2-137：

2001#$a 涪乘启新 $b 普通古籍 $e 三卷 $f（清）贺守典,（清）熊鸿谟纂

5141#$a 涪州小学乡土地理

注：514 字段可生成附注：卷端题名：涪州小学乡土地理

7. 逐页题名（Running Title，515 字段）

（1）字段定义

出现在地方志版心、各页额首或底部的题名被称为逐页题名。

（2）指示符说明

指示符 1：题名意义指示符。已定义的代码如下：

0 = 逐页题名不作检索点

1 = 逐页题名作检索点

指示符 2：未定义，填“#”。

（3）字段填写说明

1）只有当逐页题名明显不同于 200 字段正题名时，才可使用本字段。

2）地方志中有些逐页题名是篇章的名称（如金石卷、大事记等），而不是所编地方志的题名，这时不能使用本字段。

3）版心所题不能反映地方志全书内容的题名缩略词不能作为逐页题名著录。

4）当有多个不同的逐页题名时，本字段可重复。

例 2-138：

2001#$a 宣统江苏通志 $ 普通古籍 $f 缪荃孙，冯煦纂修

5151#$a 新修江苏通志稿

注：515 字段可生成附注：逐页题名：新修江苏通志稿

8. 书脊题名（Spine Title，516 字段）

（1）字段定义

本字段包含地方志的书脊上出现的明显不同于正题名的题名信息。它用以生成附注或检索点。

（2）指示符说明

指示符 1：题名意义指示符。已定义的代码如下：

0 = 书脊题名不作检索点

1 = 书脊题名作检索点

指示符 2：未定义，填“#”。

（3）字段填写说明

1）本字段主要用于地方志新志中的平精装图书。

2）地方志的书脊题名明显不同于正题名时，才选择使用本字段。

3）当有多个不同的书脊题名时，本字段可重复。

例 2-139：

2001#$a 河北省高阳县地方实际情况调查报告 $b 普通古籍 $f 冀察政务委员会秘书处第三组编

205##$a 油印本暨抄本

210##$d 民国 25 年［1936］

215##$a1 册 $c 图

5161#$a 高阳县地方实际情况调查

9. 其他题名（Other Variant Titles，517 字段）

（1）字段定义

包含著录实体上出现、且具有检索意义、但 500—516 字段未能涵盖的其他题名。

（2）指示符说明

指示符 1：题名意义指示符。已定义的代码如下：

0 = 其他题名不作检索点

1 = 其他题名作检索点

在地方志著录中，所著录的其他题名一般均有意义，本指示符默认设置为 1。

指示符 2：未定义，填“#”。

（3）字段填写说明

1）本字段包含 200 正题名以外的不能对应记入 510、512、514、515 字段的该地方志文献的其他题名，如交替题名及题名页（扉页）题名、书签题名、版权页题名、书根题名、函套题名、序跋前题名、目次前题名、分辑名等。

2）无总题名的合订、合刻、合刊地方志，除第一个以外的其他合订题名，无论其已记入200字段的$a或$c子字段中，还是已在3 -- 的相应字段中作了附注，如果除第一个题名以外的其他合订题名不再做记录，均应视为其他题名，填入517字段。

3）交替题名、原题名、不同译名，均可在记入相关字段的同时，视为其他题名填入517字段。

4）记录在200字段的交替题名，采用的是2000#$a正题名第一部分，又名，交替题名的形式，正题名和交替题名都要分别填入517字段。

5）子题名、分卷集题名、多卷集地方志其子书名和各分卷集题名以及有检索意义的附件题名，应分别为其设立517字段，如果上述内容分别做分析记录，那么就不必使用本字段。

6）因为517字段题名位置的不确定性，所以本字段不生成附注，而须在300字段或312字段作相关题名附注。

例2-140：

001##005638169

2001#a 襄汾县汾城镇南中黄村志 $b 地方志 $e 公元前2205年—公元2010年 $f 赵发主编 $g《南中黄村志》编纂委员会编

312##$a 本书序言题名：南中黄村志

5171#$a 南中黄村志

例2-141：

2001#$a 锡山历朝着述书目考 $b 地方志 $e 六卷，续编三卷，补编三卷，卷首一卷，杂录一卷 bf（清）高燦泉撰

312##$a 书名页题锡山历朝书目考

5171#$a 锡山历朝书目考

例2-142：

2001#$a 绘图上海杂记 $b 地方志 $f（清）藜床卧读生辑

312##$a 序言题名：上海杂记

5171#$a 上海杂记

例 2-143：

2000#$a 绥德州志，又名，绥德直隶州志 $e 八卷卷首一卷 $f（清）孔繁朴等修 $g（清）高维岳纂

5171#$a 绥德州志

5171#$a 绥德直隶州志

注：本例中的 2000#$a 的内容是有交替题名成分的正题名的显示形式，非检索点形式，故指示符 1 为“0”，题名信息要通过 517 字段检索或者通过 500 统一题名字段连接规范记录检索。在实际编目中，我们一般通过采用将正题名第一部分和又名均著录在 517 字段的方法来检索。

文献的其他题名信息（200 字段 $e）、分卷册名（200 字段 $i）、部分题名等，能准确反映地方志内容或具有独立检索意义并对正题名有补充作用，而该部分内容又不作分析记录时，可记入 517 字段。

例 2-144：

2001##$a 见证 $b 地方志 $e 北京市保安服务总公司国庆六十周年安保影像志 $f 北京保安服务总公司［编］$9 jian zheng

312##$a 本书副题名为：北京市保安服务总公司国庆六十周年安保影像志

5171#$a 北京市保安服务总公司国庆六十周年安保影像志

例 2-145：

2001#$a 颜真卿志 $f 张守富，王汝涛，刘锡山主编

3270#$a 卷首有颜真卿年表

5171#$a 颜真卿年表

当其他卷端题名与 200 字段取自卷一卷端的正题名明显不同，或各卷端题名为分卷题名时，可在 312 字段说明，并在 517 字段著录，以便检索。

例 2-146：

2001#$a 文献研究与文献保护 $b 专著

312##$a 下篇题名：文献修复基础知识

330##$a 本书分上下 2 篇，上篇为论文集，探讨国家图书馆文献保护工作的重要性和紧迫性，文物保护的目的、计划、措施以及对实施古籍保护计划若干问题的思考；下篇介绍古籍文献修复基础知识。

5171#$a 文献修复基础知识

10. 编目员补充的附加题名（Additional Title Supplied By Cataloguer，540 字段）

（1）字段定义

本字段包含未载于地方志上的由编目员为正题名补充的题名、非统一题名的关键词题名和通俗题名。

（2）指示符说明

指示符 1：题名意义指示符。已定义的代码如下：

0 = 附加题名不作检索点

1 = 附加题名作检索点

在地方志著录中，编目员补充的附加题名一般有意义，本指示符通常设置为 1。

指示符 2：未定义，填“#”。

（3）字段填写说明

1）未被正式使用的通俗题名、简称及关键词题名，记入本字段。

2）文献正题名过长，由编目员拟订的简要题名，记入本字段。

3）题名原题有误，编目员可以反映正确的题名，记入 540 字段

4）编目人员为不能反映地方志内容的正题名而拟定的完善题名，记入本字段。

5）200 字段错误题名的勘正题名，记入本字段。

6）规范的统一题名不记录在本字段，而应记录在 500 字段。

例 2-147：

2001#$a 光绪续修庐州府志 $b 地方志 $f（清）黄云修 $g（清）林之望，汪宗沂纂

205##$a 影印本

210##$a 南京 $c 江苏古籍出版社等 $d 1998

215##$a 3 册（692，627，657 页）$c 地图及插图 $d 26cm

300##$a 据清光绪十一年（1885）刻本影印

5401#$a 庐州府志

例 2-148：

2001#$a 萧山市志 $h 第一卷 $e 试印本 $f 杭州市萧山区人民政府编

300##$a 萧山市 1988 年前叫萧山县，1988 年撤县设市，2001 年 3 月 25 日，撤市设区。

5401#$a 萧山区志

例 2-149：

2001#$a 皇清诰授荣禄大夫太子少保兵部尚书都察院右都御史闽浙总督赏戴花翎晋赠太子太师谕赐祭葬予谥文靖特旨入祀福建名宦祠崇祀乡贤祠显考平叔府君年谱 $e 一卷 $f（清）孙慧惇，（清）孙慧翼编

312##$a 书名页题先文靖公年谱

5171#$a 先文靖公年谱

5401#$a 平叔府君年谱

2.2.2.8　主题分析块（6 -- 字段）

1. 内容范围

主题分析块是用来记录文献主题内容的字段。该块通过不同的字段来记录不同类型的主题标目。包括由词语或符号构成的不同体系构成的主题数据。

2. 常用字段

已经定义的适用于地方志的字段如下：

606　论题名称主题

607　地理名称主题

610　非控主题词

690　中国图书馆分类法

696　汉语文古籍分类法分类号

3. 6 -- 字段地方志主题分析标引的作用

在本章开始的时候，我们就曾提出地方志文献专藏的概念。6 -- 主题分析标引的作用有两个，一个是检索，一个是统计。所谓检索，就是通过主题词和分类号检索，让用户可以在专藏体系下，按地域、按专业或者按行业、按学科检索到自己需要的某类地方文献专藏资料。所谓统计的功能就是通过主题和分类标引，建立起行政区域间或者专业（学科）间的纵向

属分关系或内在逻辑关系，使原本分散的、孤立的地方志文献，可以按主题集中，同时有了上下位之间的逻辑关系，从而达到可以按地域、按专业、按部门、按学科对地方文献进行检索和归类统计的目的。

4. 地方志的主题标引的方法

主题标引就是直接用代表事物的名词术语作为表达文献内容的标记符号，对文献内容进行分析和揭示。地方志文献的主题标引，就是用规范（汉语主题词表中的规范主题词即受控主题词）或不规范（非控主题词）的自然语言揭示地方志文献的内容特征，通过主题分析标引可以把同一主题的地方志文献集中。主题标引的优点是直接、易懂，但词与词之间是机械排列，在编排上不反映和揭示学科的内在联系。它不问学科分野，也不管地域间的逻辑关系，只把地方志内容作为某个具体事物进行客观描述，而地方志作为一种具有专藏性、系统性、连续性的地方特性色文献，除了通过主题标引揭示每种地方志具体的内容特征外，按地域的行政隶属关系集中或按学科（行业、专业）性质集中是我们对地方志进行主题分析的重要目的。我们在进行主题标引时，要遵从主题标引的规则，通过对具有概念限定关系的词进行组配标引，建立地方志地域概念的属分逻辑关系，达到既可以按主题词集中，又可以根据地域的属分关系对地方志类型进行归类检索和统计的目的。简单地说就是主题词的外延一定要和题名所包含的外延一致，从大概念到小概念进行逐级标引。

（1）综合志的具体标引方式

例 2-150：

2001#$a 北京市西城区志

6060#$a 地方志

607##$a 北京

607##$a 西城区

6100#$a 区志

例 2-151：

2001#$a 湖北省志 $i 人物 $b 地方志 $f 冯天瑜主编 $g 湖北省地方志编纂委员会编

330##$a 本志用传、录、表分别容纳各种不同情况的人物，收录 1840 年以后至 1985 年以前去世的在湖北以至全国有相当影响的鄂籍人士，也兼收少数长期留居湖北，给湖北社会生活打上印记的外省兼外国人士。

6060#$a 地方志

607##$a 湖北

6100#$a 省志

6100#$a 人物志

690##$a K296.3$v4

690##$a K820.863$v4

例 2–152：

2001#a 湖北省志 $i 科学 $h 下 $i 社会科学 $b 地方志 $f 李步楼主编 $g 湖北省地方志编纂委员会编

330##$a 本书包括综述、各学科的研究、湖北省社会科学研究机构、湖北的社会科学学术团体、湖北省社会科学学术活动五部分。

6060#$a 地方志

607##$a 湖北

6100#$a 省志

6100#$a 科学志 $a 社会科学志

690##$a K296.3$v 4

690##$a C092$v4

（2）专业志的具体标引方式

例 2–153：

2001#$a 内蒙古锡林郭勒风物志 $b 地方志 $f 卢明辉，李烨编著

330##$a 本书介绍了锡林郭勒盟的风景名胜、民俗风情、民族文化、历史文化名人、风味特产、珍稀动植物、旅游、交通等。

6060#$a 地方志

607##$a 内蒙古

607##$a 锡林郭勒盟

6100#$a 专志

6100#$a 风物志

690##$a K292.6$v4

例 2-154：

2001#$a 湖北省政协志 $b 地方志 $e1983-2003$e 评审稿 $f《湖北省政协志》编纂委员会［编］

300##$a 内部发行

6060#$a 地方志

607##$a 湖北

6100#$a 专志 $a 志稿

6100#$a 政协志

690##$a D628.63$v4

例 2-155：

2001#$a 湖北省烟草公司卷烟材料厂志 $b 地方志 $f 湖北省烟草公司卷烟材料厂志编纂委员会［编］

300##$a 本书下限止于 2003 年

300##$a 内部发行

6060#$a 地方志

607##$a 湖北

6100#$a 专志

6100#$a 烟草志

690##$a F426.89$v4

例 2-156：

2001#a 松桃苗族自治县水利电力志 $b 地方志 $f 松桃苗族自治县水利电力志编纂委员会编

300##$a 本志上限起于 1368 年，下限止于 1990 年

300##$a 非正式出版

6060#$a 地方志

607##$a 贵州

607##$a 松桃苗族自治县

6100#$a 专志

6100#$a 水利志

6100#$a 电力工业志

690##$a F426.9$v4

690##$a TV-092.273$v4

5. 地方志主题标引要注意的问题

例 2-157（1）:

2001#$a 广西通志 $i 公安志 $b 专著 $e1993—2008$f 文起洁主编 $g 广西壮族自治区地方志编纂委员会编

210##$a 南宁 $c 广西人民出版社 $d2010

215##$a 658 页 $c 照片 $d29cm

330##$a 本志包括机构、刑事案件侦查、打击经济犯罪、禁毒、预审与监所管理、治安管理、边防保卫、警卫、道路交通管理、消防管理、公共信息网络安全监察、警务保障等二十篇内容。

6060#$a 地方志

607##$a 广西

6100#$a 省志

6100#$a 公安志

690##$a K296.7$v4

690##$a D631$v4

例 2-157（2）:

200#$a 广西通志 $i 公安志 $b 专著 $e1993—2008$f 文起洁主编 $g 广西壮族自治区地方志编纂委员会编

330##$a 本志包括机构、刑事案件侦查、打击经济犯罪、禁毒、预审与监所管理、治安管理、边防保卫、警卫、道路交通管理、消防管理、公共信息网络安全监察、警务保障等二十篇内容。

6060#$a 公安 $x 工作 $x 概况 $y 广西 $z1993—2008

607##$a 广西

6060#$a 地方志

6060#$a 公安

690##$a K296.7$v4

690##$a D631$v4

例 2-158（1）:

2001#$a 广西通志 $i 机械工业志 $b 地方志 $f 余先正主编 $g 广西壮族自治区地方志编纂委员会编

210##$a 南宁 $c 广西人民出版社 $d2009

215##$a11，908 页 $c 照片（32 页）$d26cm

330##$a 本书上限 1899 年，下限至 1990 年。详今明古、反映行业特点和时代特征的原则，记述了广西机械工业系统的历史和现状。

6060#$a 地方志

607##$a 广西

6100#$a 省志

6100#$a 机械工业志

690##$a K296.7$v5

690##$a F426.4$v5

例 2-158（2）:

2001#$a 广西通志 $i 机械工业志 $b 专著 $f 余先正主编 $g 广西壮族自治区地方志编纂委员会编

210##$a 南宁 $c 广西人民出版社 $d2009

215##$a11，908 页 $c 照片（32 页）$d26cm

330##$a 本书上限为 1899 年，下限至 1990 年。详今明古、反映行业特点和时代特征的原则，记述了广西机械工业系统的历史和现状。

6060#$a 机械工业 $x 工业史 $y 广西

607##$a 广西

6060#$a 地方志

6060#$a 机械工业

6060#$a 工业史

690##$a K296.7$v4

690##$a F426.4$v4

例 2–159（1）：

2001#$a 咸宁电力工业志 $b 地方志 $e1907—2008$f 吴育武，余晖主编 $g 咸宁电力工业志编纂委员会［编］

304##$a 版权页责任者：咸宁市电力工业志编纂委员会

330##$a 本书全面介绍了咸宁电力百年不凡的历程，反映了咸宁电力企业坚持改革发展、管理创新的综合实力，及电力职工艰苦创业、发奋图强、不断超越的精神风貌。

6060#$a 地方志

607##$a 湖北

607##$a 咸宁市

6100#$a 专志

6100#$a 电力工业志

690##$a F426.61$v4

例 2–159（2）：

2001#$a 咸宁电力工业志 $b 专著 $e1907—2008$f 吴育武，余晖主编 $g 咸宁电力工业志编纂委员会［编］

304##$a 版权页责任者：咸宁市电力工业志编纂委员会

330##$a 本书全面介绍了咸宁电力百年不凡的历程，反映了咸宁电力企业坚持改革发展、管理创新的综合实力，及电力职工艰苦创业、发奋图强、不断超越的精神风貌。

6060#$a 电力工业 $x 工业史 $y 咸宁 $z1907–2008

6060#$a 电力工业

6060#$a 工业史

690##$a F426.61$v4

例 2–157（1）、例 2–158（1）和例 2–159（1）是地方志作为专藏的主题标引方法，例 2–157（2）和例 2–158（2）、例 2–159（2）是地方志作为普通中文书处理时的主题标引方法。《广西通志・公安志》、《广西通志・机械工业志》和《咸宁电力工业志》作为普通中文图书分析标引主题时，首先要关注的该书的主要内容是广西的公安工作、广西机械工业和咸宁市电力工业的发展概况与历史，但由于汉语主题词表中没有表达公安志、机械工业志或者电力工业志的专指词，所以通过公安—工作—概况进行组配，机械工业志通过机械工业—工业史进行组配，电力工业志则通过电力工业—工业史进行组配，这在普通书编目中是正确的处理方法，但当地方志作为一种专藏进行标引时，一方面，对于综合志，我们就不单单只考虑揭示该书自身的内容特征，而是更注重把它们看成是整个广西通志的组成部分，我们面对的是广西通志这个整体，另一方面我们希望在尽量使用规范主题词进行标引的前提下，做到减少组配，选择用户熟悉的专指词进行标引。综合志在做主题标引时，首先从揭示地方志这一综合志的共同特性出发，将它们在地方志下集中，然后再按地区集中，这样在地方志的概念下，各个地区的地方志就按地区集中到一起了，上面谈到的广西壮族自治区的区志就集中到一起了。对于专业志，一方面就地方志这个大概念来讲，专业志也属于地方志的范畴，另一方面，专业志有其自己的特点，它是从专业或行业的角度进行阐述的，所以在主题标引上，既要揭示其隶属地方志大范畴的特点，又要揭示它属于专志的特征，这是地方志专藏的主题标引与普通书标引的不同点。不论是综合志还是专志，要在地方志的大概念下，再去揭示每种具体志书的内容特征。此时建议采用尽量直接、专指的主题词进行标引，如例 2-157（1）、例 2-158（1）和例 2-159（1）所示。如果汉语主题词表中有合适的规范主题词，优先选用序词表中的规范主题词进行标引，但一般情况下地方志的专业概念需要多词组配才能表达，专指性差，弱化了地方志的内容特征，而且使主题词变得冗长，因此建议编制非控主题词表，采用规范主题词和非控主题词配合使用的方法进行主题词标引。这样既有利于用户检索又有利于编目机构对地方志文献进行管理和统计。通过这样的主题标引方法，既解决了保持地方志地域性、系统性特点的要求，又照顾了揭示每种志书内容特征的需要。

6. 地方志分类的分类

（1）新方志的分类

新方志的分类一律按照《中国图书馆图书分类法》进行分类。使用

690 字段进行分类标引。分类号的选取首先看 200 字段，是按综合志著录的还是按专业志著录的。如果是综合志，则统一分类到 K29 再依据中国地区表进行复分，对于分册或分卷出版的综合志，可以再根据分册或分卷的具体内容给附加分类号，揭示该分册或该分卷的具体学科内容。对于专志和专业志，则先按学科分类，在学科下尽量标引到可以再按中国地区复分表复分的类下。例如广西壮族自治区的物资志，就可以分到 F259.27 地方物资经济，广西的劳动志分到 F249.27 地方劳动经济下，然后再按地区复分。

1）中国图书馆分类法（CLC）（Chinese Library Classification，690 字段）

①字段定义

本字段包含根据《中国图书馆分类法》分配给在编文献的分类号，并附以所用分类法的版本。

②子字段说明

690 字段的子字段如表 2–11 所示。

表 2–11　690 字段的子字段表

子字段标识符	子字段内容	注　释
$a	取自《中国图书馆分类法》的分类号	不可重复
$v	$a 中的分类号所在分类法的版次号	不可重复

例 2–160：

2001#$a 广西通志 $i 物资志 $b 地方志 $f 陈彩仁主编 $g 广西壮族自治区地方志编纂委员会编

330##$a 本书上限起于 1950 年，下限止于 1995 年。前设概述，中分物资机构及管理、物资流通总水平、专业物资流通、地方物资流通、物资节约利用、教育科技宣传 6 篇，共 36 章，122 节，节后设大事纪略、附录、后记。

6060#$a 地方志

607##$a 广西

6100#$a 省志

6100#$a 物资志

690##$a K296.7$v4

690##$a F259.276.7$v4

例 2-161：

2001#$a 广西通志 $i 劳动志 $b 地方志 $f 广西壮族自治区地方志编纂委员会编

300##$a 本志下限止于 1990 年

6060#$a 地方志

607##$a 广西

6100#$a 省志

6100#$a 劳动志

690##$a K296.7$v4

690##$a F249.276.7$v4

例 2-162：

2001#$a 湖北省政协志 $b 地方志 $e1983.4—2003.1$f 王树华主编 $g《湖北省政协志》编纂委员会［编］

330##$a 本书记载的是 1983 年 4 月至 2003 年 1 月湖北政协事业的辉煌历史，全方位、宽领域、多视角展示了这一时期湖北人民政协事业多姿多彩、异彩纷呈的壮丽画卷。

6060#$a 地方志

607##$a 湖北

6100#$a 专志

6100#$a 政协志

690##$a D628.63$v4

（2）旧方志的分类

旧方志的分类号记入 696 字段。

1）汉语文古籍分类法分类号（Class Numbers Of Chinese Antiquarian Books，696 字段）

①字段定义

本字段包括按所编古籍内容根据选定的古籍分类法确定的分类号。

②子字段说明

696 字段的子字段如表 2-12 所示。

表 2-12　696 字段的子字段表

子字段标识符	子字段内容	注　释
$a	取自编目单位使用的古籍分类法的分类号	不可重复
$c	为进一步反映所编古籍的学科主题而取自分类法的分类复分号	不可重复
$2	所用分类表的代码	不可重复

常用的古籍分类法有以下几种：

（1）《四部分类法》的代码为“sbf”；

（2）《中文普通线装书分类表》（刘国钧先生所编《国立北平图书馆普通线装书分类表》的修订本）的代码为“pgl”；

（3）《中国古籍善本书目分类法》的代码为“zmf”。

③字段结构

（1）696##$a 分类号 $2 系统代码

（2）696##$a 分类号 $c 分类复分号 $2 系统代码

④字段填写说明

（1）应严格按照有关分类法的规则进行分类。如古籍文献所属学科有多个，可给多个分类号，但一般不宜超过 3 个。如分类号不止一个，可重复 $a 或重复本字段，建议重复本字段。

（2）四库分类法等汉语文古籍分类法分类号（类目）应统一记录在本字段。

（3）如具有两个学科内容可标引两个分类号，重复使用本字段。

考虑到地方志的特点，我们建议旧志的分类，采用刘国钧《中文普通线装书分类表》中的地志门进行分类。刘国钧分类法实质上是把四库分类法原有的类目参考现代科学技术加以分散或合并，增加了一些新类目。它的基本次序是按四库类目排列的，采用混合号码制，以文字（类名的一个字）和数字作符号。号码的第一部分是文字，例如“地”、“传”等等，表示是地志门或传记门（类的意思）。第二部分是数字，数字基本上采用十进制。

方志类的分类号组成是地名之下再依下列顺序排：

1　原府厅州志

2　古志（清代以前纂修的志书称为“古志”）

3　清志

4　现代志

5　志稿、乡土志、私志

6　建置、图经等

7　乡镇城市志（土司志入此）

8　并入之区域

9　杂记（各地指南入此）

例 2-163：

2001#$a 顺天府志 $b 普通古籍 $e 光绪 $e 一百三十卷附录一卷 $f（清）李鸿章，（清）万青黎修 $g（清）张之洞，缪荃孙纂

205##$a 刻本

210##$d 清光绪 10—12 年［1884—1886］

215##$a64 册 $c 图

696##$a 地 110$c139$2pgl

注：第一排号 $a 开头，“地”表示是地志门类图书，110 为北京地区编号，表示是北京志；第二排号“1”表示是府厅州志，“3”表示是清代志，“9”表示是光绪年代纂修的。序号 1、2、3、4、5、6、7、8、9，分别依次对应：顺、康、雍、干、嘉、道、咸、同、（光、宣）

例 2-164：

2001#$a 广宗县志 $b 普通古籍 $e 万历 $e 八卷 $f 马协纂修

696##$a 地 130.173$c276$2pgl

注：第一排号“地”表示是地志门类图书，130 为河北地区编号，173

为广宗县编号（广宗县位于河北省南部的邢台市东部）；第二排号“2”表示是古志（明代），“76”表示是万历年代纂修的。

例 2-165：

2001#$a 万县乡土志 $b 普通古籍 $e 九卷 $f 佚名纂修

205##$a 石印本

210##$c 万县嘉惠印刷馆 $d 民国 15 年［1926］

215##$a2 册 $c 图

300##$a 此志编于清光绪 32 年

305##$a 原缺卷 5 礼俗录及卷 7 图说；

696##$a 地 280.249$c539$2pgl

注：第一排号“地”表示是地志门类图书，“280”为四川地区编码，“249”为万县编码；第二排号“5”表示是乡土志，“39”表示“纂修年是光绪”。

例 2-166：

2001#$a 涪乘启新 $b 普通古籍 $e 三卷 $f（清）贺守典，（清）熊鸿谟纂

5141#$a 涪州小学乡土地理

696##$a 地 280.223$c539$2pgl

注：第一排号“地”表示是地志门类图书，“280”为四川地区编码，“223”为涪陵县即涪州编码；第二排号“5”表示是乡土志，“39”表示“纂修年是光绪”。

例 2-167：

2001#$a 峨边县志 $b 普通古籍 $e 四卷卷首一卷 $f 李宗锽等修 $g 李仙根等纂

307##$a 卷 1 抄配

3270#$a 卷 4 艺文志

696##$a 地 280.191$c41$2pgl

注：第一排号：“地”表示是地志门类图书，280 是四川地区编码，“191”为峨边县编码，第二排号“41”表示是“纂修年是民国前期”（民国 1—15

年属民国前期，编号 41，民国 15 年以后算民国晚期编号“42”）。

旧志的分类，还有一种选择，就是采用四库分类，国家图书馆善本图书、缩微制品等采用这种分类体系。

例 2-168：

2001#$a 万县乡土志 $b 缩微品 $e 九卷

210##$a 北京 $c 全国图书馆文献缩微中心 $d 1989$e 重庆 $g 重庆图书馆 $h1989

215##$a1 盘卷片（7.4 米 138 拍）$c 负像，1∶10，2B$d35mm

3271#$a1：卷 1—卷 9

696##$a 史部 $c 地理类 $c 方志 $c 清 $2sbf

例 2-169：

2001#$a 忠州直隶州志 $b 缩微品 $e 道光 $e 八卷首一卷 $f（清）吴友篪修 $g（清）熊履青纂

696##$a 史部 $c 地理类 $2sbf

7. 地方志分类要注意的问题

当把地方志作为一种独立的普通中文文献处理时，我们只要根据具体文献的具体内容按进行分类就可以了。此时考虑的是每个文献个体最适合的类号位置，但当把地方志作为一种专藏或特藏分类时，考虑的就不是标引对象个体，而是它的整体属性，是一个类的概念。地方志专藏，专在地方性。专业志专藏，专在系统性。专藏性就是它的类属性，考虑的是专藏类文献最适合的位置，要突出聚类的概念，同时还要把专藏类文献中每个个体文献的内容特征揭示出来，我们可以针对具体文献增加一个专指分类号，比如 D631（公安工作），F426.4（机械工业），这样在将地方史志集中的同时，也揭示了公安志、机械工业志本身的特点，在按地方史志集中的同时，也照顾到了每种文献类型的区分度。只不过这个专指分类号，一般不用来排架，只提供给读者检索。

例 2-170：

2001#$a 忻城县民间文学三套集成 $i 忻城县故事集成 $b 地方志 $f 杨戈平主编 $g 忻城县文化局，忻城县民委编

6060#$a 民间文学

6060#$a 民间故事

607##$a 广西

607##$a 忻城县

690##$a I218.67$v4

690##$a I277$v4

例 2-171：

2001#$a 忻城县民间文学三套集成 $i 忻城歌谣、谚语集成 $b 地方志 $f 梁秀云主编 $g 忻城县文化局，忻城县民委编

6060#$a 民间文学

6060#$a 谚语

607##$a 广西

607##$a 忻城县

6100#$a 民间歌谣

690##$a I218.67$v4

690##$a I277$v4

分类号 I218 表示的是某一地方的作品综合集（某一地区的多种文体作品综合集入 I218）；分类号 I22—I28 表示某一地区的一种文体作品集（入 I22—I28）；分类号 I277 表示当代作品（1949 以后出版的作品）。

例 2-170 和例 2-171 这两种文献，独立地看一个是民间故事，一个是民间歌谣和谚语，有两种分类方法。一种是依据文献的具体文学体裁分类，一种是先按地方民间作品综合集集中，再按文献的具体文学体裁分类。当按文献的文学体裁分类，分类号分别是 I277.3（民间故事）和 I277.267（广西地方歌谣）；I277.7（谚语），这样分类，从揭示每种文献内容的角度看，优点是准确地揭示了每种文献的学科属性，便于用户把具体文献置于一定的学科体系中进行研究，缺点是弱化了民间文学的地域特征。而当把民间文学作为地方文献中的一种专藏进行收藏和整理时，我们就需要把民间文学放在地域文学这个背景下去研究，这时更关心的是地方民间文学作为一定地域内的文学作品，他们都带有怎样的地域特色？不同体裁的文学作品

的地域共性是什么？此时，我们首先要揭示的是民间文学的地域特色，其次才是体裁特点。而第一种分类体系恰恰弱化了地域的概念，无法通过分类把某一地区的不同载体形式的民间文学集中在一起，地区民间文学的系统系被肢解了，专藏的意义也就丧失了。而当把某一地区的民间文学作品看成一个整体，这时的研究对象不再是一棵棵的树（书），而是一片文学森林，关注的是地域对民间文学的整体影响。这样的分类便于比较不同地域民间文学之间的差异性，研究不同地域文化对民间文学的影响，让研究者和管理者整体考察和把握一个地区的民间文学（包括不同体裁）的发展脉络。在按地区集中后，为了揭示具体文献的内容特征可以再给一个揭示具体文献内容的分类号，这样就从宏观和微观两个角度揭示了专藏文献内容特征，这种分类标引的方法是我们向文献专藏单位推荐使用的方法。

2.2.2.9　知识责任块（7 -- 字段）

1. 内容范围

本知识责任块包含对所著录的地方志内容负有某种责任的所有个人责任者名称、团体机构名称和正式会议名称。

2. 常用字段

已经定义的适用于地方志的字段如下：

701　　个人名称——等同知识责任

702　　个人名称——次要知识责任

711　　团体名称——等同知识责任

712　　团体名称——次要知识责任

3. 字段填写说明

（1）我国中文文献编目工作中，不采用主要款目概念，不选用 700、710 字段，所有负有主要知识责任的个人和团体名称需要做检索点时，均著录在 701、711 字段。

（2）在著录中不论在 200 字段填写与否，如需作检索点，均应在 7 -- 字段填写。填写在本块的责任者名称必须是具有检索意义的规范名称，但不一定与 200 字段中填写的责任者名称的形式完全相同。

（3）等同（主要）知识责任就是在地方志的规定著录来源中具有几个

不同责任说明时居于首位的责任说明。次要（其他）知识责任就是在地方志的规定著录来源中除等同（主要）知识责任以外的其他责任说明。如某一地方志具有三种责任方式说明：撰、注、辑。"撰"即主要责任方式；"注"和"辑"即其他责任方式。

4. 个人名称—等同知识责任（Personal Name—Alternative Intellectual Responsibility，701 字段）

（1）字段定义

本字段记录以检索点形式出现的对地方志文献负有等同（主要）知识责任的个人名称。

（2）指示符说明

指示符 1：未定义，填"#"。

指示符 2：名称形式指示符。已定义的代码如下：

0 = 直序著录（对姓前名后的名称按其本来顺序记录，如中国人名）

1 = 倒序著录（对名前姓后的名称需将姓或相当于姓的成分提前，作为款目要素记录，而名称的其余部分如名、教名等则放入 $b）

（3）子字段说明

701 字段的子字段如表 2-13 所示。

表 2-13　701 字段的子字段表

子字段标识符	子字段内容	注　释
$a	款目要素	不可重复
$b	名称的其余部分	不可重复
$c	年代以外的名称附加	可重复
$g	名字首字母的展开形式	不可重复
$3	规范记录号	不可重复
$4	关系词代码	可重复
$9	款目要素汉语拼音	不可重复

$a 表示标目中作为款目要素的名称部分。本子字段记录地方志个人著

者的规范名称。若记录有701字段，本子字段必备。

$b表示名称的其余部分，用于款目要素为姓或家族名称时。本子字段记录个人名称的外文名字等。它包括教名在内的除姓以外的名称部分。选用本子字段时，名称形式指示符应置为“1”。首字母缩写的展开形式应记入$g子字段。

$c表示年代以外的任何名称附加成分，不构成名称本身不可分割的部分，包括头衔、称号、职位、职业、籍贯、民族、性别、国别、朝代以及其他为识别名称所需要的成分。对于第二个或后续出现的这种附加，可重复。

$g表示当外国人的名字以首字母缩写形式记入$b子字段，并且其首字母缩写形式及完整形式均需要出现时，名字的完整形式应记入本子字段。

当古籍中个人著者既有规范名称（真实姓名），又有字号别称，且字号别称也有检索意义时，可同时将规范名称记入$a，字号别称记入第一个$c，其朝代或国别记入后续的$c。

若古籍著者的真实姓名不可考，其字号别称成为规范名称时，字号别称应记入$a。

$3表示标目的规范记录控制号。

$4表示用于标明所记录责任者的责任方式，如编、著等关系词。本子字段记录地方志著者的创作或加工方式，与200字段的著录一致。

$9表示记录本字段中款目要素（即$a）汉字的拼音形式，紧跟相应$a子字段后。本子字段选择使用。

（4）字段填写说明

1）中国人姓名为直序，一律姓居前，名居后。

2）个人责任者名称的选取，以名称规范标目为准，200字段$f、$g与701、702字段的$a不同时，应在314字段做附注说明。当没有规范的名称时，应使用原名，如果查不到真实姓名，可以使用字号等其他称。

3）旧方志著录中要求著录著者朝代名称，外国著者要求著录其所属国国家名称放在$c中。僧人责任者的法名原样照录，法名前“释”字著录于朝代后。

4）责任方式一般照录 200 字段的形式。

5）中国少数民族的个人姓名，若是汉化的姓名，依姓居前名居后优先选用惯用的简称；其他形式的名称，依原形式著录。

6）著者为某朝皇帝时，应使用其庙号并冠朝代名称。

7）已婚妇女姓名前冠有夫姓，去掉丈夫姓氏，以本人姓名为标目。应在 304 字段做说明。

8）日本、朝鲜、韩国、越南、新加坡、匈牙利、柬埔寨等国家的姓名形式与中国汉语姓名相同，个人名称按姓名或汉译原题顺序著录。但其他文字形式的姓名，则照录原来的直序形式或倒序形式。

9）西方语言及东方语言中的印欧语系国家（印度、巴基斯坦、孟加拉、伊朗、阿富汗等）、南岛语系国家（印尼、马来西亚、菲律宾等），则按西方国家的著录习惯，姓名倒序的著录顺序。

10）外国人的名称比较复杂，汉译外国人的名称时，不能严格使用规范，因此准确的判断很困难。目前原则上取原著上出现的汉译姓氏、简称惯称。

11）外国著者的中文译名，以中文名称规范为标准。

12）若原著上只有外国人名称，而无中译名称时，应根据名称规范数据记入 7 -- 字段。如果查不到规范数据应根据《世界人名翻译大辞典》译出其中文姓名，记入 7 -- 字段。

13）当一个著者名称是若干个人的合作笔名时，应用该合作笔名，并记入个人名称 701 或 702 字段。

14）一种图书中责任方式有两个以上时，选择“著”，其次“编著”“译”等；同一责任方式的个人名称有两个以上，以出现的先后顺序选择。

15）旧方志通常有多种责任方式，而每一种责任方式常常又有多个责任人，一般选择一种负主要责任的责任方式记录在本字段，即对应于 200 字段中 $f 子字段所记录的个人知识责任者记录在此。而其他责任方式的所有责任人，即对应于 200 字段中 $g 子字段所记录的个人知识责任者则视为次要知识责任人，记录在 702 字段。对于团体名称的记录，即 711、712 字段也采取同样原则处理。

16）对中国责任者姓名的处理有以下规定：第一，不管姓名是单姓还是复姓，是单字名还是多字名，均是姓前名后，且记入 $a 子字段中；第二，汉化的少数民族姓名按汉族人名的记录原则处理，汉语译名则按译名的原有形式记录；第三，冠有夫姓的已婚妇女的姓名，需要去掉丈夫的姓，只记录其本人的姓名。

17）对汉译外国责任者姓名的处理有以下规定：第一，汉化外国人姓名按汉族人名的记录原则处理；第二，姓与名均汉译，把汉译形式记录在 $a 子字段。只有姓的汉译，无汉译名或只有原文名的缩写，则将汉译姓记录在 $a 子字段，原文名的缩写记录在 $c 子字段；第三，既有汉译姓名，又有原文姓名，则将汉译姓名记录在 $a 子字段，将原文姓名记录在 $c 子字段；第四，与中国汉语姓名形式相同的日本、朝鲜、韩国、越南、新加坡、柬埔寨等国家的责任者按姓名或汉译姓名顺序记录，但其他文字形式的姓名，无论是直序还是倒序形式，均按原来形式记录。

18）款目要素汉语拼音只为汉字注音，全部小写。对非汉字部分（如外文字母、阿拉伯数字、标点符号等）保留原有形式。

例 2-172：

2001#$a 横山县志 $b 普通古籍 $e 四卷 $f 刘济南，张斗山修 $g 曹子正纂 $g 曹思聪续纂修

701#0$a 刘济南 $9 liu ji nan$4 修

701#0$a 张斗山 $9 zhang dou shan$4 修

702#0$a 曹子正 $9 cao zi zheng$4 纂

702#0$a 曹思聪 $9 cao si cong$4 续纂修

例 2-173：

2001#$a 绘图上海杂记 $e 十卷 $f（清）藜床卧读生辑

314##$a 著者真实姓名不详

701#0$a 藜床卧读生 $9li chuang wo du sheng$c 清 $4 辑

例 2-174：

2001#$a 续修故城县志 $b 普通古籍 $e 光绪 $e 十二卷卷首一卷 $f（清）丁灿修 $g（清）王〓德纂 $g（清）张烘续修 $g（清）范翰文续纂

393##$a〓=［王育］

701#0$a 丁灿 $9 ding can$c 清 $c 清 $4 修

702#0$a 王〓德 $9 wang 〓 de$c 清 $4 纂

702#0$a 张煐 $9 zhang ying$c 清 $4 续修

702#0$a 范翰文 $9 fan han wen$c 清 $4 续纂

例 2-175：

2001#$a 荧惑新解 $f（爱尔兰）骆三畏（Russell，S.）译

701#0 $c 爱尔兰 $a 骆三畏 $c Russell，S.$9 luo san wei $4 译

5. 个人名称——次要知识责任（Personal Name—Secondary Intellectual Responsibility，702 字段）

（1）字段定义

本字段记录对地方志的内容负有次要知识责任的个人名称。

本字段包含地方志中居于首位之后的著作方式的全部个人责任说明信息，同时也可著录旧志中具有检索意义的批校题跋者（后加）作者、附件责任者、刻工、序跋（原有）作者、出版者、校刻者、藏版者等。

（2）指示符说明

指示符 1：未定义，填“#”。

指示符 2：名称形式指示符。已定义的代码如下：

0 = 直序著录（对姓前名后的名称按其本来顺序记录，如中国人名。）

1 = 倒序著录（对名前姓后的名称需将姓或相当于姓的成分提前，作为款目要素记录，而名称的其余部分如名、教名等则放入 $b）

（3）子字段说明

除了 $5 以外，其他子字段与 701 字段相同。$5 表示使用本字段的机构，以代码形式标识的使用本字段的机构名。

（4）字段填写说明

1）填写和选取标目与 701 字段完全相同，用于次要个人责任者。

2）如果由于种种原因，负主要知识责任的个人名称在记录中不存在，702 字段仍可以在没有等同知识责任字段（即 701 字段）的情况下出现。团体名称也同样如此。

3）没有出现在 200 字段 $g 子字段中的其他次要知识责任者也可在此记录。

4）701 字段的使用说明同样适用于本字段。

5）相同责任方式，可以重复本字段。

6）不同责任方式，可以重复使用本字段。

7）未在 200 字段 $g 出现的，具有检索意义的个人名称，可以重复使用本字段。

8）子字段 $5 通常用于古籍，当在编文献为旧方志藏本，并且它的物理特征比较特殊时才使用本子字段。

例 2-176：

2001#$a 榆次县志 $b 普通古籍 $e 乾隆 $e 十四卷卷首一卷 $f（清）钱之青修 $g（清）张天泽,（清）王系纂

701#0$a 钱之青 $9 qian zhi qing$c 清 $4 修

702#0$a 张天泽 $9 zhang tian ze$c 清 $4 纂

702#0$a 王系 $9 wang xi$c 清 $4 纂

例 2-177：

2001#$a 闽小记 Sb 地方志 $e 二卷 $f（清）周亮工撰 $g 来新夏校 $g 南开大学古籍研究所整理

701#0$a 周亮工 $9 zhou gong liang$c 清 $4 撰

702#0$a 来新夏 $9 lai xin xia$4 校

71202$a 南开大学古籍研究所 $9 nan kai da xue gu ji yan jiu suo$4 整理

例 2-178：

2001#$a 观光私记 $b 普通古籍 $f（日本）永井久一郎撰 $g（英国）慕维廉（Muirhead, W.）口译 $g 周亮译

701#0$a 永井久一郎 $9 yong jing jiu yi lang$c 日本 $4 撰

702#0 $c 英国 $a 慕维廉 $cMuirhead, W.$9 mu wei lian $4 口译

702#0$a 周亮 $9 zhou liang$4 译

例 2-179：

2001#$a 简阳县诗文存又续 $b 普通古籍 $e 二卷 $f 汪金相辑

300##$a 简阳县续志之一

305##$a 有郑振铎批注

701#0$a 汪金相 $9wang jin xiang$4 辑

702#0$a 郑振铎 $9zheng zhen duo$4 批注 $5NLC

注：该书有郑振铎批注，编目员认为是与古籍版本有关的重要信息，具有检索意义，故在 305 字段作附注，并在 702 字段提供检索点，用 $5 标明该书的收藏地点。

6. 团体名称——等同知识责任（Corporate Body Name—Alternative Intellectual Responsibility，711 字段）

（1）字段定义

本字段记录地方志中居于首位的著作方式的全部团体责任说明信息。

（2）指示符说明

指示符 1：会议指示符。已定义的代码如下：

0 = 团体名称

1 = 会议名称

说明该团体名称是否为会议名称。如果会议名称是团体名称的次级部分，则该名称被视为团体名称。

指示符 2：名称形式指示符。已定义的代码如下：

0 = 名称以倒序方式著录

当团体名称或会议名称的第一个词是一个首字母，或是与个人名称有关的名称时，可用倒置方式著录。

1 = 名称以地区或辖区著录

用于与政府或其他辖区机构有关的团体名称，按地区名称著录。按照某些编目条例规定，与地名有关的其他类型的机构，例如大学、学术团体、美术馆等，也按该地名著录。

2 = 名称以直序方式著录

用于所有其他类型的团体名称。

（3）子字段说明

711 字段的子字段如表 2-14 所示。

表 2-14 711 字段的子字段表

子字段标识符	子字段内容	注 释
$a	款目要素	不可重复
$b	次级部分	可重复
$c	名称的附加或限定	可重复
$3	规范记录号	不可重复
$4	关系词代码（责任方式）	可重复
$9	款目要素汉语拼音	不可重复

$a 表示用作款目要素的名称部分。若记录有 711 字段，本子字段是必备子字段。本子字段记录地方志团体著者的规范名称。

$b 表示具有层级结构的团体名称的次级部分。本子字段不包括编目员为区分相同名称的其他机构而作的附加信息（见 $c 子字段）。如果层级中有多个次级部分，本子字段可重复。

$c 表示编目员给团体名称所作的除会议届次、地点和日期之外的任何附加，以便区分相同名称的团体。本子字段记录与古籍团体著者的规范名称相对应的朝代或国别，与 200 字段的著录一致。

$3 表示标目的规范记录的控制号。本子字段可与 CNMARC 规范格式数据一起使用。

$4 表示用于标明所记录的团体责任者的责任方式，如主编、编辑等关系词。本子字段记录地方志团体著者的创作或加工方式，与 200 字段的著录一致。

$9 表示记录本字段中款目要素（即 $a）汉字的拼音形式，紧跟相应 $a 子字段后。

（4）字段填写说明

1）本字段记录地方志团体著者的规范名称、责任者朝代或国别、责任方式及团体名称的汉语拼音。每个团体著者只使用一次本字段。

2）本字段使用方法与 701 字段类似，可参照 701 字段的使用说明。

在地方志中常用最多的只有子字段 $a、$9、$4，其他子字段很少涉及。

3）团体名称选取时，必须按照名称规范的团体名称，依据简短、明确、唯一和一致的原则。

4）若团体名称的含义不明确时，可附以朝代名称、地区名称、说明词语等附加成分。

5）在个人、团体名称均有的情况下，应在知识责任块中全部记录，即个人名称和团体名称分别在相关字段中反应。

例 2-180：

2001#$a 德城袁桥乡志 $b 地方志 $f 德城区政协编

304##$a 责任者取自版权页

71102$a 山东省德州市德城区政协 $ 编 $9 de cheng qu zheng xie

例 2-181：

2001#$a 祥云县交通志 $b 地方志 $f 祥云县交通局编

71102$a 祥云县交通局 $4 编 $9 xiang yun xian jiao tong ju

例 2-182：

2001#$a 武阳官书录 $b 普通古籍 $e 二卷 $f（清）武阳志书局辑

71102$a 武阳志书局 $9 wu yang zhi shu ju$c 清 $4 辑

7. 团体名称——次要知识责任（Corporate Body Name—Secondary Intellectual Responsibility，712 字段）

（1）字段定义

本字段记录地方志中居于首位之后的著作方式的全部团体责任说明信息。

（2）字段填写说明

711 字段的相关说明和 702 字段中的相关使用规定同样适用于本字段。

例 2-183：

2001#$a 宁河检察志 $b 地方志 $e 1952—1997$f 李洪增主编 $g 宁河县人民检察院编

701#0$a 李洪增 $4 主编 $9 li hong zeng

71202$a 宁河县人民检察院 $4 编 $9 ning he xian ren min jian cha yuan

例 2-184：

2001#$a 土耳基国志 $e 二卷 $f（清）陈希龄撰 $g（清）学部编译图书局辑

701#0$a 陈希龄 $9 chen xi ling$c 清 $4 撰

71202$a 学部编译图书局 $9 xue bu bian yi tu shu ju$c 清 $4 辑

2.2.2.10　国际使用块（8 -- 字段）

1. 内容范围

本块含有国际上一致约定的不适合在0 -- 至7 -- 各功能块处理的字段。

2. 常用字段

已经定义的适用于地方志的字段如下：

801　　记录来源

830　　编目员注释

3. 记录来源（Originating Source，801 字段）

（1）字段定义

本字段包含记录来源的说明，记录主要来自以下机构：编制数据的机构、将数据转换成机读形式的机构、修改原始记录或数据的机构以及发行当前记录的机构。

（2）字段使用情况

本字段为必备字段。如有多个负不同职责的机构，则本字段可重复。

（3）指示符说明

指示符 1：未定义，填“#”。

指示符 2：功能指示符。已定义的代码如下：

0 = 原始编目机构

编制书目记录数据的机构。

1 = 转录机构

将数据转换成机读形式的机构。

2 = 修改机构

修改记录的知识内容或记录结构的机构。

3 = 发行机构

发行记录的机构。

（4）子字段

801 字段的子字段如表 2-15 所示。

表 2-15　801 字段的子字段表

子字段标识符	子字段内容	注　释
$a	国家	不可重复
$b	机构代码	不可重复
$c	处理日期	不可重复
$g	编目规则	可重复

$a 用 2 位字符代码形式表示记录来源机构的国别。国家代码采用《国家和地区名称代码》，见新版《中国机读目录格式使用手册》附录 B。

$b 表示记录来源机构。由于目前尚无国际通用的机构代码，建议采用机构名称的英文缩写形式表示，如中国国家图书馆用 NLC，即 National Library of China 的缩写。也可以采用机构的中文全称或国家规定的代码。

$c 表示记录修改或发行的日期。用 ISO 8601-1989 全数字形式 YYYYMMDD（Y 表示年，M 表示月，D 表示日）表示，年、月、日之间无分隔符号。

$g 表示记录数据使用编目规则或著录条例的缩略代码。使用此子字段时，指示符 2 的值取 0（原始编目机构）或 2（更改机构）。本子字段选择使用。

（5）字段填写说明

每条书目记录应有 $a 国家代码、$b 机构代码和 $c 处理日期。$g 编目规则（著录条例）代码则视具备情况，若能明确，应予以记录。

例 2-185：

801#0aCNbNLC$c19991118$gCNCR

注：CN 是中国的代码。编制机构为 NLC，它是中国国家图书馆的英文缩写。该古籍记录的编制时间是 1999 年 11 月 18 日，采用的编目规则是《中国文献编目规则》（CNCR）。

例 2-186：

801#0aCNbNLC$c19990502

801#2aCNbPUL$c19990718

注：本记录由国家图书馆于 1999 年 5 月 2 日编制，1999 年 7 月 8 日被代码为 PUL 的北京大学图书馆修改。

4. 编目员注释（General Cataloguer's Note，830 字段）

（1）字段定义

本字段用于记录与本记录有关的编目或数据制作的信息。

（2）指示符说明

指示符 1：未定义，填“#”。

指示符 2：未定义，填“#”。

（3）子字段

$a 表示附注内容，用自由行文方式记录编目过程或数据制作中的有关信息。

（4）字段填写说明

1）本字段是编目员的工作附注，内容涉及对有关信息源的选取、对有疑问的数据的说明、对特殊规则的应用以及对特殊数据选择合法性等方面的说明。此类信息不适合出现在其他字段，一般不提供公开阅览。

2）本子字段也可包括编目人员对有关项目来源、参考文献出处以及相关内容之间作出的选择等方面的注释。

3）当 200 字段题名不是取自文献本身，而是通过查考其他资料得来，如果 200 字段责任者非取自文献本身，其参考来源只宜在内部备案，则可在本字段说明。

例 2-187：

2001#$a 青浦县志 $b 地方志 $f 冯学文主编 $g 上海市青浦县县志编纂委员会编

210##$a 上海 $c 上海人民出版社 $d 1990

215##$a917 页 $c 地图及彩照 $d 26cm

300##$a 本志下限止于 1985 年

5161#$a 上海市青浦县志

6060#$a 地方志

607##$a 上海

607##$a 青浦县

6100#$a 县志

690##$aK295.14$v4

701#0$a 冯学文 $4 主编

71202$a 上海市青浦县县志编纂委员会 $4 编

801#0aCNbNLC$c19980401

830##$a 本书“历代修志纪略”一节中，涉及到青浦县志旧志的流传。其中记载“解放后北京图书馆收购到残本四卷，为国内孤本方志，另四卷流落日本。后经双方磋商，各摄胶卷互换，得成全卷。本县博物馆有复制本。”此说法属误传。日本存有的是全本，因此不存在互换理由。

例 2-188：

2001#a 青浦县志 $b 善本 $e 万历 $e 八卷 $f（明）卓钿修 $g（明）王圻纂

205##$a 刻本

210##$d 明万历［1573—1620］

215##$a2 册

305##$a9 行 20 字，小字双行同，白口，左右双边。

316##$a 存 4 卷：1—4$5 NLC：SBYL：04830

696##$a 史 $c 地理 $2 sbf

701#0$a 卓钿 $c 明 $4 修

702#0$a 王圻 $9 wang qi$c 明 $4 纂

801#0aCNbNLC$c19990625

830##$a 台湾“故宫博物院”存有一部万历青浦县志的后半部残本（卷五至卷八）此残本原藏国立北平图书馆（现中国国家图书馆）。该书到台湾的传承轨迹是：国立北平图书馆—美国国会图书馆—台湾“中央图书馆”—台湾“故宫博物院”。

第3章　地方志图像库

图像化是将各种载体的文献转化成图像数据的过程。在当前的技术条件下，图像化是最能反映地方志文献原貌的数字化方法。目录、索引等二次文献只能反映地方志文献的部分特征，而文本数据会损失部分版式信息，文本化过程也可能会引入一些文字错误。同时，图像化在整个地方志文献数字化过程中是一个承前启后的环节，纸质文献转换成数字图像是文本库、资源库建设的基础。

由于扫描仪、数码相机等图像采集设备的性能不断提高，地方志图像化的性能要求已可以满足，图像化项目实施的技术难度降低；而硬件价格的不断下降，使得地方志图像化项目的成本大大降低。图像化是相对成熟的文献数字化方式，国内外有大量的技术标准和案例可供参考，如：DLF（Digital Library Federation，数字图书馆联盟）和RLG（Research Libraries Group，研究图书馆组织）发布的《视觉资料扫描质量指南》[①]（Guides to Quality in Visual Resource Imaging），西部州数字标准工作组（Western States Digital Standards Group）发布的《西部州数字图像最佳实践》[②]（Western States Digital Imaging Best Practices），NOF（the New Opportunities Fund）-digitise项目制订的《NOF-digitise技术标准与指南》[③]（NOF-digitise Technical Standards and Guidelines），中国数字图书馆标准

---

① Guides to Quality in Visual Resource Imaging［OL］.［2011-11-30］. http：//old.diglib.org/pubs/dlf091/dlf091.htm#visguide2.

② Western States Digital Imaging Best Practices［OL］.［2011-11-30］. http：//www.mndigital.org/digitizing/standards/imaging.pdf.

③ NOF-digitise Technical Standards and Guidelines［OL］.［2011-11-30］. http：//peoplesnetwork.dev.rroom.net/content/technicalstandardsv5.pdf.

规范建设项目（Chinese Digital Library Standards，CDLS）发布的《〈数字资源加工标准规范〉研究报告》① 和《〈数字资源加工操作指南〉研究报告》② 等。

3.1 图像化基本流程

CDLS 发布的《〈数字资源加工操作指南〉研究报告》给出了图书数字加工的主要步骤：（1）原始数字资源创建，通过扫描仪或数码相机以获取黑白或彩色图像；（2）数字资源二次加工，主要包括图像的切割、改变大小或格式、生成缩略图或检索专用图、加水印、以 OCR 提取文字等；（3）数字资源组合关联和编目，主要包括将上述步骤中获取的数字零部件，按需求顺序组合成为一项完整的数字资源，并将它和编制的目录用一个唯一标识号关联起来；（4）数字资源的保存，数字资源加工完成后，必须把它（包括所有组成部分）和相关的结构信息和目录，备份到 DVD 或其他可移动的存储介质中作永久保存；（5）数字资源导入数字图书馆系统，需要特定的导入工具来完成。如图 3-1 所示。

在图 3-1 中，将图书数字加工分解为元数据加工和对象数据加工，再将对象数据加工分解为图像加工和文本加工。图像加工包括数字化处理和检查校对。元数据加工和对象数据加工结束后进行数据封装，整个加工过程结束。在图书数字加工过程中，图像加工（即图像化）只是其中的一个环节，将图像加工描述为数字化处理和检查校对显得过于简单。

以国际敦煌项目（The International Dunhuang Project，IDP）的数字化流程为例，如图 3-2 所示。IDP 是一个开创性的国际性协作项目，目标是

---

① 《数字资源加工标准规范》研究报告［OL］.［2011-11-30］. http：//cdls2.nstl.gov.cn/mt/blogs/2nd/archives/docs/CDLS-S03-008.pdf.

② 《数字资源加工操作指南》研究报告［OL］.［2011-11-30］. http：//cdls2.nstl.gov.cn/mt/blogs/2nd/archives/docs/CDLS-S03-007.pdf.

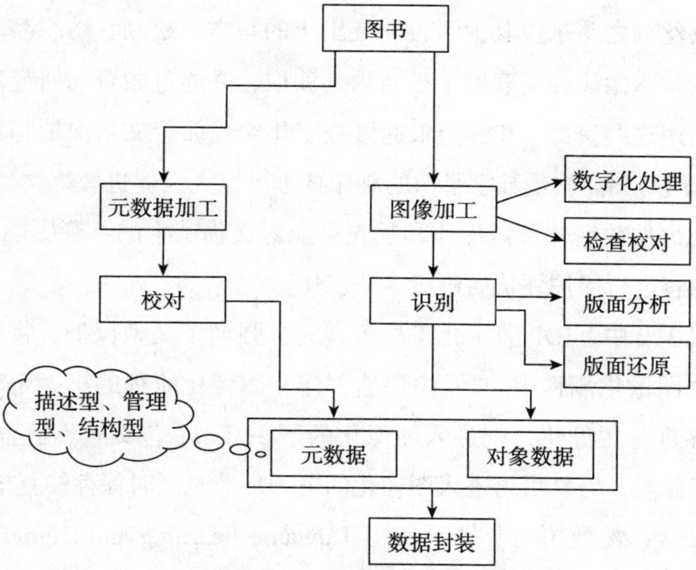

图 3-1　图书数字加工过程示意图[①]

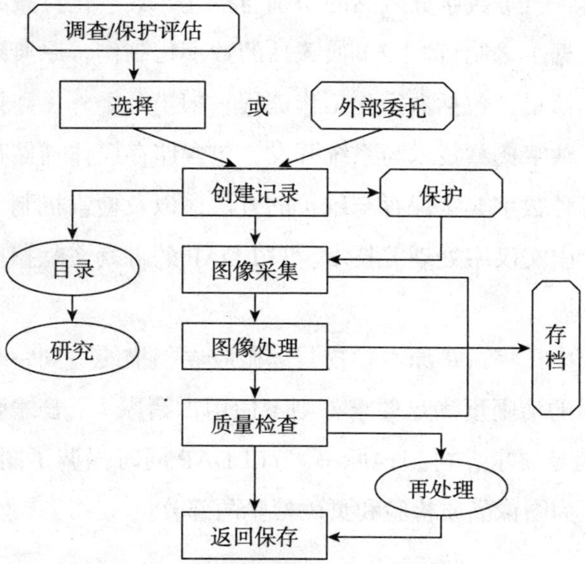

图 3-2　IDP 数字化工作流程图[②]

---

① 《数字资源加工操作指南》研究报告［OL］.［2011-11-30］. http://cdls2.nstl.gov.cn/mt/blogs/2nd/archives/docs/CDLS-S03-007.pdf.

② IDP 数字化工作流程图［OL］.［2011-11-30］. http://idp.nlc.gov.cn/downloads/IDP_workflow.pdf.

使敦煌及丝绸之路东段其他考古遗址出土的写本、绘画、纺织品以及艺术品的信息与图像能在互联网上被自由地获取，并通过教育与研究项目鼓励使用者利用这些资源。IDP 力求通过数字化实现敦煌文献保护和利用的统一。宽带网络和高质量数字影像的制作技术可以大大促进敦煌文献的利用，但是也要评估数字化所需操作和曝光可能对文物产生的不利影响。IDP 对每一项内容进行保护评估后进行了数字化。

在图 3-2 中，IDP 数字化工作流程充分强调了文献保护，将文献保护融入整个图像化流程中。“保护评估”作为图像化流程的第一个环节，若文献能够进行图像化，则进入图像化的下一环节；若文献不适合图像化，则先进行修复，修复后再进入图像化的下一环节，同时保存修复记录。

再以台湾数位典藏计划（Taiwan e-Learning and Digital Archives Program，TELDAP）的数字化流程为例，《数位典藏技术汇编 2007 版》[①] 包括三部分内容：（1）数字典藏品的识别与描述，数字化典藏品之分类及后设数据（元数据）之制订。（2）典藏品的数字化制作，原典藏品产生数字化信息产品的活动，包括数字化工作流程、扫描及委外（委托外包）相关作业等。（3）数字典藏技术与系统开发，包含储存媒体与储存格式等储存环境信息，各种数字典藏保存与维护的方法，以及检索机制、数字典藏展示、多媒体、中文汉字处理等技术。TELDAP 的古籍文献扫描著录流程如图 3-3 所示。

在图 3-3 中，将古籍原本扫描与缩微胶卷扫描统一到一个流程中，若缩微胶卷扫描的清晰度满足要求，则不使用古籍原本；若缩微胶卷扫描的清晰度不能满足要求，再扫描原书。TELDAP 同时强调了图像数据检验，将检验过程分为图像品质检验和页码检验两部分。

---

① 数位典藏技术汇编 2007 版［OL］.［2011-11-30］. http：//www2.ndap.org.tw/eBook08/showContent.php.

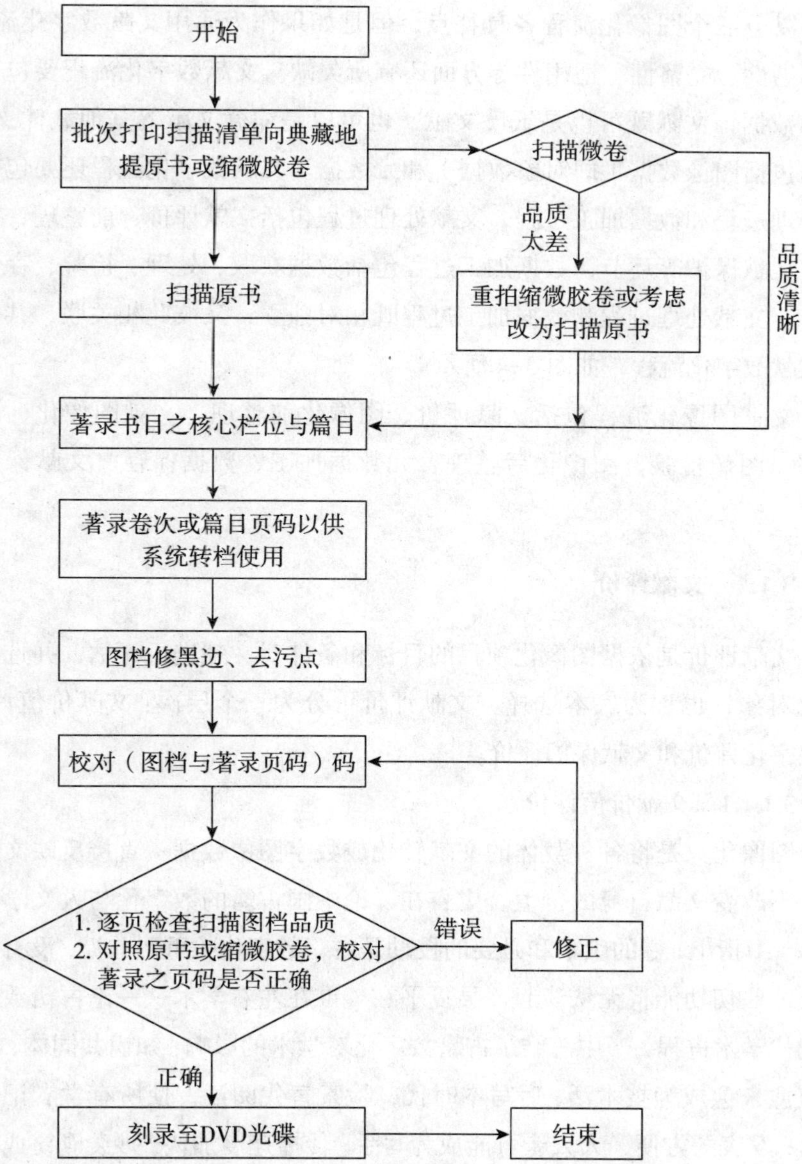

图 3-3　TELDAP 古籍文献扫描著录流程图[①]

① 古籍文献扫描著录流程图［OL］.［2011-11-30］http：//www2.ndap.org.tw/eBook08/showContent.php?PK=165.

以上三个图像化流程各具特点，但是如果作为通用文献数字化流程，在容纳性、完整性、适用性等方面还有所欠缺。文献数字化流程要包括文献和数据，文献既可以是纸质文献，也可以是缩微文献等其他载体文献，数据包括图像数据（即对象数据）和元数据。文献数字化流程还要包括文献处理过程和数据加工过程，文献处理过程包括文献评价、前整理、后整理、文献保护等环节，数据加工过程包括数据获取、处理、检验、存储等环节。文献处理过程和数据加工过程既相对独立，又彼此相关联，共同构成文献数字化流程，如图 3-4 所示。

文献图像化流程包括文献评价、图像化前整理、文献图像化、图像处理、图像检验、图像化后整理、元数据加工、数据保存、文献保护等环节。

3.1.1 文献评价

文献评价是依据图像化项目的目标和条件对文献进行评估，并选定图像化对象，也称为底本选择。文献评价可分为三个层次：文献价值评价、可数字化评价和文献保护评价。

3.1.1.1 文献价值评价

图像化只是将各种载体的文献转化成数字图像数据，直接反映文献原貌，不改变文献自身的价值。史睿在《论中国古籍的数字化与人文学术研究》① 中指出，好的版本和必要的校勘是古籍数字化的重要前提，没有这一前提，一切功能将无从谈起。吴夏平在《谁在左右学术——论古籍数字化与现代学术进程》② 中总结了古籍数字化对学术的影响：知识共同体，学术研究愈来愈成为技术活；后写本时代，检索替代阅读，使所有学者记忆力衰退；发表的方便，人人皆可能成为写手；传播速度加快；抄袭剽窃成本降低。陈爱志在《古籍电子化与中国古代文史研究——以文渊阁〈四库全书〉

---

① 史睿．论中国古籍的数字化与人文学术研究［J］．国家图书馆学刊，1999（2）：28-35．

② 吴夏平．谁在左右学术——论古籍数字化与现代学术进程［J］．山西师大学报（社会科学版），2010（5）：100-103．

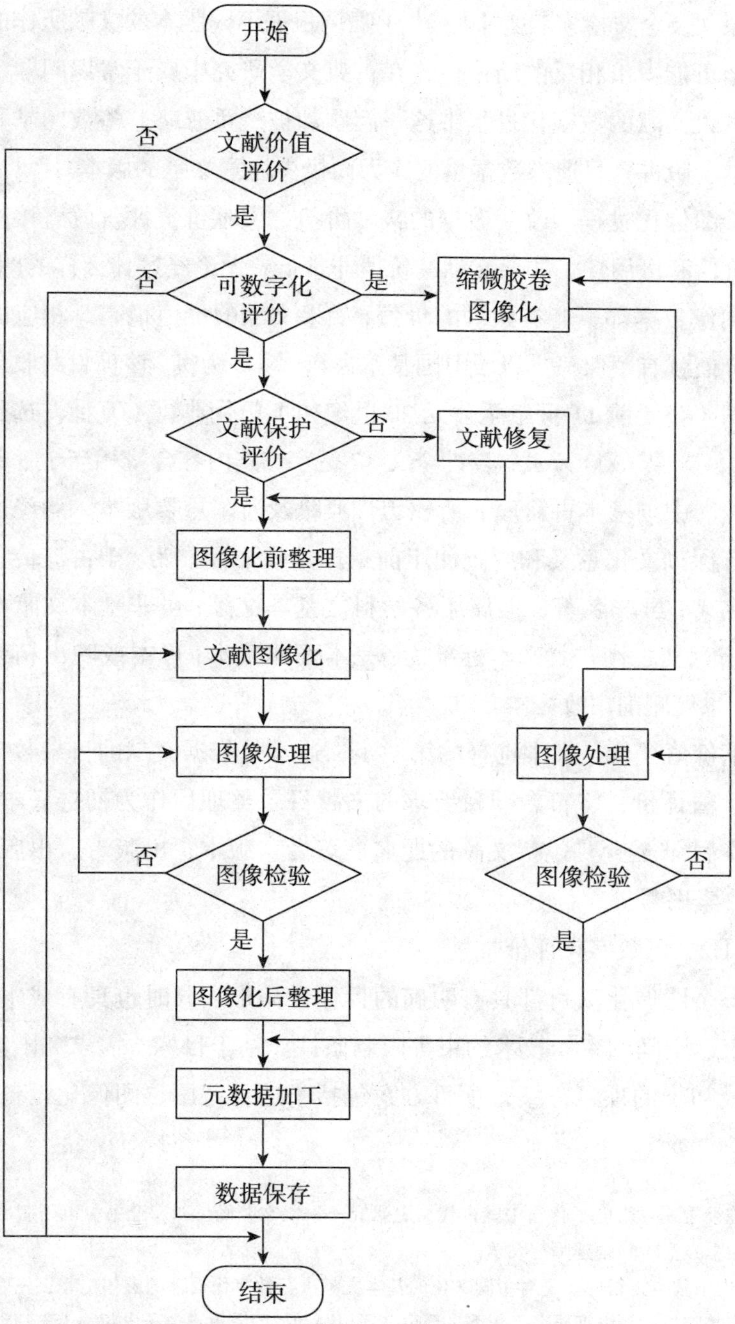

图 3-4　地方志文献图像化流程图

电子版原文及全文检索版为中心》[①] 中强调根据不同版本的文献所作的学术研究完全可能得出相反的结论，这在古典文学研究中属于常识问题，但在近年来古典文献的数字化过程中这一问题却被严重忽略，多数网站和光盘提供的电子版古籍只追求数据量的庞大而极少注意文献的版本。

由于图像化过程不改变数据的文献价值，文献价值评价就直接决定了项目的价值和可用性。如果文献的价值非常低，无论经过什么样的图像化，获得的图像数据都不会有太大的价值；如果文献的价值很高，相应的图像数据的价值就有了保障。以《中国基本古籍库》[②] 为例，该项目共收录自先秦至民国（公元前 11 世纪至公元 20 世纪初）历代典籍 1 万种，选用版本 12800 个，影像 1000 万页，合计全文 17 亿字，其内容含量相当于 3 部《四库全书》。《中国基本古籍库》所收历代典籍及所附重要版本，均经严格筛选，具有深刻文化意义和广阔使用前景。其收书标准为：千古流传、脍炙人口之名著；虽非名著，但属于各学科之基本文献；虽非基本文献，但有拾遗补阙意义之作。其选本标准为：完本而非残本；母本或晚出精刻精抄精校本；未经删削窜改之本。

文献价值评价是底本选择的第一步，通常是依据文献的目录数据来进行文献价值评价，将符合项目要求的文献目录整理后作为初选底本目录，初选底本目录至少要包括文献的题名、著者、版本、出版者、出版时间、分类号、索书号等。

3.1.1.2　可数字化评价

每一个图像化项目都具有明确的目标和需求，同时也具有成本约束、时间约束、空间约束、技术约束等限制条件。基于目标、需求和限制条件可以形成初步的项目方案，项目方案包括了选目范围、图像化设备选择、

① 陈爱志．古籍电子化与中国古代文史研究——以文渊阁《四库全书》电子版原文及全文检索版为中心［D］．福建师范大学，2008．

②《中国基本古籍库》是对中国文化的基本文献进行数字化处理的宏伟工程，先后列为中国“全国高等院校古籍整理研究工作委员会重点项目”和“国家重点电子出版物十五规划项目”。由北京大学教授刘俊文总策划、总编纂、总监制，北京爱如生数字化技术研究中心开发制作。项目于 2001 年 3 月正式启动，2005 年 10 月全部完成。

技术规范、质量检验标准等。

可数字化评价是依据初步项目方案评估初选底本目录中的文献是否适合图像化。若不适合图像化，则要对初步项目方案进行微调，如更换新的图像化设备、调整技术规范等，或调整初选底本目录，如用缩微胶卷替换纸本文献，用影印本替换原本等。

可数字化评价是底本选择的第二步，通常是依据初步项目方案，使文献符合图像化的基本要求。在调整初选底本目录的同时，也可以对初步项目方案进行微调。

3.1.1.3　文献保护评价

文献保护评价是从文献保护的角度来最终确定底本目录，文献保护评价可以参照《古籍特藏破损定级标准》[①]。文献破损可以划分为五个等级。一级破损（凡有下列情况之一）：书叶纸张酸化特别严重，纸张酸碱值（pH）小于4；书叶纸张老化严重，纸张机械强度严重降低，书叶翻动时出现掉渣、裂口、破碎的现象；书叶粘连面积达到40%以上，且粘连书叶达到整册书叶的40%以上；书叶虫蛀面积50%以上，且虫蛀书叶达到整册书叶的80%以上；霉蚀、鼠啮、烬毁达到30%以上，且霉蚀、鼠啮、烬毁书叶达到整册书叶的60%以上；严重絮化，絮化书叶达到整册书叶的40%以上；叶面、书脊、书口、书脑各部位严重缺损，需整册揭裱修复的。二级破损（凡有下列情况之一）：书叶纸张酸化严重，纸张酸碱值（pH）小于5；书叶纸张老化比较严重，纸张机械强度明显降低，书叶变色严重；书叶粘连面积达到30%以上，且粘连书叶达到整册书叶的30%以上；书叶虫蛀面积30%以上，且虫蛀书叶达到整册书叶的60%以上；霉蚀、鼠啮、烬毁达到20%以上，且霉蚀、鼠啮、烬毁书叶达到整册书叶的40%以上；书叶絮化比较严重，絮化书叶达到整册书叶的30%以上；叶面、书脊、书口、书脑等部位缺损比较严重。三级破损（凡有下列情况之一）：书叶纸张酸化，纸张酸碱值（pH）小于5.5；书叶纸张老化，纸张机械强度降低，书叶四周

① 古籍特藏破损定级标准［OL］.［2011-11-30］. http：//www.ccnt.gov.cn/sjzz/whkjs/ztlm/whhybz/200804/P020080430418968745630.doc.

变色；书叶粘连面积达到20%以上，且粘连书叶达到整册书叶的20%以上；书叶虫蛀面积20%以上，且虫蛀书叶达到整册书叶的30%以上；霉蚀、鼠啮、烬毁达到10%以上，且霉蚀、鼠啮、烬毁书叶达到整册书叶的20%以上；书叶轻微絮化，絮化书叶达到整册书叶的20%以上；叶面、书脊、书口、书脑局部缺损。四级破损（凡有下列情况之一）：书叶纸张轻微老化，有明显黄褐色斑点；书叶有轻度霉蚀、虫蛀、鼠啮、烬毁、絮化、口开现象之一者；由于浆糊失效导致补纸、托纸、镶褙纸与书叶分离。五级破损（凡有下列情况之一）：书衣轻微破损；装订线、纸捻断损。

一级破损的文献基本不能翻动，不适于图像化，二级、三级破损的文献视具体情况而定，通常是修复后再进行图像化，四级、五级破损的文献可以直接进行图像化，也可以修复后再进行图像化。

以《傅斯年图书馆影像扫描及校验相关作业标准》[①] 为例，该标准中规定书况检查分为图籍提借时的初步检查和交扫描前的书况检查。图籍提借时的初步检查，要留意以下事项：（1）是否夹有提示虫蛀、破损的红色签条？（2）是否有焦脆粉化？（3）是否有多册严重透背叶？（4）若书况不良，判定裱褙室来不及处理者，则暂且不提出扫描。（5）核对登录号并清点册数是否正确。

3.1.2 图像化前整理

图像化前整理（以下简称"前整理"）是对文献进行逐页翻检和整理，确保文献的完整性和页码顺序的正确性，并依据数字化和古籍保护的要求进行图像化的各项前期准备工作，为图像化的后续环节提供加工要求和操作提示。

普通文献的前整理相对较为简单，可以分为三个步骤：第一步进行页码检查，确认页码的完整性和顺序性，若原书无页码，则手工编制页码，用铅笔将页码写在文献的左上角或右下角。若原书有页码缺失和错乱的情

---

① 傅斯年图书馆全彩影像扫描及校验相关作业标准［OL］.［2011-11-30］. http://www2.ndap.org.tw/newsletter06/news/read_news.php?nid=911.

况，先做详细记录，在扫描过程中进行处理。第二步是对原书进行整理，处理原书中的折角、粘连等情况，若使用高速扫描仪，则先要去掉书脊，按照页码整理每页的顺序。第三步是处理缺页、错页、印刷不清晰等个别问题，先做详细记录，在扫描过程中用另一个复本进行替换。

地方志旧志属于古籍的范畴，古籍前整理比普通文献前整理复杂得多，下面将对古籍前整理进行详细的讨论。

3.1.2.1 古籍前整理的意义

古籍前整理是古籍（包括旧方志）图像化的重要环节，对提高古籍图像化质量具有重要意义。通过对古籍原本的逐叶翻检，可以了解古籍的保存状况，为古籍保护与修复提供依据，为图像化的后续环节提供指导；通过对古籍原本的内容梳理，可以了解古籍的目录结构和内容特点，有助于图像数据的标引；通过图像化的前期准备（衬纸等）、图像化前修复等环节，能够提高古籍图像数据的质量，降低图像化过程对古籍原本造成的损害；通过前整理，还可以发现古籍编目的一些问题，有助于提高古籍书目数据的质量。

通过前整理，可以了解每一叶古籍的保存情况，对酸化、老化、霉蚀、粘连、虫蛀、鼠啮、絮化、撕裂、缺损、烬毁、线断等情况进行记录，上述内容可以作为古籍修复档案的一部分，用于古籍破损定级，也可以作为古籍修复的参考。同时，结合古籍的版本、版式、装帧形式、中缝宽度、透字等情况，可以确定古籍图像化的具体方式和使用的设备。

一部古籍从编写、刻印、装订、修复到数百年乃至千余年流传过程，都可能会出现缺叶、漏叶、错叶、重叶、空白叶等问题，再加上字迹漫涣、霉蚀、虫蛀、鼠啮、烬毁等因素，所以存在不同程度的残与缺。图像化要反映古籍的原貌，而且是完整古籍的原貌。通过前整理中的补配、去重、变更叶码顺序等步骤，有条件时使用不同复本或不同版本进行补配，将会得到一个品质优于原本，文献内容更为完整的数字化版本。古籍数字完整本有两种基本类型：用全本古籍的数字化和用多个非全本古籍数字化后的补配。若注重古籍的版本，则要求用同一版本、同一印次的古籍进行补配；若注重古籍内容的完整性，则可以用不同版本、不同印次、内容相同或相近的古籍进行补配。实际操作中，由于古籍存世的稀有，版本与内容不可兼得，所以以注重内容的完整为第一。在古籍数字完整本的元数据中要注明以哪部古籍为底本，用哪部古籍的哪些卷或叶进行补配，古籍在数字化前进行过补配或抄配的也要同时说明。

为了得到数字完整本，在前整理中要对古籍进行逐叶翻检，确定扫描或拍摄的叶数，记录缺漏叶、错叶、重叶、空白叶等情况，注明是否需要补配、去重、变更叶码顺序等操作，形成较为完整的前整理记录。前整理记录将作为图像化、质检、标引等后续环节的参考和依据。同时，在前整理中还要检查核对古籍的目录部分。依据整理后的目录，确定对古籍图像的文件目录结构，制作标引数据。

底本选择通常是依据书本式古籍目录或电子版古籍书目数据。数字方志项目的底本选择依据是《北京图书馆普通古籍总目·第四卷·地志门》（以下简称“地志门目录”）和国家图书馆的古籍书目数据。与地方志编目过程相比，前整理要进行逐叶翻检，能够发现方志中的更多细节问题，如残缺、破损、装订错误等。通过前整理可以对地方志书目数据进行验证或修改，提高书目数据的质量。

例 3-1：[民国] 麻江县志，书目数据著录部一 7 册全，而实际上原书应为 6 册，部一的第 6 册和第 7 册的卷次、内容完全相同。部二著录为 5 册残，所缺 1 册的正是部一的第 7 册。

例 3-2：[民国] 福建通志，该书书角号中的册次号多处有误，与部一不同，与地志门目录不能对应。各册重新排序后更改册次号，并调整了函套。

3.1.2.2　古籍前整理的步骤

古籍前整理主要包括逐叶翻检、内容增补与调整、图像化前准备（衬纸等）、图像化前修复等环节。

逐叶翻检是前整理中工作量最大的环节，通过逐叶翻检，首先是了解古籍内每一叶的基本情况（刷印质量、残缺状况等）；第二，通过逐叶翻检，可以了解每一叶古籍的保存情况，对酸化、老化、霉蚀、粘连、虫蛀、鼠啮、絮化、撕裂、缺损、烬毁、线断等情况进行考评和记录，进一步确定古籍适合的图像化方法和设备；第三，通过逐叶翻检，清点各卷册叶码，统计每种书完整状况，核对叶码的连续和变化。常见的叶码连续性问题包括：缺叶造成的原书叶码不连续，即应连续的叶码中间有缺叶；重叶，既完全相同的两叶；叶码重复或叶码刻印有误，即连续的两叶为同一个数码，而内容不一；原书叶码正确，但排序有误，如例3-3和例3-4所示。通过逐叶清点，依据不同的情况给出加工提示，为后续的数字化加工提供指导，进而提高古籍图像的质量，同时也为古籍保护与修复提供依据。

例3-3：［康熙］兴化府莆田县志三十六卷卷首一卷，原书卷三十一第10叶与12叶中间不是11叶，而是卷十三第29叶，实缺卷三十一第11叶。卷十三第38叶与第40叶中间缺第39叶，经内容比对，卷三十一多出的卷十三第29叶应在卷十三第39叶的位置，其叶码刻错，但内容顺接。

例3-4：［道光］耒阳县志二十二卷卷首一卷，卷十八第27叶艺文记，应入卷十九艺文记第26和28叶中间的缺叶，只因书口卷数刻错，装订时被误入卷十八。

《傅斯年图书馆影像扫描及校验相关作业标准》[①] 中规定交扫描前的书况检查：逐册与逐页检阅；判定是否修裱（焦脆 / 剥落）；处理书况，包括折角、折痕、破洞、木屑、遮字、书签、页次装订错误等项目；判定扫描方式：拆线 / 拆纸钉 / 摊开 / 两页并扫 / 衬纸；原书缺叶，制原缺叶签条；若可辨识其原书缺叶而非漏扫，则不需另制签条。夹纸是否扫存，一般而言，读者以铅笔或原子笔书写的夹页不扫存，若有存疑应与珍藏组讨论。

古籍书衣的正面上通常有题签，题签上题写书名，还有些书衣上有卷次、印章、图画等。古籍书衣的背面、封底正反面通常没有文字、图形等信息。依据项目的需要，确定书衣和封底的图像化方式。以数字方志项目为例，底本书衣的扫描加工要求：多册书中各册题签内容相同时，选用清晰之一册；每册书书衣各有目录时，一一扫描，分别对应各册内容；没有

---

① 傅斯年图书馆全彩影像扫描及校验相关作业标准［OL］.［2011-11-30］. http://www2.ndap.org.tw/newsletter06/news/read_news.php?nid=911.

书名叶，书衣也无题签时，代补题签加于书衣之上，完整的书名叶可代替书衣用。

为了得到数字化完整本，在逐叶翻检的基础上，除了确定扫描（或拍摄）的叶数（或拍数），记录缺漏叶、错叶、重叶、空白叶等情况，还要核对其他复本的情况，给出是否补配、去重、变更叶码顺序等操作提示。在例 3-3 中，［康熙］兴化府莆田县志三十六卷卷首一卷，原书部一卷三十一缺第 11 叶，用部二补全。

除了补配和去重叶，还有大量的叶码顺序调整，既可能是某几叶叶码顺序错误，又可能是整卷顺序错误，如例 3-5、例 3-6 和例 3-7 所示。

例 3-5：［乾隆］崖州志十卷，抄本六册。书末两行小字记：民国十九年二月国立北平图书馆抄清史馆旧藏乾隆间刻本，馆员谭新嘉初校。钤谭氏私印，并正文中有谭氏朱笔批校。卷七第 33 叶后接卷九首叶（此叶卷端的卷次和题名与目录顺序相合），但其书口下端的叶码是 34，与前叶相连。卷八首叶排在卷九第 41 叶之后，下书口标 42 叶。卷八第 53 叶又接卷九第 54 叶。核对故宫所藏原本（刻本），叶码顺序也是如此，说明该书作为抄书底本之前，其叶码错位已经形成，抄书时未做纠正。图像文件依目录及内容承启关系重新排序，抄本叶码依旧。

例 3-6：［雍正］剑州志二十四卷，原书全四册，卷二十四诗铭为末卷，应在第四册最后。但原书却将卷二十四装订在第二册的最后、卷二十一的后面，并在该卷最后一叶盖有馆藏章。将卷二十四排在卷二十一之后，既不符合常理也不符合目录。图像文件中调至第四册最后，同时对原书也做了相应调整。

例 3-7：［康熙］湖广通志八十卷图考一卷，书目数据著录缺一卷：卷八十。逐叶翻检时发现原书装订有误，卷八十“藏”于卷七十一之前。图像文件和原书都已做调整。

有些古籍所用的纸张较薄，图像数据会有较为严重的透字现象。为了保证图像的质量，在扫描前可以先在原书中加入衬纸，衬纸的大小略小于原书半叶（筒子页的一半），衬纸通常选择较薄的宣纸，避免衬纸过程对原书造成的损害。为了兼顾图像化效率和古籍保护，通常边衬纸边扫描，每次衬纸的数量不超过5张。

3.1.3 文献图像化

图像采集设备是图像化的基础，设备的类型与性能直接决定了图像数据质量和可选技术参数的范围，因此，设备性能必须符合图像化项目的要求。在设备选定后，要确定基本的技术参数，这些参数直接决定了图像数据的基本质量。但是仅有这些参数是远远不够的，还需要完整的图像化技术标准和加工规范，才能使图像数据完全符合项目的要求，具有稳定的质量。

3.1.3.1 图像化设备

目前，较为常用的图像采集设备主要有扫描仪、数码相机等。扫描仪的种类繁多，根据扫描仪扫描介质和用途的不同，可分为：平板式扫描仪、名片扫描仪、胶片扫描仪、馈纸式扫描仪、文件扫描仪。除此之外还有手持式扫描仪、鼓式扫描仪、笔式扫描仪、实物扫描仪和3D扫描仪等。

在图像化项目中，经常采用的是平板式扫描仪、实物扫描仪和缩微胶片扫描仪。平板式扫描仪以虹光FB6000E为例，A3幅面零边距平板扫描，感光元件为CCD（电荷耦合器件），光源CCFL（长寿命冷阴极荧光灯管），光学分辨率600dpi。实物扫描仪的结构原理类似于数码相机，固定在支架上，位于扫描平台上方，分辨率高于市场上常见的数码相机，幅面通常大于A2。缩微胶片扫描仪以美能达MS7000为例，桌面通用型300×404毫米屏幕扫描仪，适用于平片、封套片、开窗卡、16和35毫米胶卷、16毫米“M”和“ANSI”盒片，镜头放大倍率：7.5x、9—16x、13—27x、23—50x/20—50x，光学分辨率400dpi。

数码相机以佳能EOS5D MarkII为例，全画幅数码单反相机，感光元件CMOS（尺寸约36×24毫米），有效像素2110万，最高分辨率5616×3744，支持佳能EF镜头（不包括EF-S镜头），9个自动对焦点和6个辅助自动对焦点，测光范围EV-0.5至18（23℃/73 ℉、ISO 100），电子控制焦平面快门，快门速度1/8000秒至30秒、B门，测光范围EV 1-20（23℃/73 ℉、使用EF50mm f/1.4 USM镜头、ISO 100），色温设置（2500—10000K），感光度在ISO100—3200之间自动设置，可扩展到ISO 50（L）、

ISO 12800（H1）或 ISO 25600（H2）。

数码相机的最高分辨率通常用像素表示，佳能 EOS5D MarkII 的有效像素 2110 万，最高分辨率 5616 × 3744。而扫描仪的分辨率通常以 DPI(Dot Per Inch，点数 / 英寸）为单位，虹光 FB6000E 的光学分辨率为 600dpi。按照 A3 幅面折算，像素约为 6960 万，分辨率为 7016 × 9922。通过上述比较不难看出，同级别（参照市场定位与价格）的数码相机的分辨率低于扫描仪，若要求图像数据的分辨率为 300dpi，数码相机的像素须高于 1740 万（4961 × 3508）。

从文献保护的角度出发，可将图像采集设备分为接触型和非接触型。平板式扫描仪属于接触型设备，实物扫描仪和数码相机属于非接触设备。非接触设备可以减小对文献的损伤。接触型扫描设备在选择和使用过程中，应尽量选择扫描速度高的设备，例如，虹光 FB6000E 的扫描速度为 4 秒 / 张（A3，黑白，200dpi），同时，尽量使用零边距扫描仪，以减小对文献的损伤。

3.1.3.2　技术参数

无论采用什么样的图像化方法，首先要确定基本的技术参数，这些参数直接决定了图像数据的基本质量。图像化获得的数据通常是位图，也称为点阵图，是由很多个像素组成的图像。位图的每个像素都含有位置和颜色信息，位图的清晰度与像素的数量有关，单位面积内像素数量越多则图像越清晰。图像主要的技术参数有图像大小、分辨率、颜色模式等。

1. 图像大小

图像大小既可以指图像文件的大小，以 KB、MB、GB 等为单位，也可以指图像的尺寸（宽度 × 高度）。依据文献的实际尺寸和扫描分辨率可以计算出图像的尺寸。例如，根据 ISO 216，A3 纸张的尺寸 297 × 420（mm），扫描分辨率为 300dpi，扫描图像的尺寸为 3508 × 4961。若颜色模式采用 RGB，真彩 24 位，保存为非压缩的 TIFF 文件，文件大小为 49.8MB。

2. 分辨率

分辨率是单位长度内的点或像素的数量。显示分辨率的单位为 PPI

（Point Per Inch，像素 / 英寸），打印分辨率的单位为 DPI（Dot Per Inch，点数 / 英寸）。分辨率高低直接影响位图图像的效果，若分辨率太低，会导致图像粗糙，非常模糊；若分辨率太高，则图像文件变得很大。例如，扫描分辨率为 300dpi，颜色模式采用 RGB，真彩 24 位，A3 纸张扫描后保存为非压缩的 TIFF 文件，文件大小为 49.8MB。若分辨率为 600dpi，文件大小约为 199MB。

3. 颜色模式

图像常用的颜色模式包括：二值模式、灰度模式、RGB 颜色模式等，如图 3–5 所示。二值模式使用两种颜色值（黑色或白色）之一表示图像中的像素也称为 1 位图像。灰度模式在图像中使用不同的灰度级。在 8 位图像中，最多有 256 级灰度。灰度图像中的每个像素都有一个 0（黑色）到 255（白色）之间的亮度值。RGB 模式使用 RGB 模型，并为每个像素分配一个强度值。在 8 位 / 通道的图像中，彩色图像中的每个 RGB（红色、绿色、蓝色）分量的强度值为 0（黑色）到 255（白色）。这三个通道将每个像素转换为 24（8 位 ×3 通道）位颜色信息。对于 24 位图像，这三个通道最多可以重现 1670 万种颜色 / 像素。对于 48 位（16 位 / 通道）和 96 位（32 位 / 通道）图像，每像素可重现更多的颜色。

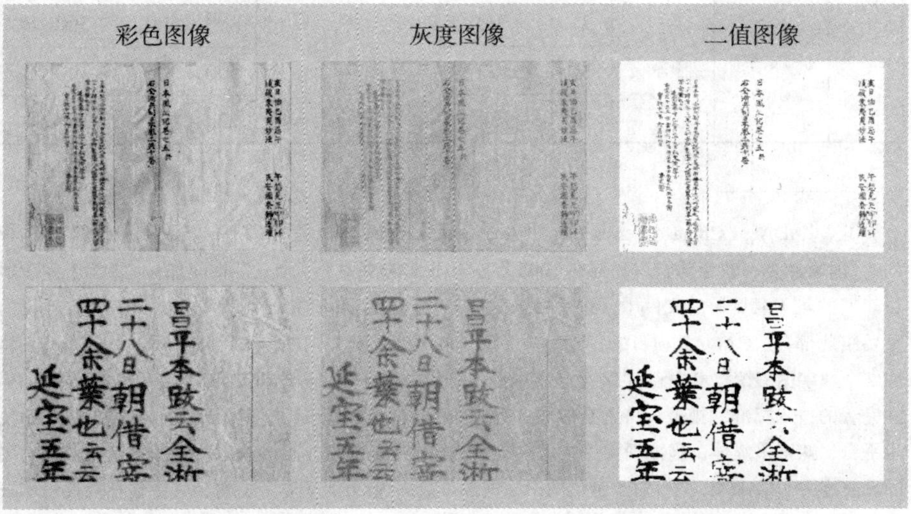

图 3–5　不同颜色模式的图像清晰度

在 CADAL 项目①中，一般文献采用二值模式进行扫描；对于有灰度插图的页面，采用 256 级灰度模式进行扫描；对于彩页，采用真彩 RGB 模式进行扫描。CADAL 项目采用的分辨率是 600dpi。国家图书馆的图像数据制作技术参数如表 3-1 所示。

表 3-1　国家图书馆的图像数据制作技术参数表

文献类型	载体规格	文件级别		主要参数		
				分辨率（DPI）	色彩	尺　寸
照片等印制品	大于 B5	保存级		400	灰度或彩色	原大
		服务级	L	300		1024×768，约 300KB
			M	150		800×600，约 150K
			S	72		120×100，约 30K
	4′×5′ 8′×10′	保存级		500	灰度或彩色	原大
		服务级	L	300		1024×768，约 300KB
			M	150		800×600，约 150K
			S	72		120×100，约 30K
	小于 4′×5′	A		800 以上	8 位灰度 / 彩色	原大
		服务级	L	500		800×600，约 300KB
			M	300		500×300，约 300KB
			S	150		120×100，约 30K

① CADAL（China-America Digital Academic Library，中美百万册书数字图书馆合作计划），国家计委、教育部、财政部在 2002 年 9 月下发的《关于"十五"期间加强"211 工程"项目建设的若干意见》的文件中，将 CADAL 列入"十五"期间"211 工程"公共服务体系建设的重要组成部分。CADAL 项目的特点是数字化 100 万册中英文图书，采用开放式电子书标准，建成 2 个数字图书馆技术中心和 14 个数字资源中心，中美合资、合作研究开发数字图书馆技术，确立完善的技术标准和规范，特别是形成一套成熟的支持 TB 量级数字对象制作、管理与服务的技术平台，探索多媒体、虚拟现实等技术在数字图书馆中的应用，推动我国数字图书馆技术达到国际领先水平。CADAL 项目拟数字化的中文资源总量为 50 万册（卷）左右，其中包括现代学术著作、图书 20 万册以上，项目参加单位硕士、博士学位论文 10 万篇左右，民国（1911—1949）书籍 10 万册，古籍及其他珍贵的传统文化资源 10 万卷（件）以内。

3.1.3.3 技术标准

技术参数决定了图像数据的基本质量，但是只有技术参数还是远远不够的。图像化项目是一个加工人员使用图像化采集设备将文献转换成图像数据的过程，文献千差万别，加工人员使用图像化采集设备也有不同的方法和习惯，为了保证图像数据质量的稳定性和一致性，需要完整的技术标准和加工规范。技术标准规定了图像化的若干通用原则，而加工规范规定了图像化的若干细节问题。在图像化项目中，技术标准在项目开始前就基本确定，在项目运行过程中保持相对稳定；加工规范在项目运行过程中逐步积累丰富，最终趋于稳定。

CADAL 项目的技术要求：扫描图像整体倾斜不得超过 3 度，不得出现图像的一部分倾斜或扭曲而影响阅读的现象，装订线较近的书本或较厚书本边角的几个字会产生扭曲现象，但需保证正文文字能看清楚；扫描图像字迹清晰、颜色恰当，不宜过浅或过深，并且不得出现字迹笔画残缺或字迹笔画叠合而影响阅读的情况，即使原书本存在锈斑变质、颜色过浅或深浅不一致，也应保证扫描图像可读，由于书本页太薄或颜色过浓，扫描时会倒映反面文字，其文字上的污点无法去污，但需保证正文文字能看清楚，扫描留下的黑迹宽度不得超过 0.5 厘米，并且指印和黑线不能覆盖或影响书本正文内容；扫描的页面内容基本居中显示，不可出现明显偏左或偏右的现象，页眉、页脚信息完整，图像内容与书本页面完全对应，不得出现书页内容残缺或将旁边页面信息扫入本页的现象[①]。

《傅斯年图书馆影像扫描及校验相关作业标准》[②]中规定以对图籍之伤害最低，且维持或复原图籍之原貌为原则。具体要求：页面完整，边缘之版心以及书页上下缘必须完整扫存，不应裁切，图籍之版面裁切处应留白以显示书页之边缘及高度，宽度以不超过 1 公分为标准；以图籍下缘为对齐线，除原页面为歪斜，皆应呈现方正之页面，页面与标尺平行，倾斜角

① CADAL 技术规范［OL］.［2011-11-30］. http：//www.cadal.net/cnc/cn/jsgf/jsgf.htm.

② 傅斯年图书馆全彩影像扫描及校验相关作业标准［OL］.［2011-11-30］. http：//www2.ndap.org.tw/newsletter06/news/read_news.php?nid=911.

度以不多于 0.2 度为原则，以人眼可辨者为准，但若原书页面已歪斜，则不在此限；有与原件不符者，须进行色彩校正后，方可进行重新扫描作业；字迹或图像清晰度，不得有失真现象（可放大至实际尺寸来检视判定）。

3.1.4 图像处理

通过图像采集设备获得的图像可能存在偏色、透光、透字、歪斜、黑边等问题，即图像采集缺陷。为了消除或补偿图像采集缺陷，既可以在图像采集过程中进行干预或采取措施，也可以在后续的图像处理中进行校正。以透字问题为例，文献用纸较薄，双面印刷、书写或单面书叶背对背对折后装订（包背装、线装和毛装）时，背面的文字就会透到正面来，如图 3-6 所示。由于装订造成的透字，在图像化过程中，若能拆书恢复成装订前的单叶再做图像采集，透字问题就可以避免；若不能拆书，采用衬纸的方法也可以避免透字。而双面印刷、书写的文献只能通过图像处理来补偿透字问题。

图 3-6　有透字问题的图像

图像处理是依据图像化项目需求使用通用或专用图像处理软件完成对图像数据进行必要的处理。图像处理可以分为补偿型图像处理和应用型图像处理。补偿型图像处理是为了补偿图像采集缺陷所做的图像处理，原则是图像保真，即尽量减小图像处理对原始图像的影响。应用型图像处理是为了满足特定的应用需求所做的图像处理，原则是在满足应用需求的前提下尽量降低图像处理的复杂度，提高图像处理的自动化程度。普通文献图像化项目为了满足用户的使用需求和后续 OCR（Optical Character

Recognition，光学字符识别）的需要，多采用应用型图像处理；古籍图像化项目要忠实反映古籍的原貌，多采用补偿型图像处理。

补偿型图像处理的目的是补偿图像采集缺陷，原则是图像保真，但是图像处理是对图像或图像的一个区域进行操作，不恰当的图像处理，可能会造成更为严重的图像失真或损失图像中蕴含的信息。例如，图像存在透字问题，如图 3-6 所示，通过图像增强处理，如图 3-7 所示，虽然消除了透字现象，但是处理后的图像与原书有较大的差距，无法完全反映古籍的原貌。又例如，对古籍的天头地脚进行裁切，如图 3-8 所示，裁切前后的两张图所包含的信息量有所差异。

重雕唐文
春秋記事
焉相爲經
若漢文選
以其文一
數文物之
宋姚寶臣
其一當時
吾所云者
文獻在是

图 3-7　图像增强处理后的图像

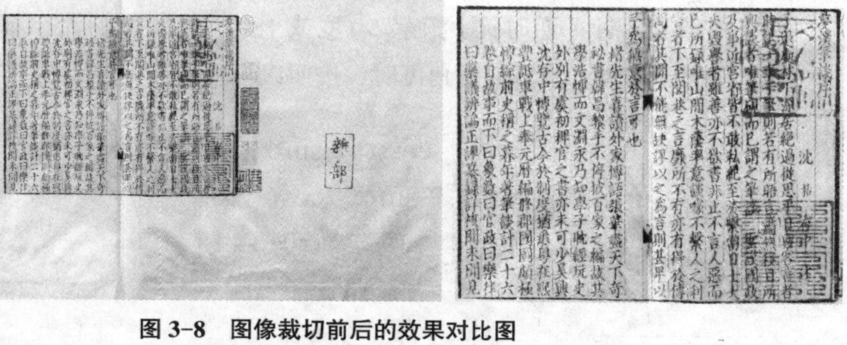

图 3-8　图像裁切前后的效果对比图

CADAL 项目的图像处理要求：图像处理后必须保证图像信息与原书本内容完全一致，不得删除页面任何有用信息，包括正文内容、页眉、页脚、手写注释和印鉴等（图书馆藏书章除外）；所有扫描留下的黑线、指印或阴影都必须清除干净；页面的倾斜度不得超过 1 度；处理后的图像以 300dpi 的 DjVu 格式保存于 PTIFF 目录①。

图像处理的基本方法包括：几何变换、颜色处理、图像合成、降噪、边缘检测、图像分割、图像增强等。在本书将对旋转、拼接、裁切等图像处理方法进行讨论。

3.1.4.1 旋转

图像旋转是以图像的中心为原点，旋转一定的角度，即：将图像上的所有像素都旋转一个相同的角度。旋转后，图像的大小一般会改变，即可以把转出显示区域的图像截去，或者扩大图像范围来显示所有的图像，如图 3-9 所示。

图 3-9 图像旋转示意图

图像顺时针（逆时针）旋转 90 度或 180 度，图像的大小不变。图像顺时针（逆时针）旋转任意角度时，按照以下公式计算。

$$\begin{bmatrix} x \\ y \\ 1 \end{bmatrix} = \begin{bmatrix} \cos\alpha & \sin\alpha & 0 \\ -\sin\alpha & \cos\alpha & 0 \\ 0 & 0 & 1 \end{bmatrix} \begin{bmatrix} x_0 \\ y_0 \\ 1 \end{bmatrix}$$

① CADAL 技术规范［OL］.［2011-11-30］. http：//www.cadal.net/cnc/cn/jsgf/jsgf.htm.

以 RGB 色彩模式为例，每一个像素的 RGB 分量分配一个 0 到 255（整数）范围内的强度值。旋转任意角度时，按照公式计算后像素值可能出现细微的变化。

在对图像保真度要求较高的项目中，通常只做顺时针（逆时针）旋转 90 度或 180 度的旋转，不做任意角度的旋转。在图像采集过程中，充分利用图像采集设备或辅助设备上的标尺、卡具，使文献的上边沿或下边沿与标尺对齐，书脊保持垂直，保证图像不需要做任意角度的旋转。

而在一些古籍图像化项目中，要求上板框保持水平，中缝尽量保持垂直，若两者不能同时实现，优先保证上板框水平。基于上述要求，在图像采集过程中无法充分利用标尺或卡具，只能依靠目测。这样就无法保证图像满足要求，必须在后续的图像处理中做任意角度的旋转，若遇到无版框、版框不完整、版框为多边形等情况，如图 3-10 和图 3-11 所示，可能要多次作任意角度的旋转。

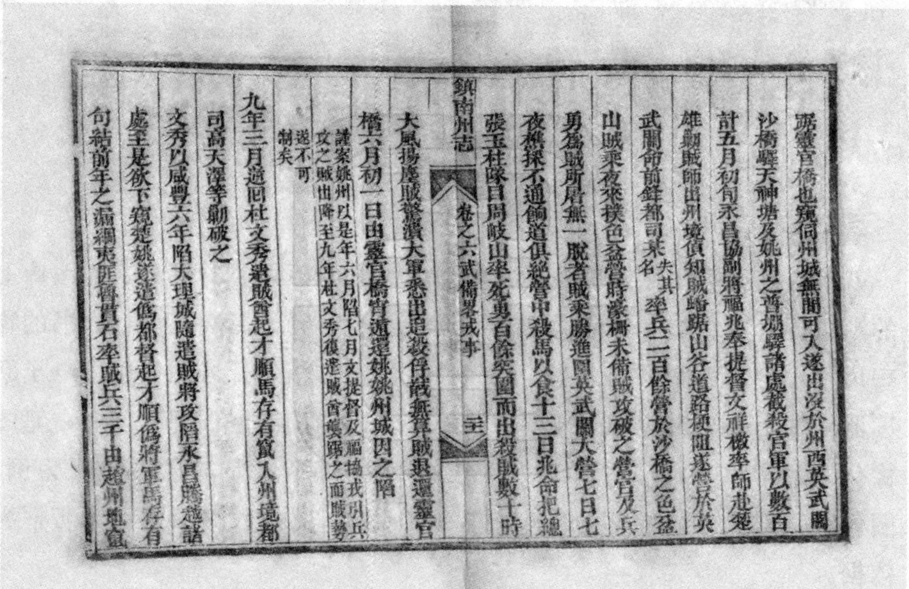
恶靈官橋也寬伺州城無備可入遂出沒於州西英武關
沙橋驛天神塘及姚州之普淜驛諸處截殺官軍以數百
計五月初旬永昌協副將福兆奉提督文祥檄率師赴楚
雄剿賊師出州境偵知賊踞山谷道路梗阻遂營於英
武關命前鋒都司某名失其率兵二百餘營於沙橋之邑盆
山賊乘夜來襲邑盆營時歲稱未備賊攻破之營官及兵
勇為賊所屠無一脫者賊乘勝進圍英武關大營七日七
夜樵採不通餉道俱絕營中殺馬以食十三日兆命把總
張玉柱隊目周畯出率死勇百餘突圍而出殺賊數十時
鎮南州志　卷之六　武備　兵戎事　卅
大風揚塵賊驚潰大軍悉出追殺俘馘無算賊退還靈官
橋六月初一日由靈官橋宵遁還姚姚州城因之陷
謹案姚州以是年六月陷七月文提督及福協戎別兵攻之賊出降至九年杜文秀復遣賊酋襲踞之而賊勢遂不可制矣
九年三月逆回杜文秀遣賊酋起才順馬存有竄入州境都
司高天潤等剿破之
文秀以咸豐六年陷大理城隨遣賊將攻陷永昌騰越諸
處至是欲下窺楚姚遂遣偽都督起才順偽將軍馬存有
句結前年之孤綱夷匪魯貫石率賊兵三千由趙州境竄

图 3-10　原书板框为多边形

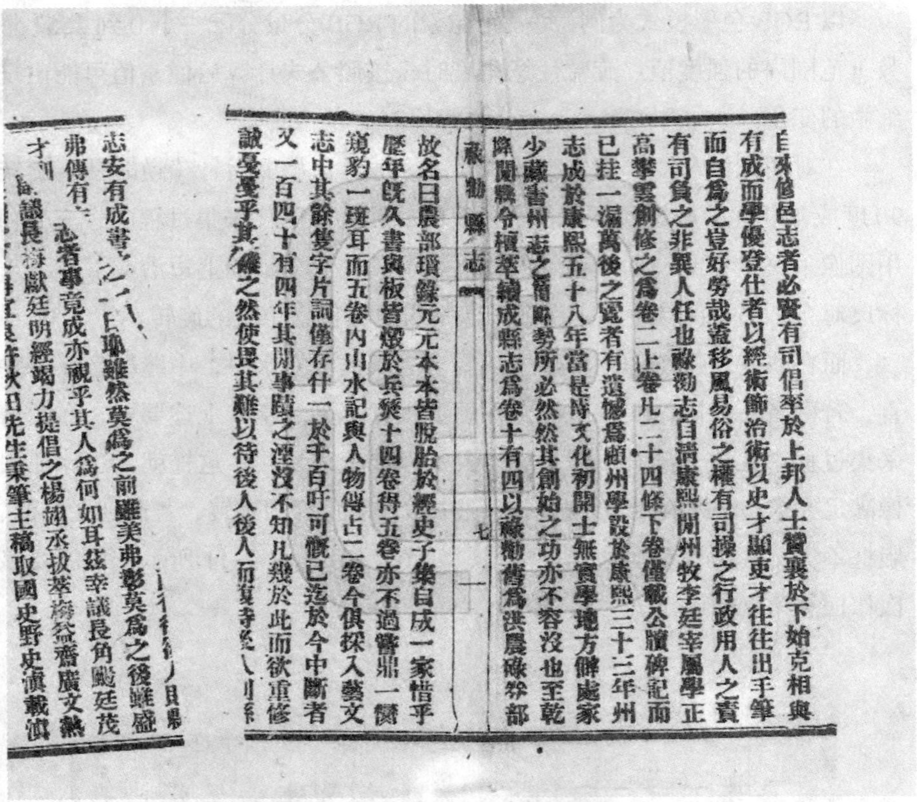

自來修邑志者必賢有司倡率於上邦人士贊襄於下始克相與
有成而學優登仕者以經術飾治術以史才顯吏才往往出手筆
而自爲之豈好勞哉蓋移風易俗之權有司操之行政用人之責
有司負之非異人任也祿勸志自清康熙間州牧李廷宰屬學正
高攀雲創修之爲卷二上卷凡二十四條下卷僅載公牘碑記而
已挂一漏萬後之覽者有遺憾焉州學設於康熙三十三年州
志成於康熙五十八年當是時文化初開士無實學地方僻處家
少藏書州志之簡略勢所必然然其創始之功亦不容沒也至乾
隆間縣令檀萃續成縣志爲卷十有四以祿勸舊爲洪農碌券部

祿勸縣志　卷一　七

故名曰農部瑣錄元元本本皆脫胎於經史子集自成一家惜乎
歷年既久書與板皆燬於兵燹十四卷得五卷亦不過嘗鼎一臠
窺豹一斑耳而五卷內山水記與人物傳占二卷今俱採入藝文
志中其餘隻字片詞僅存什一於千百吁可慨已迄於今中斷者
又一百四十有四年其間事蹟之湮沒不知凡幾於此而欲重修
誠戛戛乎其難之然使提其難以待後人後人而復有（…）則

图 3-11　原书板框不完整

3.1.4.2　裁切

裁切是利用图像处理工具去掉图像数据中不需要的部分，如图像上的黑边。普通文献图像化通常是用软件实现自动去黑边，依据原书的物理尺寸设定所需图像的大小，用软件批量进行裁切。若图像用于电子阅读器，除了去除黑边外，还要去除原书页面四周的空白部分。在古籍图像化项目中也有类似的情况，以“文渊阁四库全书”电子本项目为例，图像只选取版框内的部分，如图 3-12 所示，图像数据的裁切以版框为依据。

图 3-12　“文渊阁四库全书”电子本图像样例

而一些古籍图像化项目要求图像数据尽可能保真，保持原书的天头、地脚和左右两边的尺寸基本不变。基于上述要求，必须以叶面边缘作为裁切的依据。古籍在制作的过程中，书叶可能不是完全规整的矩形，在流传过程中又经过一定的磨损，书叶成不规则多边形，常见的情况如图 3-13 所示。在这种情况下，要以图 3-13 中的虚线作为裁切依据。

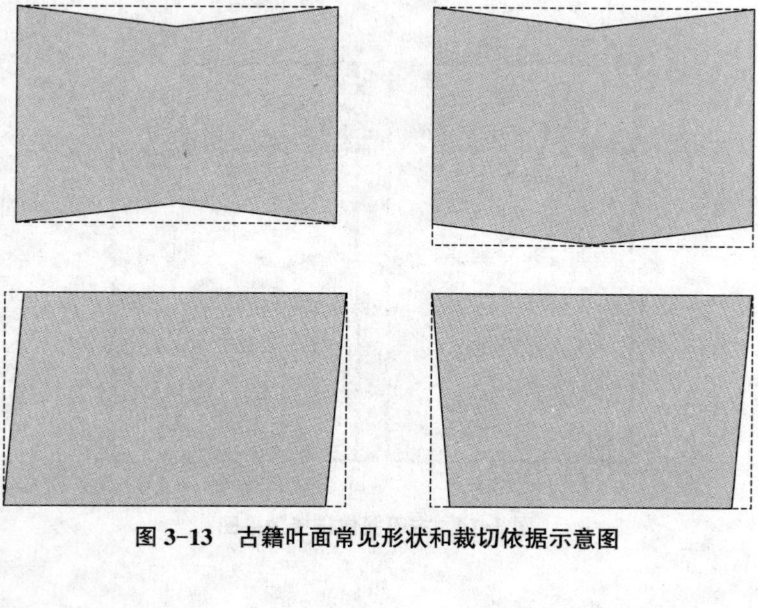

图 3-13　古籍叶面常见形状和裁切依据示意图

3.1.4.3　拼接

普通文献多为双面印刷，靠页面的一侧进行装订（通常为左侧），正反面单独进行图像采集，不需要对图像数据进行拼接。即便是报纸、地图等大幅面的文献，也可以使用 A0 或双 A0 幅面的扫描仪做图像采集，而不必多次扫描再做图像拼接。但是单面书写或印刷，书叶背对背对折后装订（包背装、线装和毛装）的文献，一叶必须分两次扫描，若图像要求为筒子页方式，则必须进行图像拼接，如图 3-14 所示。

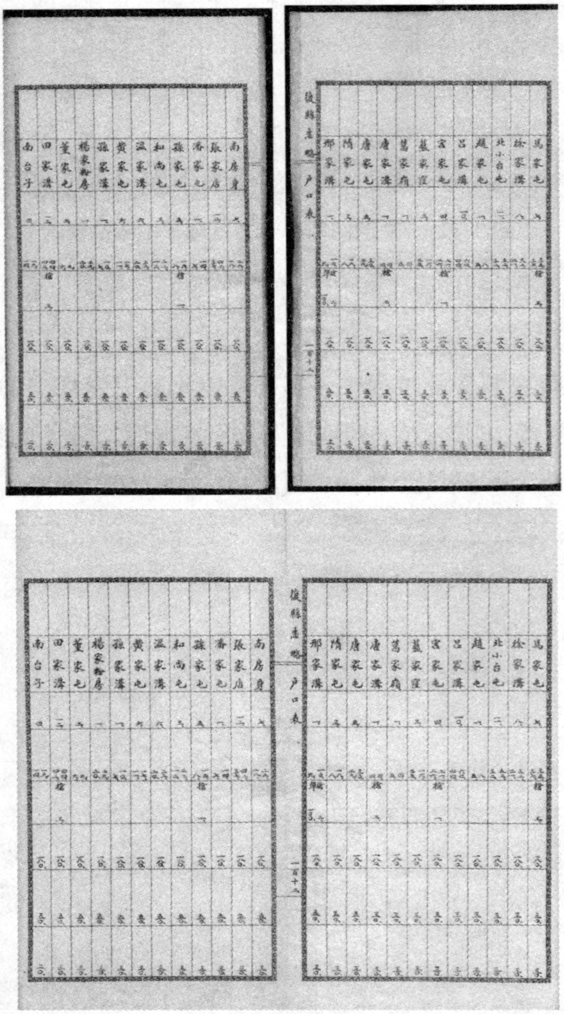

图 3-14　古籍图像拼接效果图

图像拼接的基础是对两个半叶图像进行旋转、裁切等处理，保证每个半叶图像的中缝（位于图像的一侧）垂直，以中缝上的文字、鱼尾、版框等作为标记进行拼接。图像拼接的原则是反映古籍的原貌，拼接的要求是接缝整齐，两个半叶不能相互叠加。若书口完整，两个半叶间不能有空隙或夹角，如图 3–14 所示；若原书的书口不完整，则要保证文字、鱼尾等的比例，残缺部分保留衬纸的图像，如图 3–15 所示。

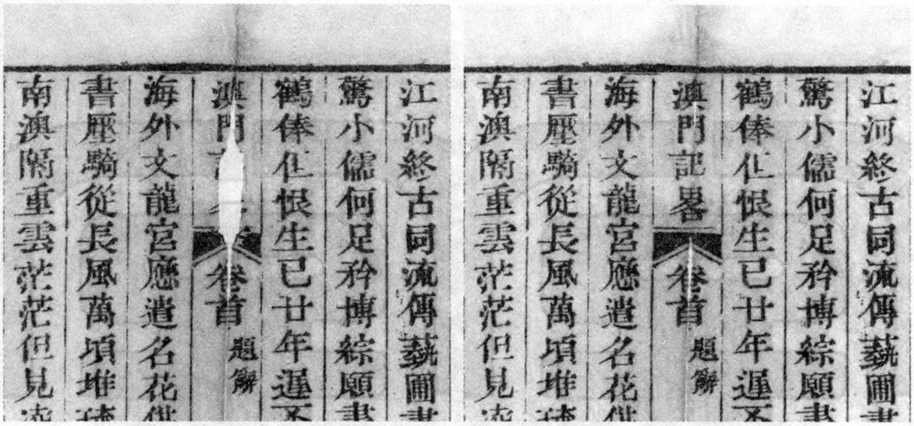

图 3–15　书口不完整的古籍图像拼接效果图

3.1.5　图像检验

图像检验是确认图像数据是否符合项目要求的环节，科学合理的图像检验是图像化项目质量的保障。图像采集和图像处理完成后，要对图像文件进行检验，检验标准是根据图像扫描的技术要求制定的，若图像文件不符合扫描和图像处理的技术要求，就要重新进行扫描或图像处理。若图像文件检验合格，可以对文件进行压缩和保存，同时对古籍进行扫描后整理，必要的情况下进行扫描后修复。

图像检验通常可以分为三个步骤：第一步，检验图像文件，包括检验图像文件是否能够正常打开和检验图像文件的参数；第二步，检验图像质量，主要针对图像采集环节，包括检验图像是否透光、透字、歪斜、有彩点、彩线、有缺页、错页等；第三步，检验图像处理效果，主要针对图像处理环节，包括检验图像是否歪斜、有黑边等。

图像文件检验首先要检验图像文件是否能正常打开，常见的情况有三种：其一，图像文件大小为 0，图像无法打开；其二，图像文件大小正常，图像无法打开；其三，图像文件大小正常，图像只能部分打开，如图 3-16 所示。然后再检验图像参数，包括图像文件大小、图像尺寸大小、图像分辨率、图像颜色模式等。图像文件检验可以用软件批量完成，不需要人工干预。

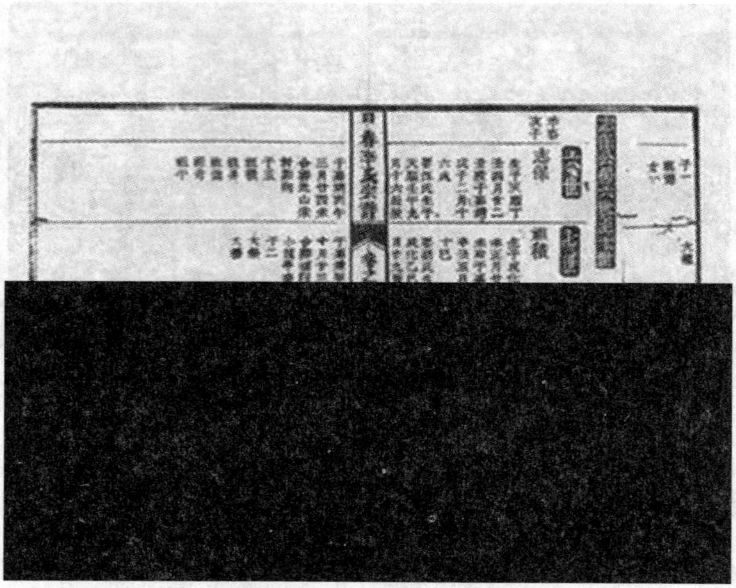

图 3-16　不能正常打开的图像文件

图像质量检验主要针对图像采集环节，若图像质量不符合要求，必须重新进行图像采集。图像质量检验通常由人工完成，采用抽验的方式，通常抽验的比例不低于 10%。图像处理效果检验主要针对图像处理环节，若图像处理效果不符合要求，可以用图像处理软件进行弥补或修正。图像处理的基本原则是最大限度地保留原始图像所包含的信息，经过图像处理后的图像符合项目的要求，图像内容完整，颜色自然，无明显的图像处理痕迹。在图像化项目中，图像质量检验和图像处理效果检验可以合并为一个检验环节。

《傅斯年图书馆影像扫描及校验相关作业标准》[①]中规定影像校验基本原则是以不影响版框内字迹及阅读为基准，页面之平整美观与否亦需考量。书页扫描之中缝：夹缝阴影，以不影响字迹为基准；夹缝压到字迹 / 字型曲扭，因未压平而使夹缝旁字迹歪曲。两书页之间距，以不超过 0.1cm 为基准。衬纸注意是否有衬纸移位或漏衬的问题发生。扫描影像中是否有木屑或毛发，注意是否有扫描仪误扫非原书应存在的污点。是否有透背叶字迹、遮字、边角卷翘 / 折角等情况。蛀洞或破洞，若影响版框内字迹，请在背叶垫纸扫描。沾黏书页上之纸条，需要扫存。原书叶面凹凸不平或折痕，以不影响字迹为基准，判断后交裱褙室修复或不处理。是否有坏档、错页、漏页等情况。档名与档案顺号：档名必须正确，同一档案之流水号不得有跳号情形，必须按页次顺序排；影像内容与登录号是否相符。页面完整：边缘之版心以及书页上下缘必须完整扫存，不应裁切。图籍之版面裁切处应留白以显示书页之边缘及高度，宽度以不超过 1 厘米为标准；尺寸较大之图籍另议。版面歪斜：以图籍下缘为对齐线，除原页面为歪斜，皆应呈现方正之页面，页面与标尺平行，倾斜角度以不多于 0.2 度为原则，以人眼可辨者为准。但若原书页面已歪斜，则不在此限。色差有与原件不符者，须进行色彩校正后，方可进行重新扫描作业。字迹或图像清晰度不得有失真现象（可放大至实际尺寸来检视判定）。其他原则：不必扫存之书页，没有重要印鉴之空白页（含最末页）和非图籍之原始封面；需要扫存之书页（特殊情况），不摊开扫描之图籍，若有空白页因不扫存而无法辨识图籍页次顺序等书况，则仍需扫存之（如：图籍之第一页空白、版心有页码之空白页）。

3.1.6　图像化后整理

图像化后整理是在图像数据检验合格后，对文献进行的后续整理和还原。若文献在图像化前被拆解，图像化后要重新装订，恢复原来的装订形

---

① 傅斯年图书馆全彩影像扫描及校验相关作业标准［OL］.［2011-11-30］. http：//www2.ndap.org.tw/newsletter06/news/read_news.php?nid=911.

式，保证文献封皮、书脊规整，书页顺序正确，无丢页、错页。装订后无脱漏页、无压字现象，确保原文献的插页、折页、附件等完好无损，按照原来的位置装入文献中。若文献在图像化加入衬纸，图像化后要将衬纸取出，保证书口完整。若文献在图像化过程中有细微的破损，图像化完成后要采取适当的措施进行修复。

总之，图像化后整理是图像化前整理的逆过程，其目的就是尽量减少图像化对文献的损坏，尽可能修复文献在图像化过程中的损伤。

3.1.7 元数据加工

元数据按照功能可划分为描述元数据、管理元数据、结构元数据和保存元数据。描述元数据是对对象数据基本特征所做的描述，支持资源的发现和鉴别，包括题名、著者、出版者、出版时间、版本等信息。管理元数据支持对象数据的存储和使用管理，用以维护和管理资源，包括权利管理、电子签名、资源评鉴、使用管理、支付审计、技术特征等信息。结构元数据是对对象数据逻辑结构的描述，揭示数字化资源的形式特征，如一种书的册、章、节、段（部、卷、篇）和它们之间的关系。保存元数据是描述对象数据的长期保存信息，支持数字化资源长期保存，包括文件格式信息、数据制作信息、保护手段、保护条件、转换方式、保存责任等信息。

在图像化项目中，描述元数据通常直接复用书目数据，或抽取书目数据的部分字段；管理元数据中将包含项目的技术标准；结构元数据表现了文献的部分特性，通过数据表示册、章、节、段及它们之间的关系；保存元数据中包含项目加工过程中的一些信息和参数，如数据加工商信息、设备信息、设备参数、文件格式等。元数据选用的格式和包含的信息与系统直接相关，描述元数据要符合资源组织、资源发布系统的要求，管理元数据要符合数字资产管理系统的要求，结构元数据要符合资源管理、资源发布系统的要求，保存元数据要符合长期保存系统的要求。因此，元数据加工在本书中不作为讨论的重点，在“图像数据标引”部分将涉及描述元数据和结构元数据的加工。

3.2 图像数据的保存

数据保存是图像化项目数据获取、数据处理的后续环节。图像保存是以图像文件为基础，图像既可以保存为图像文件，也可以先保存为图像文件再转换为其他形式。因此，在本书中主要讨论图像文件与图像文件的保存。图像文件与图像文件的保存将涉及图像文件格式、图像压缩方法、图像文件命名、图像文件存储等问题。

3.2.1 图像格式

常见的图像文件格式有BMP（Bitmap）、GIF（Graphics Interchange format）、JPEG（Joint Photographic Experts Group）、JPEG2000、TIFF（Tag Image File format）、PSD（Photoshop Document）、PNG（Portable Network Graphics）、SWF（Shockwave format）、SVG格式（Scalable Vector Graphics）、WMF格式（Windows Metafile Format）、EMF格式（Enhanced Metafile）、EPS格式（Encapsulated PostScript）、TGA（Tagged Graphics）等。图像格式首先要考虑格式的通用性、易用性和标准化，还要考虑格式是否支持点阵图、颜色索引、多帧、分层、颜色管理、元数据内嵌等，支持哪些颜色模式、压缩算法等。在图像化项目中，较为常用的格式化包括TIFF、JPEG、JPEG2000、DjVu等。

3.2.1.1 TIFF

TIFF由Aldus和微软联合开发，最初是出于跨平台存储扫描图像的需要而设计的。它的特点是图像格式复杂、存贮信息多。TIFF是一种比较灵活的图像格式，文件扩展名为TIF或TIFF。该格式支持256色、24位真彩色、32位色、48位色等多种色彩位，同时支持RGB、CMYK以及YCbCr等多种色彩模式，支持多平台。TIFF文件可以是非压缩的，文件尺寸较大；也可以是压缩的，支持RLE（run-length encoding，行程长度编码）、LZW（Lempel-Ziv-Welch）、JPEG、CCITT组3（Consultation Committee of the International Telephone and Telegraph，国际电话电报咨询委员会）、CCITT

组 4 等多种压缩方式。

3.2.1.2 JPEG

JPEG 由联合照片专家组开发，对应的国际标准为 ISO10918-1（International Standardization Organization，国际标准组织）。JPEG 格式常见的扩展名为 jpg、jpeg 等，主要采用基于 DCT（Discrete Cosine Transform，离散余弦变换）的变换编码，其压缩步骤分为颜色转换、DCT、量化、编码等。JPEG 的压缩模式有顺序式编码（Sequential Encoding）、递增式编码（Progressive Encoding）、无失真编码（Lossless Encoding）、阶梯式编码（Hierarchical Encoding）。JPEG 格式非常灵活，压缩比较高，应用广泛。各类网络浏览器均支持 JPEG 格式。

3.2.1.3 JPEG2000

JPEG2000 由联合照片专家组开发，对应的国际标准为 ISO15444。JPEG2000 格式常见的扩展名为 jp2，主要采用基于 WT（Wavelet Transform，小波变换）的变换编码，支持有损和无损压缩，支持渐进传输和感兴趣区域特性。

在有损压缩模式下，与 JPEG 格式相比，JPEG2000 没有方块效应（马赛克失真），主要是模糊失真（JPEG 压缩也存在模糊失真的问题）。就图像整体压缩性能而言，在低压缩比情况下（压缩比小于 1∶10），JPEG 格式的图像品质有可能好于 JPEG2000 格式；在高压缩比情况下（压缩比大于 1∶100），JPEG2000 格式优势明显。就整体而言，JPEG2000 格式的压缩性能比 JPEG 提高 20% 以上。但是，目前很多网络浏览器不支持 JPEG2000 格式。

3.2.1.4 DjVu

DjVu 格式是美国 AT&T 实验室开发，是一种开放的文件格式，文件格式规范与参考库的源代码都公开发布。商业开发的所有权几年来被转给了不同的公司，包括 AT&T 和 LizardTech。原来作者维护一个 GPL 实作 / 实现，称为 DjVuLibre。DjVu 格式支持图像分层、渐进载入、OCR 文本层等。DjVu 格式将图像分为背景层（纹理和图片）、前景层（文本和线条）和掩码层（形状库），通过分离文字和背景，DjVu 可以用高分辨率来显示文字，使锐利边缘得以保留，并最大限度地提高可辨性，用较低的分辨率来显示背景图，保证了整个图像的质量。DjVu 格式图像的清晰度决定于分辨率、压缩比和分层方式。

DjVu 支持 JB2 和 IW44 两种压缩方式，JB2 与 JBIG2[①] 类似，IW44 是基于小波变换的压缩编码方法，与 JPEG2000 类似。JB2 可以实现编码无损压缩，IW44 可以实现视觉无损压缩。DjVu 格式通常使用 JB2 压缩文字，使用 IW44 压缩背景，在同等的图像品质下获得更高的压缩比，或在相同的压缩比下获得更高的图像品质。对于同时包含文字和图像的彩色图像而言，DjVu 文件在同等质量下通常比 JPEG 文件小 5 至 10 倍，对于黑白图像而言，DjVu 文件通常比 JPEG 文件小 10 至 20 倍[②]。

3.2.2 图像压缩

若普通文献为标准十六开（A4，272×196mm），扫描分辨率为 300dpi，扫描后保存为非压缩 TIFF 文件，二值扫描图像为 917KB，八阶灰度扫描图像为 7.1MB，真彩 24 位扫描图像为 21.2MB；若普通文献为标准三十二开（196×136mm），扫描分辨率为 300dpi，扫描后保存为非压缩 TIFF 文件，二值扫描图像为 463KB，八阶灰度扫描图像为 3.55MB，真彩 24 位扫描图像为 10.6MB。若文献的开本更大，或采用更高分辨率进行扫描，图像文件将更大。为了保证长期保存的经济性和网络传输的快捷性，必须要对图像文件进行压缩。

3.2.2.1 图像压缩的意义

非压缩的图像文件较大，不利于长期保存和网络传输。以数字方志项目为例，共扫描（分辨率 300dpi，RGB 模式，真彩 24 位，按筒子页进行扫描，保存为非压缩 TIFF 文件）地方志 6868 种（3349651 叶），刻录光盘 26930 张（DVD，每张刻录数据量不超过 4.2GB），存放光盘用的光盘柜（每

---

① JBIG（Joint Bi-level Image Experts Group，联合二值图像专家组）是一个二值图像压缩标准，也可用于灰度图像以及每个像素使用有限个比特的彩色图像。JBIG2 是 JBIG 的改进版本。

② 王国庆，董秋生．DjVu 是值得推崇的数字图书馆存储格式［J］．中华医学图书情报杂志，2008（5）：62-64．

个光盘柜存放 2000 张）每个占地面积为 2.5 平方米（包括光盘柜的底面积和光盘柜间的通道面积），保存数字方志的全部光盘至少需要 14 个光盘柜，需要的库房面积不少于 35 平方米。按上述数据计算，数字方志项目的图像文件平均大小为 34.58MB。

图像压缩可以有效地减少数据量，节省用于保存的空间，加快网络传播速度。面向长期保存，应采用无损压缩；面向网络传输，应采用有损压缩，依据项目的需求，选择合适的压缩比。

3.2.2.2　图像压缩算法

图像压缩的目的是减少表示数字图像时需要的数据量，图像压缩过程就是将二维像素阵列变换为一个在统计上无关联的数据集合。图像数据之所以能被压缩，就是因为数据中存在着冗余。图像数据的冗余主要表现为：图像中相邻像素间的相关性引起的空间冗余，图像序列中不同帧之间存在相关性引起的时间冗余，不同彩色平面或频谱带的相关性引起的频谱冗余。数据压缩的目的就是通过去除这些数据冗余来减少表示数据所需的比特数。

图像压缩可分为有损压缩和无损压缩。无损压缩方法可分为两大类：基于统计概率的方法（霍夫曼编码、算术编码等）和基于字典技术的方法（RLC 编码、LZW 编码等）。有损压缩方法主要有：像素抽样、色度抽样、变换编码（DCT 编码、WT 编码等）、分形压缩等。

除了上述压缩方法，还有一些图像压缩机制的特性：渐进编码（progressive coding），包括质量渐进（Quality progressive）、分辨率渐进（Resolution progressive）和成分渐进（Component progressive）。感兴趣区域编码（Region of interest image coding），即图像某些部分的编码质量要高于其他部分。

3.2.2.3　图像压缩参数

在现有的图像化项目中，至少将图像数据分为保存级和服务级，保存级用于长期保存、出版、文献提供等应用，服务级用于读者服务等应用。保存级图像通常采用无损压缩，服务级图像通常采用有损压缩。依据项目的需求和文献的具体情况，选择合适的压缩比。压缩方法和压缩比的选择将决定压缩后的图像品质，也影响着压缩图像的可用性。

图像压缩效果评价可分为客观评价和主观评价。客观评价使用信噪比或峰值信噪比等数据。信噪比表示图像有损压缩带来的平均噪声，峰值信噪比表示图像有损压缩带来的噪声最大值。客观评价可以量化，通过计算得到客观评价数据，通过数值反映图像压缩的效果。而主观评价是用户看图后的主观感受，比客观评价数据更有说服力，能直接反映图像压缩的效果。目前，常用的有损压缩格式有 JPEG、JPEG2000 等。

例如，选取［民国］宝山县续志中的三叶作为试验样本，如图 3–17 所示：

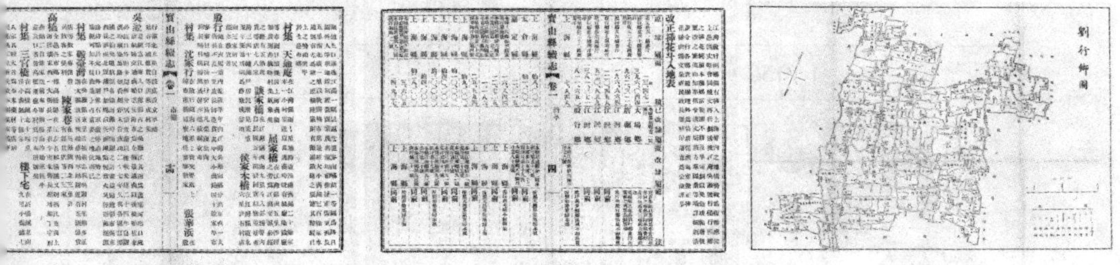

图 3–17　有损压缩试验样本

采用 300dpi 彩色扫描，使用 Luratech LuraWave JP2 Photoshop Plugin 进行压缩，选择 1∶10、1∶50、1∶150 和 1∶300 四种压缩比，图像品质如表 3–2 所示。

表 3–2　图像有损压缩效果对比表

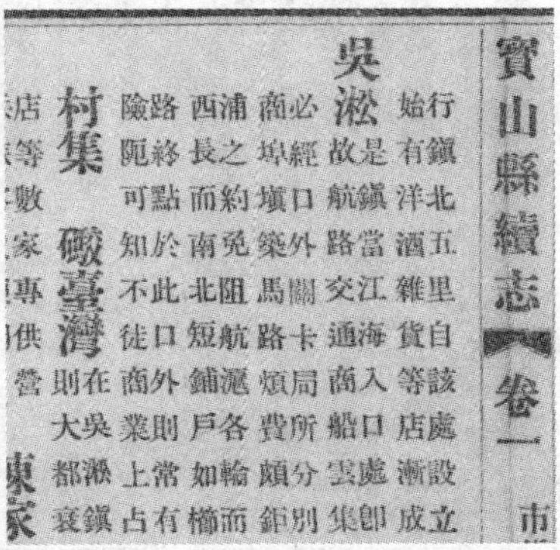	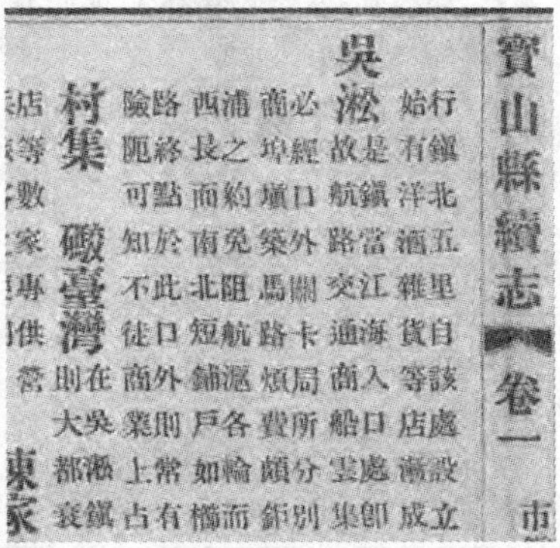
1∶10	1∶50

（续表）

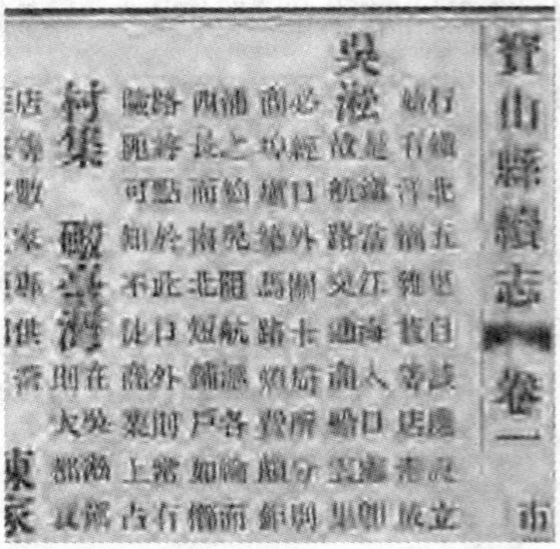 寶山縣續志 卷一	 寶山縣續志 卷一
1：150	1：300
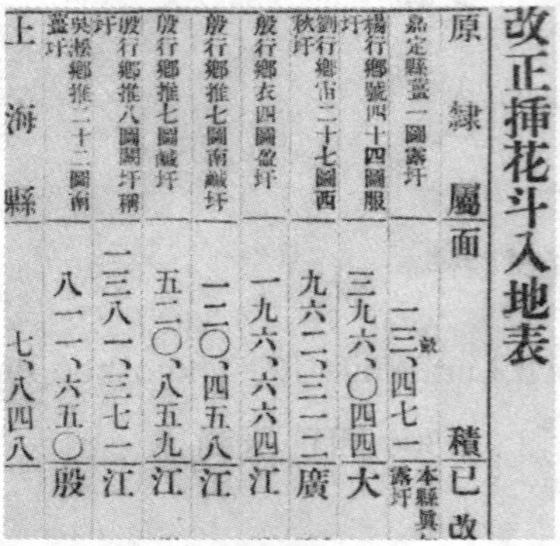 改正插花斗入地表	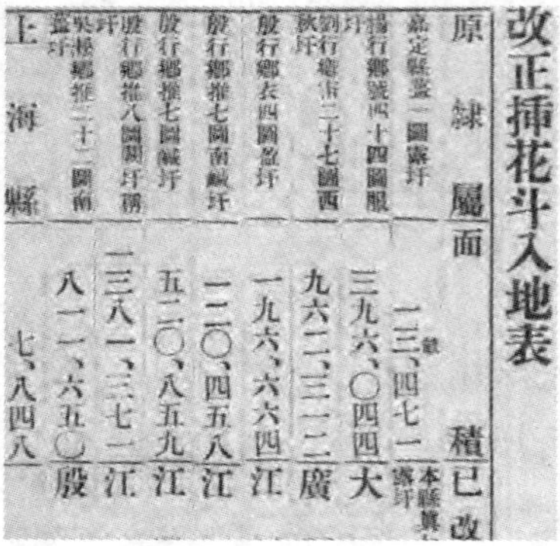 改正插花斗入地表
1：10	1：50
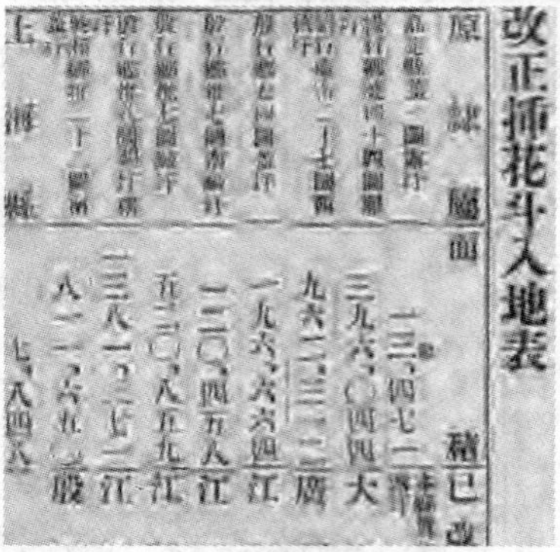 改正插花斗入地表	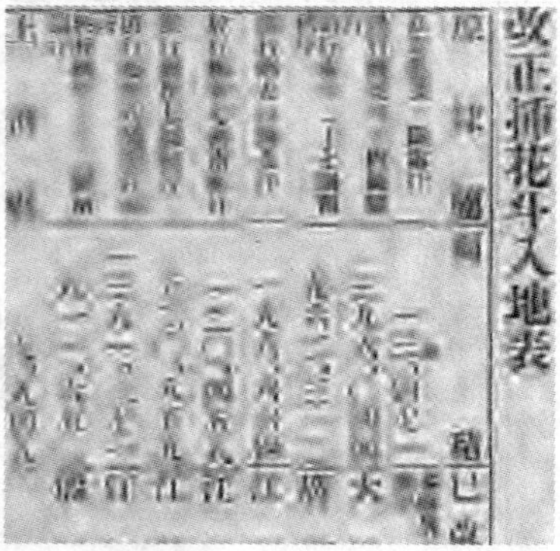 改正插花斗入地表
1：150	1：300

（续表）

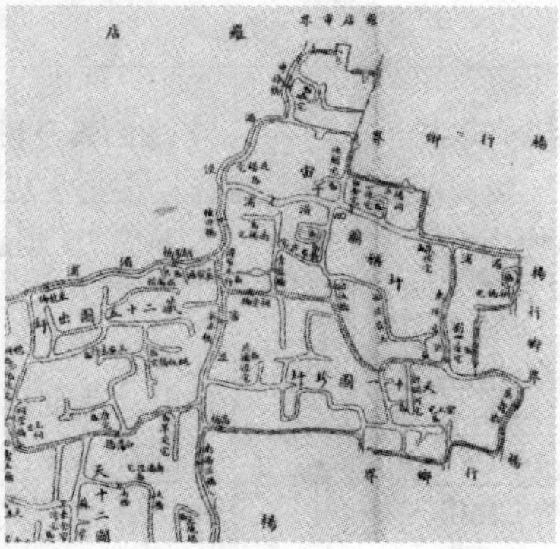	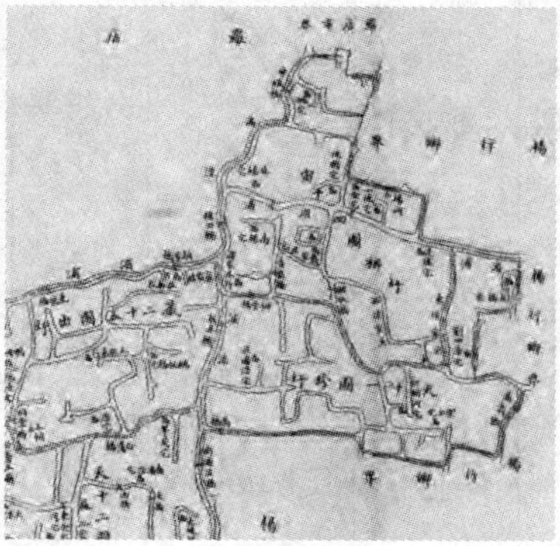
1∶10	1∶50
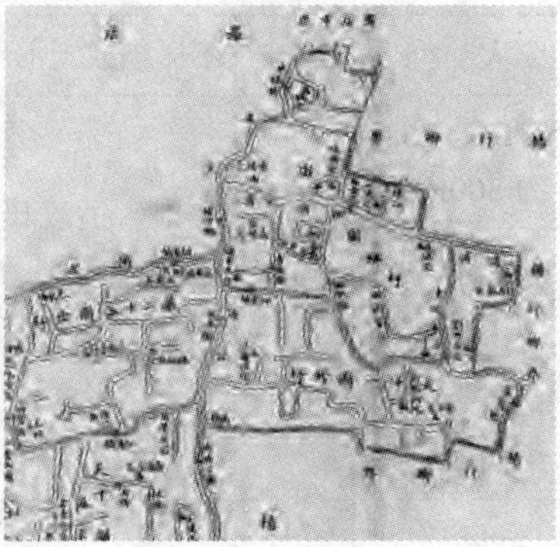	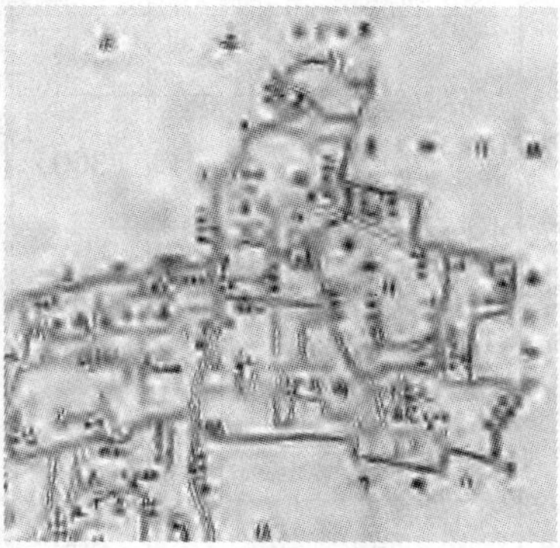
1∶150	1∶300

通过表 3–2 不难看出，当压缩比达到 1∶150，图像的失真较为明显，图像的失真程度除了与压缩比有关，还与原图中文字的大小有关。文字越小，高压缩比下的失真越明显。在数字化项目中，尽量选择较低的压缩比，若扫描分辨率为 300dpi，压缩比通常不高于 1∶100，最好采用 1∶50。如果要采用 1∶100 以上的压缩比，通常采用可变压缩比，依据图像中最小字的大小来确定压缩比。国家图书馆的图像数据压缩参数和保存格式如表 3–3 所示。

表 3-3　国家图书馆的图像压缩参数于保存格式

<table>
<tr><th rowspan="2">文献类型</th><th rowspan="2">载体规格</th><th rowspan="2" colspan="2">文件级别</th><th colspan="6">主要参数</th></tr>
<tr><th>分辨率（DPI）</th><th>色彩</th><th>尺寸</th><th>文件格式</th><th>考虑因素及说明</th></tr>
<tr><td rowspan="12">照片等印制品</td><td rowspan="4">大于 B5</td><td colspan="2">保存级</td><td>400</td><td rowspan="4">灰度或彩色</td><td>原大</td><td>TIFF</td><td>不压缩或无损压缩</td></tr>
<tr><td rowspan="3">服务级</td><td>L</td><td>300</td><td>1024×768，约 300KB</td><td rowspan="3">JPEG</td><td rowspan="3">有损、适度压缩；大图建议压缩值=6；图像尺寸成比例缩放</td></tr>
<tr><td>M</td><td>150</td><td>800×600，约 150K</td></tr>
<tr><td>S</td><td>72</td><td>120×100，约 30K</td></tr>
<tr><td rowspan="4">4′×5′
8′×10′</td><td colspan="2">保存级</td><td>500</td><td rowspan="4">灰度或彩色</td><td>原大</td><td>TIFF</td><td>不压缩或无损压缩</td></tr>
<tr><td rowspan="3">服务级</td><td>L</td><td>300</td><td>1024×768，约 300KB</td><td rowspan="3">JPEG</td><td rowspan="3">有损、适度压缩；大图建议压缩值=6；图像尺寸成比例缩放</td></tr>
<tr><td>M</td><td>150</td><td>800×600，约 150K</td></tr>
<tr><td>S</td><td>72</td><td>120×100，约 30K</td></tr>
<tr><td rowspan="4">小于 4′×5′</td><td colspan="2">A</td><td>800 以上</td><td rowspan="4">8 位灰度/彩色</td><td>原大</td><td>TIFF</td><td>不压缩或无损压缩</td></tr>
<tr><td rowspan="3">服务级</td><td>L</td><td>500</td><td>800×600，约 300KB</td><td rowspan="3">JPEG</td><td rowspan="3">有损、适度压缩；大图建议压缩值=6；图像尺寸成比例缩放</td></tr>
<tr><td>M</td><td>300</td><td>500×300，约 300KB</td></tr>
<tr><td>S</td><td>150</td><td>120×100，约 30K</td></tr>
</table>

3.2.3　图像保存

图像数据可以采用文件、数据库等多种形式保存，文件是图像数据保存的基本形式，图像文件可以直接导入数据库或转换为其他形式保存。在本书中主要讨论图像文件的保存，既包括图像文件的命名，也包括图像文件的存储。

3.2.3.1 图像文件命名

为了区分不同的文件，必须给每个文件命名，计算机对文件实行按名存取的操作方式。DOS 操作系统规定文件名由文件主名和扩展名组成，文件主名由 1 到 8 个字符组成，扩展名由 1 到 3 个字符组成，主名和扩展名之间由一个小圆点隔开。Windows 允许使用长文件名，文件名最长可以使用 255 个字符，可以使用扩展名，扩展名用来表示文件类型，也可以使用多间隔符的扩展名，但其文件类型由最后一个扩展名决定，文件名中允许使用空格，但不允许使用 < > / \ | : " * ? 等字符。Windows 系统对文件名中字母的大小写在显示时有不同，但在使用时不区分大小写。UNIX/LINUX 系统区分文件名的大小写，对扩展名不敏感。

图像化项目中图像文件名主要有两种类型：流水号和包含特定信息的文件名。流水号简单易用，但是体现不出任何与文献或项目有关的信息，会给后续的文件管理和使用造成麻烦。包含特定信息的文件名格式比较复杂，可以包含机构名称、项目名称、加工时间、种次、卷次、页次、类型等信息，通过上述信息可以唯一确定一个图像数据文件。图像文件名主要有两种形式：定长文件名和变长文件名。定长文件名通过固定的位数和先后顺序来识别信息，变长文件名通过分隔符来识别信息。

以 CADAL 项目为例，为了便于管理，所有加工图书均采用统一编号。编号长度为 8 位，分为 2 段，格式为“AADDDDDD”。其中，AA 代表资源加工中心代号；DDDDDD 为 6 位流水号，是对应某一本图书的唯一标识。在图书编号中，6 位流水号可由资源中心自己分配和管理，但应确保本中心范围内加工的每本图书与编号一一对应，不能出现一本书重复加工，使用两个编号的情况，或一个编号被两本书同时使用的情况。扫描图像必须与原页面一一对应，不得出现颠页、缺页、重页或错页情况。图像按流水顺序以 tiff 格式保存，文件名自 00000001.tif 依次排布[①]。

---

① CADAL 技术规范［OL］.［2011-11-30］. http://www.cadal.net/cnc/cn/jsgf/jsgf.htm.

文件命名的主要有两种形式：（1）目录体系结合文件名，将机构名称、项目名称、加工时间、种次、卷次、页次、类型等信息用多层次的文件夹和文件名来共同表示。（2）长文件名，将机构名称、项目名称、加工时间、种次、卷次、页次、类型等信息只用文件名来表示。

以 TELDAP 的地方志影像编码原则为例，地方志影像扫描以每册为单位，影像档案目录分为三层：书册号（BRN）、登录号、页码。以页码为文件名，文件名中英文字母皆为小写，扩展名为“tif”。如台北市志的第 100 页（BRN：92018948，登录号：1176158），文件命名为/92018948/1176158/00000100.tif。第一层为书册号，长度不固定，皆为数字，参考扫描清单与书籍之标示；第二层为登录号，长度不固定，皆为数字，参考扫描清单与书籍之标示；第三层为页码，档名长度共 8bytes，依原书内容页码编页。第一页的文件名为“00000001.tif”。内文第 1 页前面之各页（即非正文部分），如封面、目次、封底等，自封面起依序计数，页码第一位加“a”以区别之，如：“a0000001.tif”。内文后面多出且原本未编页码之各页，但与前面之本文有关（如附录、图表、参考数据等）依原文最后之页码续编。原文编有页码或实际有占页码但未编页码之空白页或广告页等仍依原顺序编码扫入。原文未编页码且为多余之空白页（亦即不占页码）跳过不扫。内文中之插页，如原文未编页码，则于接续之前页后加“_”连续编码。如：在 86 页至 87 页间插页 2 页但未编码，文件命名为“000086_1.tif”和“000086_2.tif”。原文若分左、右版面页码者，左版页码需以 L（小写）区别，右版页须以 R（小写）区别。如页左 133 文件命名为“l0000l33.tif”，文件命名为“r0000012.tif”。正文若同时有两组页码标示者，例如一组各章节从 1 编页，一组为总页码者，则扫描取该书册目次所标示之页码为准①。

再以数字方志项目为例，图像文件名为定长文件名，格式为SZFZXXXXXXXXXX，SZFZ 表示数字方志项目，后 10 位数字表示书号（4

① 地方志影像编码原则［OL］.［2011-11-30］. http：//www2.ndap.org.tw/eBook08/showContent.php?PK=159.

位）、卷号（3 位）和叶号（3 位）。例如：SZFZ0001001001，表示［光绪］通州志卷一第一叶。

3.2.3.2　图像文件存储

图像文件通常存储在光盘、磁盘、磁带等介质上，文献存储首先要考虑安全性，同时还要考虑易用性、稳定性、存储成本等其他因素。

1. 光盘

光盘是一种光学存储介质，通过聚焦激光束作用于光盘来存储和读取信息。常见光盘有 CD（COMPACT DISK）、DVD（Digital Versatile Disc）、BD（Blu-ray Disc）等几类。CD 包括 CD-ROM、CD-R、CD-RW、CD-DA、CD-G 等规格，容量为 700MB（5 寸 CD）；DVD 包括 DVD-ROM、DVD-Video 、DVD-Audio、DVD-R、DVD-RAM 等规格，容量规格包括 DVD-5（单面单层 DVD，标称容量 4.7GB，实际容量 4.48GB）、DVD-9（单面双层 DVD，标称容量 8.5GB，实际容量 7.92GB）、DVD-10（双面单层 DVD，标称容量 9.4GB，实际容量 8.75GB）、DVD-14（单面单层 + 单面双层 DVD，标称容量 13.2GB，实际容量 12.4GB）和 DVD-18（双面双层 DVD，标称容量 17GB，实际容量 15.8GB）。BD 包括 BD M、BD-R、BD-RW 等规格，容量规格包括、单层（25GB）、双层（50GB）、三层（100GB）和四层（128GB）。光盘的物理结构可分为五层，包括基板、记录层、反射层、保护层和印刷层。基板是光盘的载体，通常采用无色透明的聚碳酸酯板；记录层（染料层）是烧录时刻录信号的区域，一次性刻录光盘主要采用有机染料，可重复擦写光盘主要采用碳性物质；反射层是反射光驱激光光束的区域，借反射的激光光束读取光盘片中的资料，其材质为纯度为 99.99% 的纯银金属；保护层用来保护光盘中的反射层和染料层，其材质为光固化丙烯酸类物质，某些光盘还要加入胶合部分；印刷层就是光盘的背面，用于标明容量、客户标识等信息，还对光盘有一定的保护作用。受物理结构的限制，光盘比较容易损坏，抗压程度低，易划伤；光盘对保存环境要求较高，最适宜光盘长期保存的条件是低温干燥、恒温恒湿的环境，温度范围是 14 至 24 度，相对湿度范围是 45% 至 60%，且每天温度的变动不应超过正负 2 度，湿度每天的变化范围不要超过正负

5%，同时还要注意防光、防尘、防有害气体（硫化氢、二氧化硫等酸性气体）[①]。

2. 硬盘

硬盘（Hard Disc Drive）是磁盘的一种，由一个或者多个铝制或者玻璃制的碟片组成，碟片外覆盖磁性材料，碟片在主轴马达带动下旋转，磁头在碟片上写入或读取信息，硬盘的所有动作都在硬盘控制器控制下完成。硬盘的大部分组件都永久性地密封在硬盘驱动器内部。硬盘接口有 IDE（Integrated Drive Electronics）、SATA（Serial Advanced Technology Attachment）、SCSI（Small Computer System Interface）、FC（Fiber Channel）、SAS（Serial Attached SCSI）等。目前，单个硬盘的最大容量已达到 3GB。硬盘还可以组成磁盘阵列，即独立磁盘冗余阵列（RAID，Redundant Array of Independent Disks），RAID 为存储系统提高传输速率，提供容错功能。RAID 等级包括 JBOD、RAID 0、RAID 1、RAID 2、RAID 3、RAID 4、RAID 5、RAID 6、RAID 7 等。不同的 RAID 等级提供了不同传输速度和可靠性，以 RAID 0 和 RAID 1 为例，两块硬盘组成 RAID 0，RAID 控制器将数据分成数据块分别保存在两块硬盘上，硬盘利用率为 100%。RAID 0 提高了数据传输速率，理论上提高到原来的 2 倍，实际上提高到 1.6 倍左右。但是 RAID 0 没有容错功能，如果一块硬盘损坏，所有数据都无法使用。两块硬盘组成 RAID 1，RAID 控制器同时对两块硬盘进行读操作和写操作，形成镜像结构，硬盘利用率为 50%。RAID 1 提供强大的容错功能，任何一块硬盘损坏都可以从镜像盘恢复数据。但是 RAID 1 不能提高数据传输速率。除了上述 RAID 等级，还可以将两种 RAID 等级进行组合，如 RAID 01、RAID 10、RAID 30、RAID 50、RAID 55 等。此外，还有其他的 RAID 方式，如 RAID1E、RAID5E、RAID5EE、RAID ADG、Matrix RAID、NV RAID、DVRAID 等。与光盘相比，硬盘对保存环境的要求不高，但必须要远离强磁场，可以使用防磁柜或定期加电运行。

---

① 周美英. 馆藏光盘的保护［J］. 四川文理学院学报（社会科学），2008（4）：119-120.

3. 磁带

磁带是一种用于记录声音、图像、数字或其他信号的载有磁层的带状材料，是产量最大和用途最广的一种磁记录材料。磁带与磁带机、磁带库等硬件设备、管理软件共同构成磁带存储系统，磁带存储系统也包括自动加载磁带机和磁带库。目前在磁带存储上应用的主要技术有以下四种 DDS（Digital Data Storage，数字数据存储）、LTO（Linear Tape-Open，开放线性磁带）、DLT（Digital Linear Tape，数码线性磁带）和 AIT（Advanced Intelligent Tape，先进智能磁带）。DDS 是一种由 DAT（数字音频磁带）演变而来的数据存储格式，是专门为计算机数据存储的可靠性而设计的。DDS 定义为一种国际标准，并被众多厂家所采用；LTO 是一种全新的磁带格式规范方式，旨在将开放式标准以及更高的可扩展性、可靠性和自动化推向开放系统磁带备份市场，LTO 规范是由 IBM、HP、Seagate 三家共同开发；DLT 源于 1/2 英寸磁带机，由 DEC 和 Quantum 公司联合开发。由于磁带体积庞大，主要定位于中、高级的服务器市场与磁带库系统；AIT 具有螺旋扫描、金属蒸发带等先进技术，AIT 的数据保护性能比较突出，目前索尼和 Spectra Logic 公司都在大力的推广采用 AIT 的产品①。与磁盘相比，磁带存储的存储量巨大，体积小；磁带介质稳定，可靠性较高，不容易被改写；单位容量成本较低，且不需要冷却系统。

图像化项目，尤其是大型图像化项目，生成的图像文件至少可以分成服务级和保存级。服务级文件容量较小，对存储系统的响应时间有很高的要求；保存级文件容量巨大，不需要直接提供使用，对存储的安全性有很高的要求。因此，光盘、磁盘、磁带等介质都有应用的价值。以数字方志项目为例，服务级数据用磁盘阵列保存，作为在线存储；保存级数据用磁带库保存，作为近线存储；为了异地备份的需要，服务级和保存级数据同时用光盘保存，作为离线存储。

---

① 陈小兵．掌握“盘带技术”——磁盘存储和磁带存储比较［J］．网管员世界，2008（3）：97-99．

3.3 图像数据发布

读者阅读纸本文献是先看书的封面，确定是否是自己想读的书，然后既可以浏览全书或书的任意部分，也可以依据目录找到自己所需的内容，再跳转到相应的页。文献图像化以后变成线性的图像序列，逐页浏览或从任意页开始浏览。若要模拟纸本文献阅读的全部过程，就必须对文献和目录进行标引，并有数据库和软件的支持。图像数据、标引数据和其他功能性数据导入数据库后形成图像库，图像库与应用软件或客户端共同构成图像数据应用系统。

3.3.1 图像数据标引

图像数据标引可分为书目标引和目录标引两类。书目标引的目的是文献揭示，与传统的书目数据区别不大。而目录标引是揭示文献的卷篇、篇章的信息，使用户可以直接跳转到所需的页。

3.3.1.1 普通文献的图像数据标引

普通文献的图像数据标引较为简单，因为普通文献的题名、著者、出版等信息非常明确，目录和页码标注清晰，直接引入书目数据，并将目录转换为结构数据即可。以《龙泉县志》为例，书目标引数据如表 3-4 所示，目录数据如表 3-5 所示。

表 3-4 《龙泉县志》书目标引数据

题　名	龙泉县志
题名拼音	long quan xian zhi
ISBN	7-4532-0110-0
责任者	林世荣
其他责任者	浙江省龙泉县志编纂委员会
出版社	汉语大词典出版社

（续表）

题　名	龙泉县志
出版地点	上海
出版时间	1994
载体形态	780 页
从编项	
主题词	地方志　浙江—地方志　龙泉—地方志
中图分类号	K295.54
提要	本书记载浙江省龙泉县自然、政治、经济、军事、人文个方面的历史和现状。上限力求上溯，下限迄于 1988 年。
附注说明	

表 3-5 《龙泉县志》目录标引数据

book_id	serial_num	chapter_num	chapter_name	page_num	ppage_num	page_place	page_prop
FZ110001	000	000	目录	55		C	1
FZ110001	001	000	封面	1		A	0
FZ110001	002	000	序	5	1	B	0
FZ110001	003	000	凡例	9	1	B	0
FZ110001	004	000	概述	11	1	B	0
FZ110001	005	000	大事记	17	7	B	0
FZ110001	006	001	第一编政区	66		T	0
FZ110001	006-001	001	第一章沿革	66	2	T	0
FZ110001	006-002	001	第二章境域	67	3	T	0
FZ110001	006-003	001	第三章区划	67	3	T	0
FZ110001	006-004	001	第四章县城	80	16	T	0
FZ110001	006-004-001	001	第一节严格	80	16	T	0

（续表）

book_id	serial_num	chapter_num	chapter_name	page_num	ppage_num	page_place	page_prop
FZ110001	006-004-002	001	第二节现状	80	16	T	0
……							
FZ110001	027	022	第二十二编文选			T	0
FZ110001	027-001	022	一、诗词	796	732	T	0
FZ110001	027-002	022	二、文萃	806	742	T	0
FZ110001	027-003	022	三、书信	820	756	T	0
FZ110001	027-004	022	四、诗词	825	761	T	0
FZ110001	027-005	022	五、文告	830	766	T	0
FZ110001	028	023	编后记	841	777	Z	0
FZ110001	029	023	龙泉县志编纂机构及编写人员名单	843	779	Z	0
FZ110001	030	023	封底	846		Z	0

书目标引数据包括题名、题名拼音、ISBN、责任者、其他责任者、出版社、出版地点、出版时间、载体形态、从编项、主题词、中图分类号、附注说明等，书目数据（MARC 格式）与书目标引数据的对应关系如表 3-6 所示。目录标引数据包括 book_id、serial_num、chapter_num、chapter_name、page_num、ppage_num、page_place、page_prop 等。book_id 表示文献编号、serial_num 表示目录层级、chapter_num 表示目录第一级序号、chapter_name 表示目录名称、page_num 表示图像流水号、ppage_num 表示文献页码、page_place 表示文献页类型、page_prop 是否为目录页等。

表 3-6　书目数据（MARC 格式）与书目标引数据的对应关系表

书目标引数据	书目数据（MARC 格式）
题名	200$a

（续表）

书目标引数据	书目数据（MARC 格式）
题名拼音	200$9
ISBN	010$a
责任者	200$f
其他责任者	200$g
出版社	210$c
出版地点	210$a
出版时间	210$d
载体形态	215$a 215$c
从编项	225$a
主题词	606$a 607$a 607$x
中图分类号	690$a
提要	330$a
附注说明	300$a

3.3.1.2　古籍的图像数据标引

相对普通文献，古籍的情况更为复杂，古籍图像标引的难度更大，下面将重点讨论古籍图像数据的标引。

古籍图像数据标引的基本原则是客观性和实用性。客观性是指古籍图像数据标引必须来源于古籍文献，不能加入标引人员的看法和观点，标引数据的内容和标引数据的指向必须正确无误。而实用性是指古籍图像数据标引要支持古籍图像数据的检索，尽可能满足用户的检索需求，提高古籍图像数据的可用性，在不影响标引客观性的前提下，可以对标引数据进行必要的规范化处理。

古籍图像的书目标引数据与普通文献类似，此处不再赘述。古籍图像的标引数据按照具体标引对象的不同大致分为以下三类：面向文件的标引数据、面向目录的标引数据和面向内容的标引数据。这三种类型的标引数据从不同角度来揭示古籍图像数据，它们各具特点，在古籍图像化项目中也都有使用。

1. 面向文件的标引数据

面向文件的标引数据（以下简称文件标引数据）是以每一个古籍图像文件为标引对象，同时标引古籍图像文件所属的卷册和古籍题名。文件标引数据简单直接，标引到每一个图像文件，但是不能完整揭示目录信息。以东京大学东洋文化研究所所藏汉籍善本全文影像资料库[①]为例，该系统采用了文件标引数据方式，如图 3-18 所示。

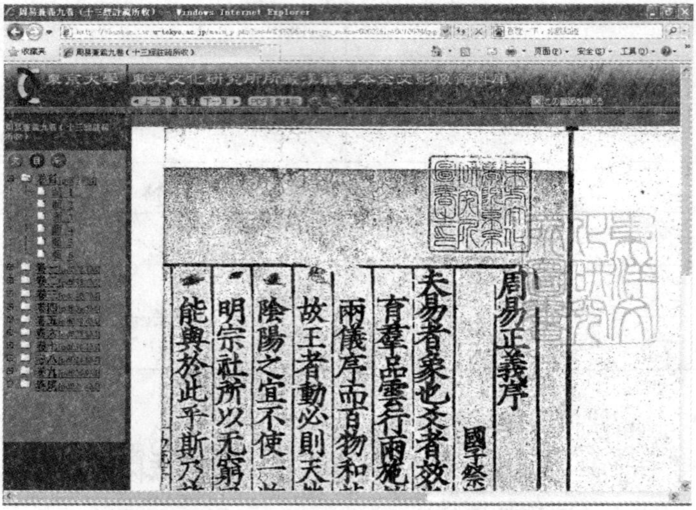

图 3-18　面向文件的标引数据示例

文件标引数据要标引古籍的题名、卷数（或册次）和页号（古籍图像文件流水号），古籍不分卷或全一册时只标引题名和页号，例如信札、拓片等。由于文件标引数据要标引到每一个古籍图像文件，古籍图像化的方式会将直接影响文件标引数据的样式，如古籍图像的页面划分、空白叶处理、缺漏叶处理等。古籍图像化的页面划分主要有筒子页、半叶、双半叶等类型。同一部古籍采用不同的页面划分方式，文件标引数据如表 3-7 所

① 东京大学东洋文化研究所所藏汉籍善本全文影像资料库［OL］.［2011-11-30］http：//shanben.ioc.u-tokyo.ac.jp/

表 3–7　文件标引数据示例

页面划分方式	筒子页	半　叶	双半叶
图像	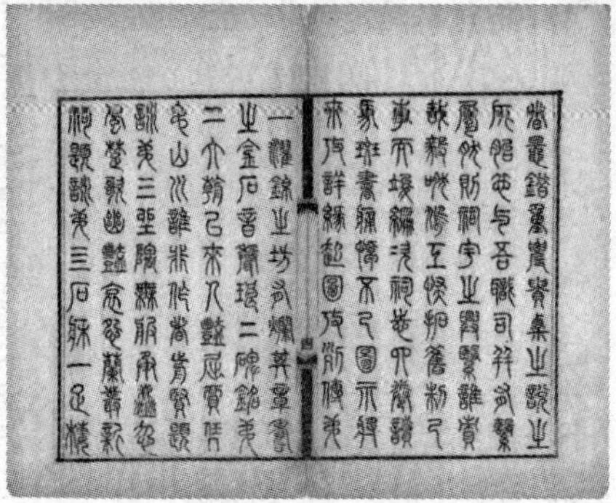	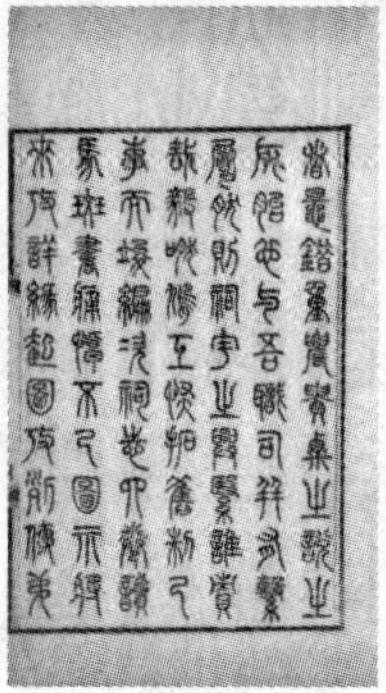	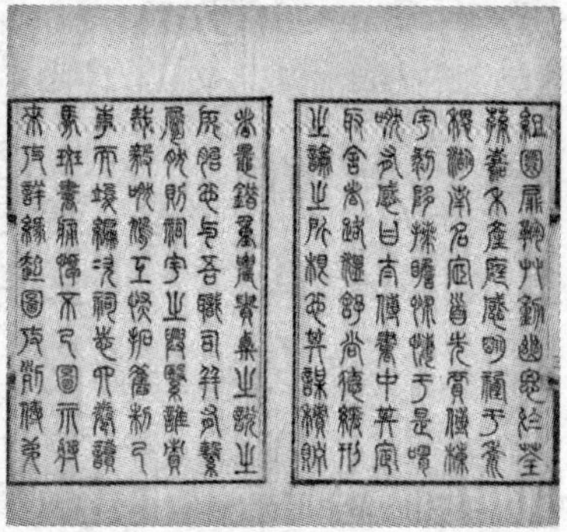
文件标引数据	卷一 ——第一叶 ——第二叶 ——第三叶 …… ——第三十叶	卷一 ——第一叶A面 ——第一叶B面 ——第二叶A面 …… ——第三十叶B面	卷一 ——第一面 ——第二面 ——第三面 …… ——第三十面

示。文件标引数据使用古籍图像文件流水号作为页号，若整部书使用一组流水号，除了卷首或卷一以外，其他卷的页号与版心上的叶号不一致，也没有简单的类推关系，如图 3-18 所示。若整部书的每一卷（或册）使用一组流水号，各卷的页号与版心上的叶号基本一致，除了封面封底、空白叶、缺漏叶、重叶、版心叶号不连续等情况。即使存在上述情况，各卷页号与版心叶号相差不大，通过简单类推可以得到，基本不影响用户使用。

2. 面向目录的标引数据

面向目录的标引数据（以下简称目录标引数据）是以古籍目录所对应的古籍图像文件为标引对象，即题目、卷目（册次）、篇目等所在的古籍图像文件。目录标引数据能够充分揭示目录信息，但是不能标引到每一个图像文件。通过目录标引数据，用户可以方便快捷地翻检到自己所需要阅读的内容，作用相当于目录和篇目索引。目录标引体现了古籍的特点，支持浏览、检索等应用。

依据古籍一般的编纂特点，按照书目、卷次、篇目等顺序逐级标引。书目是一级类目。书目信息是古籍图像库必备的著录项目，是引领读者使用数字化古籍的基本途径。著录内容包括正题名、卷数、著者、版本信息、载体形态、附注信息等。卷次目录是二级类目。它包括古籍的卷次号和卷次题名。作为中间级别的目录，它上连书目记录，下连篇目记录，在数据库中可以使用户方便地确定检索范围，起到提高数据检索效率的作用。此外，卷次目录主要反映一部古籍的编纂体例，而卷次题名则能够反映一部古籍的主要内容构成。篇名目录是第三级目录，是较小著录单位，也是较为接近检索内容的检索点。古籍目录标引数据与普通文献的目录标引数据类似，如表 3-5 所示。

3. 面向内容的标引数据

面向内容的标引数据（以下简称内容标引数据），是以古籍中的特定内容为对象，即古籍中特定内容所在的古籍图像文件，功能与古籍专题索引（人名索引、地名索引等）类似。面向内容的标引数据能够在一定程度上揭示古籍中的特定内容，但是不能反映目录信息，也不能标引到每一个图像文件。内容标引数据可以与目录标引数据一起使用，提高检索工具的性能。

内容标引数据要标引古籍的题名、特定内容标目（人名、地名等）和标目所在的位置。以国家图书馆的中华寻根网项目[①]为例，该项目对家谱图像中的人物进行标引，如图 3-19 所示。标引数据的内容包括人物在图像中的位置、姓、名、讳、字、号、别称、谥号、性别、生、卒、世代、支派等。标引顺序按照支派、世代的先后顺序，同一支派的同一世代按照从右向左的顺序依次置标。

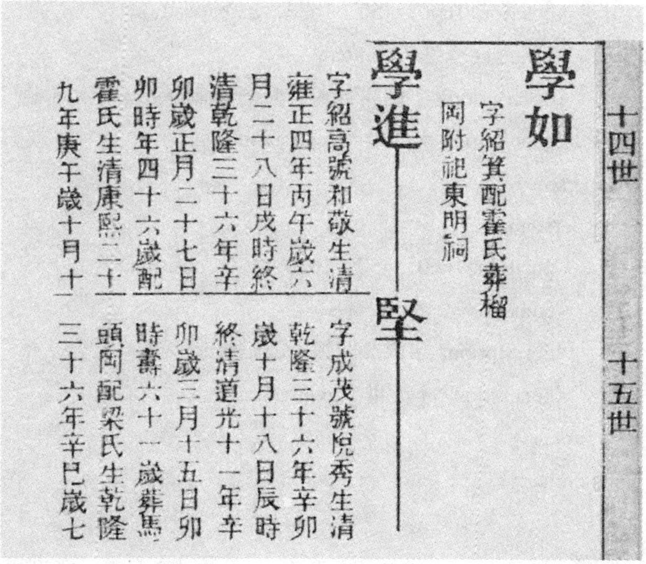

图 3-19　家谱图像数据（局部）

内容标引数据基于 XML（eXtensible Markup Language，可扩展标记语言），图 3-19 的内容标引数据如下：

……


```
- <data>
  - <personmark count="3">
    - <person id="1">
```


① 中华寻根网项目是建立在广泛合作基础上的以保存人类文明的共同记忆为最终目标的全球家谱数字化服务、教育和研究项目。中华寻根网项目建设始于 2008 年，目前已经取得了阶段性成果，完成了项目的系统模型、数据模型和软件系统，制作了姓氏数据 500 余条、家谱书目数据 30000 余条，完成 250 余万叶的家谱图像化。2010 年 10 月，“中华寻根网”开始线上测试，并于 2011 年 3 月 5 日正式开通上线，提供服务。

```
            〈position〉1500，150，1530，220〈/position〉
            〈content〉學如〈/content〉
            〈description〉字紹箕〈/description〉
            〈generation〉十四世〈/generation〉
        〈/person〉
        -〈person id="2"〉
            〈position〉1600，150，1630，220〈/position〉
            〈content〉學進〈/content〉
            〈description〉字紹高號和〈/description〉
            〈generation〉十四世〈/generation〉
        〈/person〉
        -〈person id="3"〉
            〈position〉1600，450，1630，480〈/position〉
            〈content〉堅〈/content〉
            〈description〉字成茂號悦〈/description〉
            〈generation〉十五世〈/generation〉
        〈/person〉
    〈/personmark〉
〈/data〉
……
```

3.3.2 图像库发布

图像数据、标引数据和其他功能性数据导入数据库后形成图像库，图像库发布和使用需要应用软件的支持。与其他图像阅读软件类似，图像库应用软件具备翻页（向前翻页和向后翻页）、跳页（跳转到指定页）、放大、缩小、翻转、复制、保存、打印等功能。图像库应用软件还应具备标引数据检索功能，以中国方志库[①]为例，其软件提供分类检索、区域检索、条

---

① 中国方志库是专门性的大型古籍数据库，主要收录历代地方志类典籍。由北京大学教授刘俊文总策划、总编纂、总监制，北京爱如生数字化技术研究中心开发制作。中国方志库分为五集，初集、二集、三集、四集收录历代省府州县志各2000种，五集收录全国总志及各类专志、杂志、外志2000种，自2009年至2015年出齐。

目检索、高级检索等。以条目检索为例，提供书名、作者、时代、版本和篇目检索，检索结果返回方志书目数据，书目数据包含书名、卷数、时代、作者、版本等信息，如图 3-20 所示。

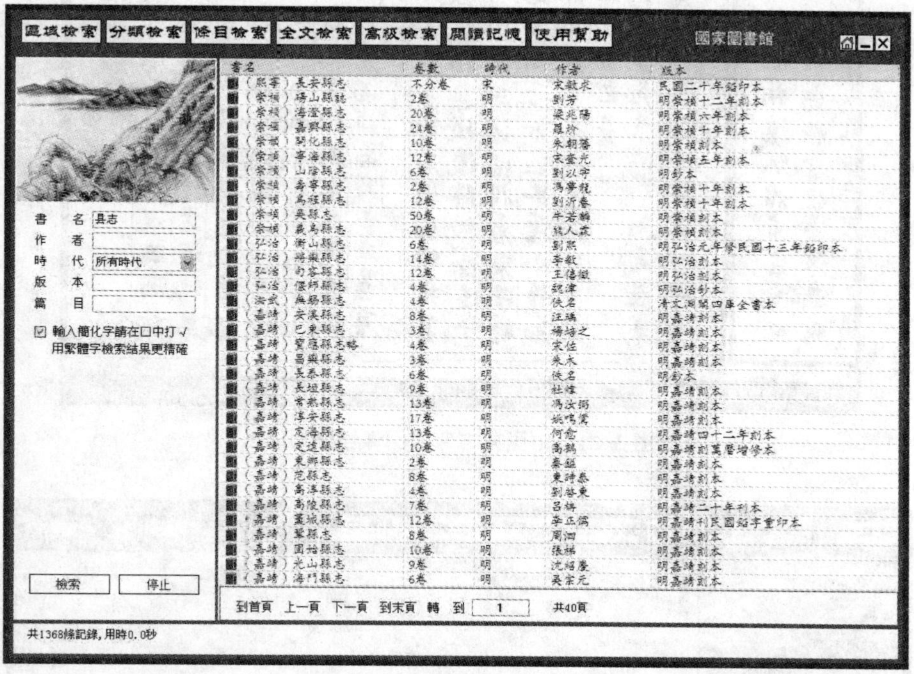

图 3-20　中国方志库的检索界面

除了上述功能外，中国方志库还支持一些特色功能。例如，中国方志库项目的文献图像化采用了半叶扫描方式，为了看清中缝文字、印在两个半叶上的插图和多叶表格等，中国方志库提供了连缀功能，如图 3-21 所示。地方志具有鲜明的地域特色，同一地域的方志又有综合志（省志、府志、州志、县志等）和专业志（山志、水志、寺志、祠志、游记等），综合志又有多次续修的情况，因此按地域检索就显得尤为重要。中国方志库支持按地区浏览目录，如图 3-22 所示。

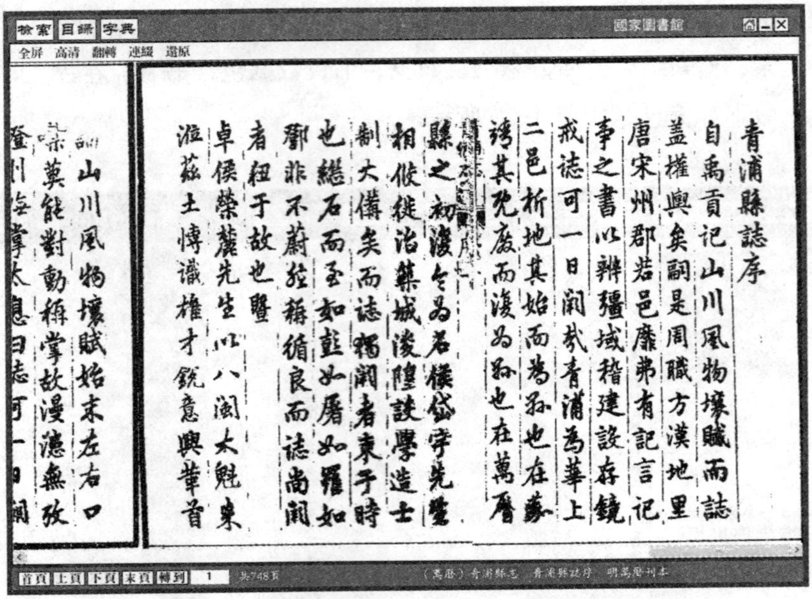

图 3-21　中国方志库的图像连缀功能

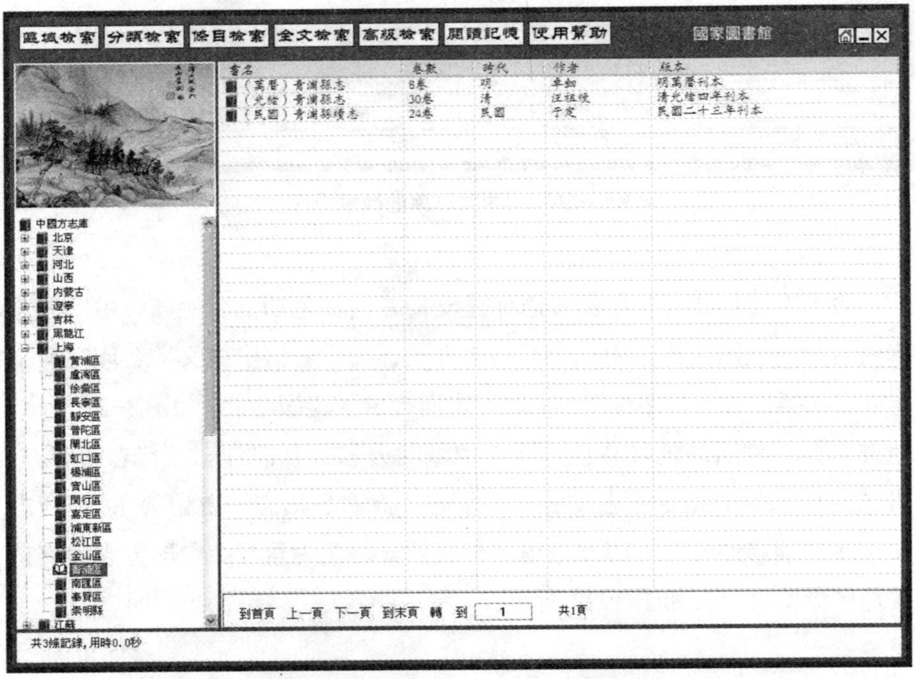

图 3-22　中国方志库的按地区目录浏览界面

3.4 图像化与文献保护

文献保护贯穿文献图像化项目的始终，其目的就是将图像化对文献的损坏降到最低。与普通文献相比，古籍保护更为重要。本书将重点讨论图像化与古籍保护，图像化过程中普通文献和民国文献的保护也可以参照或借鉴古籍的保护。

3.4.1 古籍原件的保护

图像化过程中要使用大量的古籍原件。要保护古籍原件，首先要充分了解古籍的文物和文化价值，同时要了解古籍破损及其原因，熟悉古籍保存保护的基本方法。

3.4.1.1 古籍定级

依据文化部制定的《古籍定级标准》[①]，古籍分为善本和普本两部分。将具有珍贵价值的善本划分为一、二、三级（一、二、三级之下，再划分等次）；将具有一般价值的普本定为四级（四级之下，不分等次）。

一级古籍是具有特别重要历史、学术、艺术价值的代表性古籍，包括元代及其以前刻印、抄写的古籍，明清时期各学科名家名著的代表性稿本，明清时期著名学者的代表性批校题跋本，明清时期朝廷组织编纂的代表性巨帙原本，明代及其以前用特殊技法印制的各种有代表性书本，明代及其以前用特殊纸张写印，具有特殊装帧形式的代表性书本，清代磁版印本、活字泥版印本。二级古籍是具有重要历史、学术、艺术价值的古籍，包括明洪武元年至隆庆六年刻印、抄写的书本，明清时期各学科名家名著的重要稿本、刻本、抄本，明清时期著名藏书家的重要批校题跋本，清乾隆及其以前内府刻印、抄写的书本，禁毁书、四库零帙及四库底本，明清时期影刻、影写宋元版本，元代及其以前人著作的明清时期初刻本，明清时期写印元代及其以前人

---

① 古籍定级标准［OL］.［2011-11-30］. http：//www.ccnt.gov.cn/sjzz/whkjs/ztlm/whhybz/200804/P020080430418968745630.doc.

著作而成为现存最早的版本，历代行用较短的年号或有特殊历史意义的时期刻印、抄写的书本，明末及清乾隆六十年以前的木活字印本、套印本及铜版印本等，明代朱印本、蓝印本、印谱，明末清初精刻精印本，清代泥活字印本、铜活字印本。三级古籍是具有比较重要历史、学术、艺术价值的古籍，包括明万历元年至清乾隆六十年刻印、抄写的古籍，清嘉庆元年以后翻刻、传抄宋元版及稀见明清人著作的书本，清嘉庆元年以后过录明清著名学者、藏书家批校题跋的书本，清代中晚期精刻精印本、仿刻覆刻宋元版本、朱印本、蓝印本，清代中晚期采用西方凸版、平版等印刷技术印制的铅印本、石印本、影印本的最初版本，一般木活字印本及彩绘本，清代的集古印谱、名家篆刻印谱的钤印本。四级古籍是具有一定历史、学术、艺术价值的古籍，包括清嘉庆元年至宣统三年刻印、抄写的书本，民国初年著名学者以传统著述方式研究中国传统文化而形成的稿本、初刻本。

古籍的珍贵程度不同，古籍保护和修复的要求也不同，这就决定了古籍图像化的方式、参数、场地要求等。对于较为珍贵的古籍，如果图像化的方法达不到古籍保护的要求，就暂时不进行图像化。待技术条件更成熟，再选用适当的方式进行图像化。如果项目本身没有特殊要求，则尽量使用级别较低的古籍进行图像化，如影印本、影抄本、覆刻本等，也可以使用微缩胶卷或 1949 年以后影印的古籍进行图像化。

3.4.1.2　古籍破损

依据文化部制定的《古籍特藏破损定级标准》[①]，古籍从以下 7 个方面来确定破损的程度：纸张酸化；纸张老化；书叶粘连；虫蛀；霉蚀、鼠啮、烬毁；絮化；残损。古籍破损定级划分为 5 级。

图像化过程要对古籍进行搬移、保存、逐叶翻动，在这个过程中或多或少都要对古籍产生影响。如果古籍破损严重，再经过数字化过程，可能加重古籍的损坏。而且破损严重的古籍数字化难度高，数字化效果也不好，所以应尽量选择书品好的古籍进行数字化。IDP 项目通常是先修复再数字

① 古籍特藏破损定级标准［OL］.［2011-11-30］. http：//www.ccnt.gov.cn/sjzz/whkjs/ztlm/whhybz/ 200805/P020080504329729542884.doc.

化，取得了非常好的效果。

3.4.1.3　古籍保存保护

古籍特藏书库应单独设置，并自成一区，书库内不应设置其他用房及其通道。一般情况古籍特藏书库不应设置于建筑物顶层和上层。考虑到南北方的温度、湿度差异较大，在南方古籍特藏书库最好也不设置在地下。书库应具有优良的密闭性和保温隔热性能，地下书库应有可靠的防潮措施。古籍特藏书库环境温湿度温度16℃—22℃；相对湿度45%—60%，温湿度应保持稳定，温度日较差不应大于2℃，相对湿度日较差不应大于5%。古籍特藏书库的空调通风系统应具有空气过滤和净化措施，滤除空气中的灰尘和二氧化硫、二氧化氮、总挥发性有机化合物等有害气体。古籍特藏书库内不应混放缩微胶片等其他可能释放有害气体的物品[①]。数字化加工场地需要大量的设备和人员，因此，数字化加工场地最好不设在书库里。同时，数字化加工场地的温湿度、空气质量要符合书库的基本要求。

古籍特藏书库的照明或采光应消除或减轻紫外线对文献的危害。古籍特藏书库应在库外适当位置设置文献消毒用房和杀虫设备，用于文献入库前的消毒和杀虫处理。图像化加工场地需要使用照明或采光设备，也要符合书库的基本要求。

古籍特藏应在能够关闭并具有锁具的装具中保存，如书柜、书箱等。书柜、书箱应采用阻燃、耐腐蚀、无挥发性有害气体的材料制作，涂覆材料应稳定耐用。古籍特藏应制作书盒、函套、夹板等加以保护。善本特藏宜配置木质书盒。书盒、函套的制作材料和文献包纸应采用无酸纸板或无酸纸张制作，其pH值应在7.5—10.0之间。书柜、书箱的排列应保证空气能够循环流通。数字化过程中的古籍要暂存在加工场地，所使用的装具要符合要求。

3.4.2　图像化流程与古籍保护

通常的图像化基本流程如图3-3所示，按照扫描清单提书或缩微胶卷，

---

① 图书馆古籍特藏书库基本要求［OL］.［2011-11-30］. http://www.ccnt.gov.cn/sjzz/whkjs/ztlm/whhybz/200805/P020080504332279542119.doc.

如果扫描缩微胶卷不能满足项目的需求，就重拍缩微胶卷或扫描原书，得到所需的图像后，进行著录和标引，对图像进行处理，再对图像和著录信息进行校验，若出现错误，则进行修正，校验后的数据刻成光盘保存。

不难看出，上述过程以数字化为中心，注重图像数据的质量，对古籍原件的保护未能体现在流程中。若古籍图像化的基本流程以“古籍”为中心，划分为图像化前整理、图像化、图像化后整理三个基本环节，如图3-23所示。

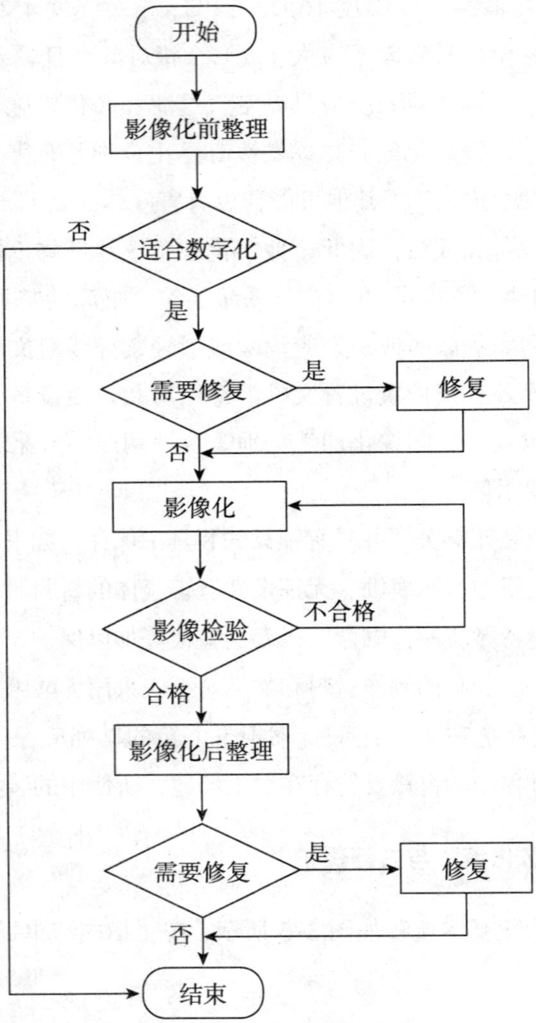

图 3-23　以古籍为中心的图像化流程图

图像化前整理主要包括底本选择、逐叶翻检、可数字化评估、图像化前准备、图像化前修复等环节，通过对古籍的版本、内容、装帧、保存状况等多方面考察，进行古籍的可数字化评估，建立古籍数字化档案（作为图像化和古籍修复的参考），将古籍从书库送到数字化加工场地。图像化包括扫描（或拍照）、图像处理、著录标引、数据检验、数据压缩、数据保存等环节。图像化后整理的目的是将古籍恢复到图像化前的状态，送回书库保存。先把古籍按照原来的顺序放回装具，若古籍在扫描或拍照过程中出现细微损伤，须请专业人员进行修复，然后再归库保存。将图像化后整理的过程进行详细记录，作为古籍数字化档案的一部分。

3.4.3　图像化场地

大规模的图像化项目的周期较长，需要大量的人员、设备、耗材，同时还要使用大量的古籍，因此必须有符合要求的专属加工场地。

3.4.3.1　场地选择

图像化场地的选择首先要符合古籍保护的要求，同时也要考虑到图像化加工的需要。图像化过程要使用大量古籍，古籍从书库运送到加工场地距离不宜太远，经过的路径便于监护，最好有监控设备。同时，加工场地有大量的电子设备，可能存在一定的安全隐患。为保证古籍书库的绝对安全，图像化场地与书库之间要保持一定距离。

3.4.3.2　场地要求

为了满足古籍保护的要求和图像化流程的需要，图像化场地要满足安全、温度、湿度、光照、面积、设施等方面的要求。

图像化场地的安全要求包括安防、消防、电器安全等，可以参照文化部颁布的《图书馆古籍特藏书库基本要求》[①]。场地内应装备自动监控设备，适用于古籍书库的灭火措施和器材，同时，由于加工场地内有大量电子设备，场地内的供电线路要符合相关的安全要求。按照技防与人防相结合的

① 图书馆古籍特藏书库基本要求 [OL]. [2011-11-30]. http://www.ccnt.gov.cn/sjzz/whkjs/ztlm/whhybz/200805/P020080504332279542119.doc.

原则，加工现场要有专门的安全员，全面负责图像化场地的安全。在图像化工程开始前，还要进行安全方面的培训。

3.4.3.3　温湿度要求

图像化场地的温湿度要求可以参照文化部颁布的《图书馆古籍特藏书库基本要求》①，古籍书库应配备性能优良的恒温恒湿空调机或恒温恒湿中央空调系统，温湿度控制标准为：温度 16 ℃（冬季）—22 ℃（夏季），相对湿度 45 %（冬季）—60 %（夏季），温湿度应保持稳定，温度日较差不应大于 2℃，相对湿度日较差不应大于 5%，避免波动范围过大。

3.4.3.4　光照要求

图像化场地的光照要求可以参照文化部颁布的《图书馆古籍特藏书库基本要求》②，古籍特藏书库的照明或采光应消除或减轻紫外线对文献的危害。自然采光的书库，应采用防紫外线玻璃和遮阳措施，防止阳光直射。古籍特藏书库照明光源的紫外线含量应小于 75 μw / lm。图像化场地的光照充足，依据项目的需求，支持 8—24 小时的图像化加工。

3.4.3.5　空气净化与通风要求

图像化场地的空气要求可以参照文化部颁布的《图书馆古籍特藏书库基本要求》③，古籍特藏书库的空调通风系统应具有空气过滤和净化措施，滤除空气中的灰尘和二氧化硫、二氧化氮、总挥发性有机化合物等有害气体。污染物可吸入颗粒物浓度小于 0.15mg/m^3，二氧化硫浓度小于 0.01 mg/m^3，二氧化氮浓度小于 0.01 mg/m^3，总挥发性有机化合物浓度小于 0.06 mg/m^3。在项目过程中，对图像化场地进行必要的空气质量检测。

3.4.3.6　防虫防鼠要求

防虫防鼠要求应符合《图书馆建筑设计规范》（JGJ38-99）的规定。在图像化场地使用前，进行必要的杀虫和灭鼠。严禁在图像化场地内吃东

① 图书馆古籍特藏书库基本要求［OL］.［2011-11-30］. http : //www.ccnt.gov.cn/sjzz/whkjs/ztlm/whhybz/200805/P020080504332279542119.doc.

② 同上。

③ 同上。

西、喝水等。

3.4.3.7　面积要求

图像化场地面积要满足加工的需求，每一个工位除了放置必要的设备（计算机、扫描仪等）外，还要有不少于0.5平方米的空间用于放置文献。文献与设备间保持一定的距离，建议每个工位的占地面积不小于2.5平方米。工位间保持一定的距离，建议每个（排）工位的间距不小于1米。只有保留足够的空间，才能保证古籍存放的安全，避免意外事故发生。

3.4.3.8　设施要求

图像化场地必要的附属设施：储物间、饮水间、卫生间等。储物间可以存放不宜带入加工场地的物品，包括衣物、箱包、餐具、食品等。饮水间可以为加工人员提供饮用水，加工场地内禁止饮水。

3.4.3.9　古籍存放与保护措施

图像化场地内应备有能够关闭并具有锁具的书柜、书箱等装具，这些装具采用阻燃、耐腐蚀、无挥发性有害气体的材料制作，涂覆材料应稳定耐用。书柜、书箱的排列应保证空气能够循环流通。暂存在加工场地内的古籍必须要保存在书柜或书箱中，书柜或书箱的钥匙由专人负责管理。扫描或拍照后的古籍应尽快送回书库保存，减少在加工场地滞留的时间。

以《傅斯年图书馆影像扫描及校验相关作业标准》[①]为例，在影像化场地内，所有人员翻动古籍时，必须戴上指套，以保护古籍。去除古籍上的毛发、灰尘等，必须使用修裱专用软毛刷子。若要进行注记，以夹纸条的方式置于书中，纸条由宣纸裁成，必须使用铅笔。古籍不能放置在计算机主机、显示器等设备上。拿取古籍时，注意平衡，以手掌托拿为原则。移动古籍时，尽量以整套为原则，以免散失的状况发生。书籍的附属物品，如纸片、木夹、函套等，应随书移动，以免散失。

---

① 傅斯年图书馆全彩影像扫描及校验相关作业标准［OL］.［2011-11-30］. http://www2.ndap.org.tw/newsletter06/news/read_news.php?nid=911.

第 4 章　地方志文本库

文本化是将各种载体的文献转化成文本数据的过程，相对于索引数据、书目数据和图像数据，文本数据既能揭示文献包含的绝大部分信息，又能直接支持检索和显示。文本数据的复杂性远高于书目、索引、图像等类型数据，是数字化研究与实践的重点和难点。同时，文本数据是信息检索、信息显示、信息抽取、数据分析、数据挖掘等一系列后续应用的基础，文本数据的内容、格式、数据质量、描述方式等都会对后续应用有直接的影响。

本章将从文本化的流程入手，讨论字库选择、文本转换、版式转换、数据检验等问题，之后再讨论文本数据的保存与发布。

4.1　文本化流程

在当前的技术条件下，文本化过程通常不是各种载体的文献直接转化成文本数据，而是先将文献转换成图像数据，再由图像数据转换成文本数据。图像化流程在上一章已经讨论过，此处不再重复，文本化流程将以图像数据为起点。文本化流程如图 4-1 所示。

图像数据首先要进行预处理，以满足版式分析和文本转换的要求。预处理后的图像先要进行版面分析，将图像分解为文字和版式两个相对独立的部分，然后进行文本转换得到文本数据，进行版式转换得到版式描述数据，再将文本数据和版式描述数据合成为最终的文本数据。同时，文本数据与图像数据可以共用元数据，依据项目需要，对图像数据的元数据进行格式转换后，与文本数据一起保存。在文本数据保存前，还要进行数据检验。

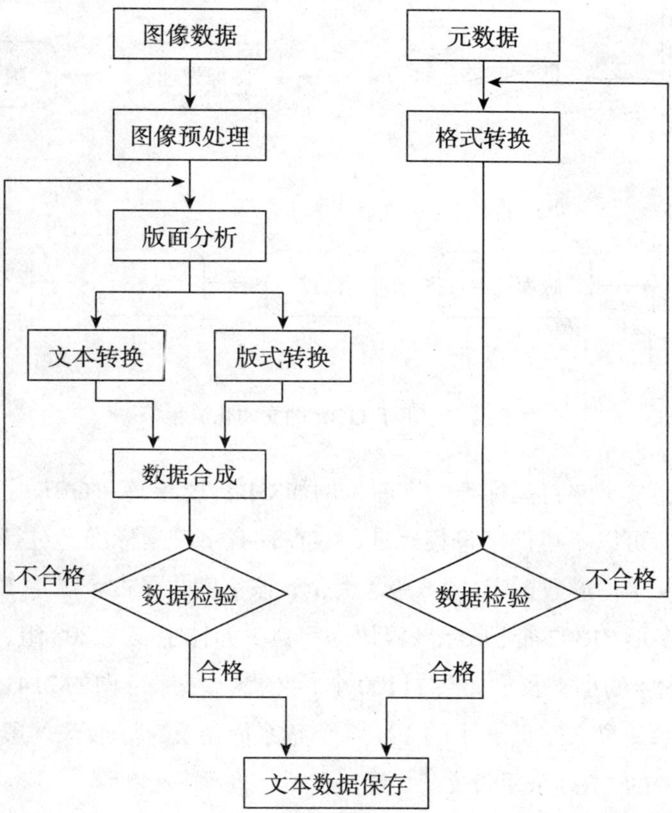

图 4-1　文本化流程图

以基于 OCR 的文本化流程为例，通过文献整理和图像采集获取图像数据，并按照 OCR 的要求对图像进行去黑边、纠偏等处理，然后通过软件进行版面分析，通过 OCR 获得文本数据和版式描述数据，使用软件对文本数据进行校对，之后通过版面合成软件将文本数据和版式描述数据合成，最后保存合成后的数据，如图 4-2 所示。

4.1.1　字库选择

字库解决文字的计算机存储和显示问题，是文本化的软件基础。字库描述了文字的字形和编码，按照字形表示方法可以分为点阵字库、矢量字库、曲线字库等，按文字编码标准可以分为标准字库和非标准字库。标准

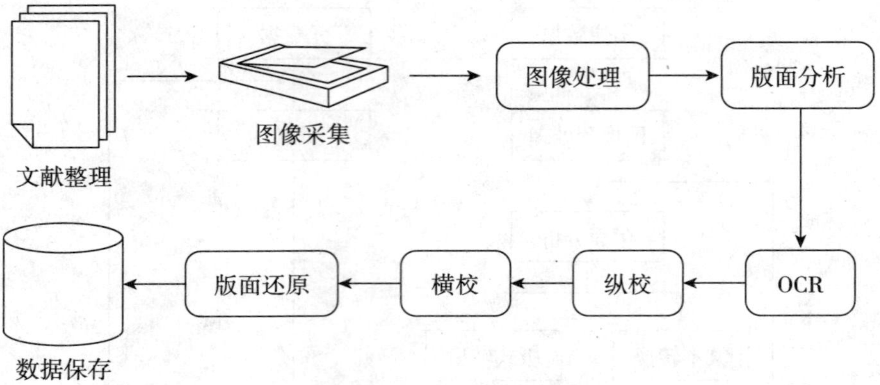

图 4-2　基于 OCR 的文本化流程

字库是遵循某个字符集标准的字库，例如 GB2312 字库、GBK 字库等。而非标准字库可以不遵循字符集标准，或在现有字符集标准上进行大范围的扩展。以汉字构形数据库（2.6 版）为例，该字库收录古今汉字 125743 个，收录楷书字形 71392 个，收录《汉语大字典》异体字表 12208 组，收录《说文解字诂林》的小篆及重文共 11100 个，收录《金文编》中的 21413 个金文，收录《楚系简帛文字编》中的 19138 个楚系简帛文字，收录《殷墟甲骨刻辞类纂》中的 2700 个甲骨文①。

字符集是描述多个文字和符号的集合②，字符集种类较多，每个字符集包含的文字和符号数量也不同，常见字符集有 GB2312 字符集、BIG5 字符集、GB18030 字符集、Unicode 字符集等。与字库相比，字符集不是软件，只是字库遵循的编码标准。遵循同一字符集标准的不同字库，同一个编码所指向的文字是完全相同的。因此，以字符集为研究对象比字库更具代表性和通用性。

在讨论字符集的选择问题之前，首先要明确文本化的用字需求。普通文献（除辞书外）用字量比较有限，以国家语言文字工作委员会 1992 年《现代汉语社会科学、自然科学综合汉字频度表》为例，语料总字数为 1189 万，

① 汉字构形数据库［OL］.［2011-11-30］. http://www.sinica.edu.tw/~cdp/cdphanzi/.

② 字符集［OL］.［2011-11-30］. http://baike.baidu.com/view/51987.htm.

用字量为7754个，其中还包括659个字只使用了一次[①]。而与普通文献相比，古籍的用字量就要大得多，下面将首先讨论古籍的用字范围。

4.1.1.1　古籍用字范围

现存的古籍数量众多、版本多样、内容丰富，涉及的时间跨度大、地域范围广，对古籍用字进行全面考察和科学分析是较为困难的。李波在《史记字频研究》[②]中，对前四史和十三经做了字频统计，选用单字频次（每一个单字在语料中出现的次数）、单字覆盖率（单字频次与语料总字数的比值，用百分数表示）、累积覆盖率（单字频次大于等于某一字字频的所有单字字频之和与语料总字数的比值，用百分数表示）等指标，将字频区划分为核心字区（累积覆盖率超过 50% 所对应的单字字数）、高频字区（累积覆盖率 50% 到 90% 所对应的单字字数）、中频字区（累积覆盖率 90% 到 99% 所对应的单字字数）、低频字区（累积覆盖率 99% 到 100% 所对应的单字字数，扣除罕用字区的单字字数）和罕用字区（又称为一用字区，单字字频为 1 的单字字数），具体结果如表 4-1 所示。

表 4-1　前四史和十三经字频统计表[③]

	史　记	汉　书	后汉书	三国志	三国志裴注	十三经
文献总字数	572864	806263	687175	368183	322196	634854
单字总数	4932	5897	5581	4323	4573	6694
核心字数	108	146	187	176	171	106
高频字数	760	842	956	893	955	877
中频字数	1712	1832	1827	1545	1734	2434
低频字数	1335	1776	1584	963	887	1668
一用字数	1017	1301	1027	746	826	1609

① 李波．史记字频研究［M］．北京：语文出版社，2006：56．

② 李波．史记字频研究［M］．北京：语文出版社，2006：42-43，50-52．

③ 李波．史记字频研究［M］．北京：语文出版社，2006：53-56．

通过以上数据不难看出，在前四史和十三经中，核心字和高频字较少，中频字和低频字较多，还存在大量的一用字。但是该研究使用的语料源自中华书局点校本的前四史和十三经，已经做了整理和文字规范，同时涉及的文献量较少，语料总字数只有300多万字，不能反映古籍整体的用字情况。

张轴材在《古籍汉字字频率统计》[①]中，使用文渊阁《四库全书》电子版和《四部丛刊》电子版作为基础语料，做了逐字字频统计，文渊阁《四库全书》电子版用字量为29088个，《四部丛刊》电子版用字量为27606个，两者合计用字量为30127个。“之”字在四库和四部语料中出现次数最多，合计19891628字次，单字覆盖率为2.5221%。文渊阁《四库全书》电子版和《四部丛刊》电子版的用字量与累积覆盖率关系如表4-2所示。

表4-2 《四库全书》和《四部丛刊》用字量与累积覆盖率关系表[②]

《四部丛刊》和《四库全书》		《四部丛刊》		《四库全书》	
累积覆盖率	用字量	累积覆盖率	用字量	累积覆盖率	用字量
10.0000%	8	10.0000%	8	10.0000%	8
20.0000%	30	20.0000%	32	20.0000%	29
30.0000%	68	30.0000%	69	30.0000%	67
40.0000%	126	40.0000%	128	40.0000%	125
50.0000%	213	50.0000%	218	50.0000%	211
60.0000%	350	60.0000%	363	60.0000%	347
70.0000%	574	70.0000%	603	70.0000%	568
80.0000%	950	80.0000%	1017	80.0000%	936
90.0000%	1754	90.0000%	1915	90.0000%	1718

① 张轴材. 古籍汉字字频率统计［M］. 北京：商务印书馆，2008.

② 使用书同文的古籍字频在线查询工具统计得到，古籍字频在线查询工具［OL］.［2011-11-30］. http：//hanzi.unihan.com.cn/Tools/Frequency/.

（续表）

《四部丛刊》和《四库全书》		《四部丛刊》		《四库全书》	
累积覆盖率	用字量	累积覆盖率	用字量	累积覆盖率	用字量
95.0000%	2768	95.0000%	3056	95.0000%	2689
99.0000%	5771	99.0000%	6369	99.0000%	5511
99.9000%	12398	99.9000%	13479	99.9000%	11798
99.9900%	21941	99.9900%	22412	99.9900%	21328
99.9990%	27264	99.9990%	26704	99.9990%	26505
99.9999%	29386	99.9999%	27519	99.9999%	28419
100.0000%	30127	100.0000%	27606	100.0000%	29088

通过对统计数据的分析，张轴材得出以下的结论：除了大规模字书的特殊需求之外，中国古籍数字化所需的汉字字量为30000个左右；为了满足9999%%的用字需求，即缺字或称外字低于1%%（万分之一），中国古籍通用汉字数量为22000字；对于一般的古籍数字化，CJK汉字已经可以满足99.28%的需求；IICore(International Ideograph Core，国际汉字基本集，收字9180个)可以满足古籍汉字需求的97%以上[①]。这个结论是基于文渊阁《四库全书》电子版和《四部丛刊》电子版的统计和分析，《四库全书》和《四部丛刊》不能代表所有的古籍，文渊阁《四库全书》电子版和《四部丛刊》电子版加工采用了多特定人准规范脱机手写识别技术，文字认同的原则是利用现有平台已编码汉字（CJK+字库，包括CJK和CJK ExtA的27484个字和6400个自定义字的码位），尽量保持原书字形，具体规则是参照遵守ISO10646/Unicode的认同规则AnnexT[②]，原则上不做以简代繁，进行有控制的异体代换；外字记录规则是用组合序列表示外字，用"相似"符加上肯定的异体字记录之，实在模糊、难以辨认者或难以用组合法描述

① 张轴材．古籍汉字字频率统计［M］．北京：商务印书馆，2008：24-25.

② Annex T Procedure for the unification and arrangement of CJK Ideographs［OL］．［2011-11-30］．ftp：//ftp.cse.cuhk.edu.hk/pub/irg/AnnexT.rtf.

者才代之以问号[①]。文字认同规则和集外字表示方式也会影响字频统计数据的准确性，因此，张轴材的结论只能在一定范围内或一定条件下成立。

虽然上述研究不能全面反映古籍的用字情况，但是通过这些统计数据和研究分析，可以得出以下结论：古籍文本数据的用字量与古籍内容有关，与字库选择有关，与文字认同规则和集外字处理方法有关。核心字区、高频字区和中频字区的用字量有限，这些字区的字频受字库选择、文字认同和集外字处理的影响较小。

除了字频统计的方法以外，还可以通过古今中外字书（辞书）的收字范围来间接反映古籍的用字情况，古今中外字书（辞书）收字情况如表4-3所示。

表4-3　古今中外字书（辞书）收字统计表[②]

书　名	成书时间（时代）	作　者	收字头数
说文解字	公元100年（东汉）	许慎	9353
字林	（晋）	吕忱	12824
玉篇	公元543年（南朝梁）	顾野王	22726
龙龛手鉴	公元997年（辽）	行均	26430
广韵	公元1011年（宋）	陈彭年等	26194
类篇	公元1066年（宋）	司马光等	31319
集韵	公元1067年（宋）	丁度等	53525
改并五音聚韵四声篇海	公元1212年（金）	韩道昭	35189
字汇	公元1615年（明）	梅膺祚	33179
正字通	公元1671年（明）	张自烈	33549
康熙字典	公元1716年（清）	张玉书等	47035

① 张轴材.《四库全书》电子版工程与中文信息技术［OL］.［2011-11-30］. http://www.sikuquanshu.com/skqs/articles/getarticles.aspx?article=a_19990113.asp#《四库全书》电子版用字符集CJK+.

② 汉语大字典编辑委员会. 汉语大字典［M］. 四川：四川辞书出版社，1986：5460.

（续表）

书　名	成书时间（时代）	作　者	收字头数
中华大字典	公元 1915 年（民国）	陆费逵等	4.82 万
大汉和辞典	公元 1959 年	诸桥辙次	49964[①]
中文大辞典	公元 1968 年	《中文大辞典》编纂委员会	49905[②]
辞源（修订版）	公元 1983 年	《辞源》编辑委员会	12890[③]
汉语大字典	公元 1986 年	《汉语大字典》编辑委员会	54678
中华字海	公元 1994 年	冷玉龙	85568
辞海（修订版）	公元 1999 年	《辞海》编辑委员会	17674[④]
汉韩大辞典	公元 2008 年	檀国大学东洋学研究所	5.53 万[⑤]
异体字字典（第五版）	公元 2004 年	《异体字字典》编辑委员会	106230[⑥]

参照古今中外字书（辞书）收字情况，可以粗略估算出核心字区、高频字区、中频字区、低频字区和罕用字区的用字量。核心字区、高频字区和中频字区中基本都是古籍中的常用字，用字量不多于 2 万个。低频字区和罕用字区的用字量很难估算，其用字量将远大于核心字区、高频字区和中频字区的总用字量。而古籍用字总量可能超过 10 万个。

4.1.1.2　Unicode 字符集

20 世纪 80 年代以来，使用汉字或曾经使用汉字的国家和地区相继推出含有汉字的字符集，如表 4-4 所示，这些字符集在一定程度上解决了汉字文化圈国家和地区的汉字计算机处理问题。但是这些早期的字符集收字

---

① 大汉和辞典［OL］.［2011-11-30］. http：//ja.wikipedia.org/wiki/%E5%A4%A7%E6%BC%A2%E5%92%8C%E8%BE%9E%E5%85%B8.

② 中文大辞典［OL］.［2011-11-30］. http：//baike.baidu.com/view/2214178.htm.

③《辞源》编辑委员会. 辞源［M］. 北京：商务印书馆，1983：后记.

④《辞海》编辑委员会. 辞海［M］. 上海：上海辞书出版社，1999：凡例.

⑤ 韩国编最全汉字字典应让中国学者羞愧［OL］.［2011-11-30］. http：//www.yywzw.com/show.aspx?id=1352&cid=74.

⑥《异体字字典》网路版说明［OL］. http：//dict.variants.moe.edu.tw/start.htm.

较少，只适于常用字的处理，而且这些字符集采用不同的编码方案，造成了不同国家和地区间的数据交换、信息处理和显示的问题，而 Unicode 字符集的出现很好地解决了这一问题。

表 4-4 各国各地区字符集收字情况表 ①

国家 / 地区	字符集	收字数	备 注
中国	GB2312-80	6763 个简体字	基本集，包含 7445 个字符
中国	GB12345-90		第一辅助集，与基本集对应的繁体字
中国	GB7589-87	7237 个简体字	第二辅助集
中国	GB/T13131-91		第三辅助集，与第二辅助集对应的繁体字
中国	GB7590-87	7039 个简体字	第四辅助集
中国	GB/T13132-91		第五辅助集，与第四辅助集对应的繁体字
中国	GB13000.1-93	20902 个字	GB13000.1-93 等同采用 ISO/IEC10646.1：1993
中国	GBK	21003 个字	包含 882 个符号
中国	GB18030-2000	27533 个字	GB18030-2000 兼容 Unicode3.0
中国	GB18030-2005	70244 个字	GB18030-2005 兼容 Unicode4.1
中国台湾	CCCII-1	4808 个字	常用字集
中国台湾	CCCII-2	17032 个字	备用字集，收 6025 个次常用字、5364 个罕用字、2112 个异体字以及 3531 个其他资讯用字

① 曹晖．字符集与字符编码标准［J］．西北民族大学学报（自然科学版），2006（9）．

袁径三．浅说汉字编码［J］．绍兴理学院学报，2005（9）．

字符集［OL］．［2011-11-30］．http：//www.hudong.com/wiki/%E5%AD%97%E7%AC%A6%E9%9B%86．

汉字简介［OL］．［2011-11-30］．http：//www.zdic.net/appendix/f21.htm．

字符集汇总［OL］．［2011-11-30］．http：//bbs.zdic.net/viewthread.php?tid=123384．

（续表）

国家 / 地区	字符集	收字数	备　注
中国台湾	CCCII-3	20583 个字	罕用字集，收 12924 个罕用字、314 个次常用字及 7345 个其他资讯用字
中国台湾	CCCII（异体字集）	11517 个字	异体字集，收异体字 11517 个
中国台湾	Big5	13053 个字	包含 441 个符号
中国台湾	CNS11643-1986	13051 个字	去掉了 Big5 中的 2 个重复字
中国台湾	CNS11643-1992	48027 个字	
中国台湾	CNS11643-2004	54858 个字	包括第 1 至第 7 字面和第 15 字面，共 54858 个字
中国香港	HKSCS-2004	4500 个字	HKSCS 是香港基于 Big5 之上扩展的字符集，包含 441 个符号
日本	JISX0208-1983	6353 个日本汉字	包含 6877 个字符
日本	JISX0212-1990	5801 个日本汉字	JISX0208 的扩展集，包含 6067 个字符
日本	JISX0213-2004	11233 个字符	JISX0208 的扩展集
韩国	KSC5601-1987	4888 个韩国汉字	包含 8244 个字符
韩国	KSC5657-1991	2856 个韩国汉字	KSC5601 的扩展集

Unicode 是一种经过字符宽度整合的编码方式，它是为文字及符号所建立的国际性编码，它几乎覆盖了世界上任何一种语言的字符[①]。Unicode 是一种统一的编码标准，为每个字符编码定义了唯一的编码值，能支持上百万个字符编码。Unicode 提供了一个标准化的方法，使得在同一系统平台上可以使用多种语言的编码。在 Unicode 中定义了中日韩统一表意文字（CJK Unified Ideographs）集（以下简称为 CJK 集），也称为统一汉字（Unihan）集。中日韩统一表意文字（以下简称为 CJK 文字）主要来源于

① 苗军．Unicode/XML 在电子出版物中的实现［D］．河北工业大学，2002．

中国、日本、韩国、越南、朝鲜、新加坡、中国台湾、中国香港、中国澳门等国家和地区，包含简体汉字、繁体汉字、方块壮字、日本国字、韩国独有汉字、越南喃字等。Unicode 和 CJK 集发展的过程如表 4-5 所示。

表 4-5 Unicode 和 CJK 集发展的情况表 ①

ISO10646 版本	Unicode 版本	新 增	字数	累计字数
1993	1	CJK	20902	20914
		位于“相容表意文字区”中但实则独一的汉字（U+FA0E，U+FA0F，U+FA11，U+FA13，U+FA14，U+FA1F，U+FA21，U+FA23，U+FA24，U+FA27，U+FA28，及 U+FA29）	12	
2000	3	CJK 扩展 A 区	6582	27496
2001	3.1	CJK 扩展 B 区	42711	70207
2003 第一修订版	4.1	HKSCS-2004 和 GB18030-2000 中仍未加入 ISO10646 的汉字（分别为 U+9FA6-U+9FB3，U+9FB4-U+9FBB）	22	70229
2003 第四修订版	5.1	7 个日语汉字（U+9FBC-U+9FC2），U+4039 拆分为 U+4039 和 U+9FC3	8	70237
2003 第五修订版	5.2	CJK 扩展 C 区	4149	74394
2003 第六修订版		2 个日语用汉字（U+9FC4，U+9FC5）、1 个新增汉字（U+9FC6）、在 HKSCS-2004 推出后新增的 5 个香港汉字（U+9FC7-U+9FCB）	8	
2010	6.0	中日韩统一表意文字扩展 D 区（U+2B740-U+2B81F）	222	74616

相对于字符集，有了集外字的概念。集外字是字符集所不包含的文字，若不采用其他的技术和方法，集外字无法输入、处理和显示。集外字的数量与字符集的收字数量直接相关，若文字的总量和文字认同规则固定，字符集

① 中日韩统一表意文字［OL］.［2011-11-30］. http：//zh.wikipedia.org/wiki/ 中日韩统一表意文字.

收录的文字越多，集外字的数量越少。以数字方志项目第一期[①]为例，使用CJK 基本区 16801 个字（203781248 次），CJK 扩 A 区的 2959 个字（274847次），CJK 扩 B 区 9117 个字（732675 次）。若使用 GBK 字符集，集外字将多出 12136 个（1007522 次），若使用 GB18030-2000 字符集，集外字将多出9117 个字（732675 次）。可见，字符集的选择对集外字的数量有很大的影响。

综上所述，Unicode 字符集收录了 7 万个以上 CJK 文字，是符合国际标准（对应 ISO 10646）收录汉字最多的字符集，支持世界范围内的数据交换、信息处理和显示。在 Unicode 字符集里，每一个 Unicode 编码对应一个或多个字源编码，Unicode 编码与字源编码的映射机制在一定程度上实现了 CJK文字的字形统一。Unicode 还为 CJK 文字定义了字源编码统一流程和统一规则。这些都是其他字符集所不具备的特点。因此，Unicode 是当前技术条件下最适合文本化的字符集。本书以下的讨论都是基于 Unicode 字符集。

4.1.2 文本转换

文献中大量的内容用文字形式记录，而文字又是最便于检索的，因此文字转换是文本化的重要环节之一。文字转换是将古籍中的文字映射到字符集内的文字、符号或采用其他方法表示的过程。在当前的技术条件下，文字转换通常采用键盘录入、OCR 等方法。

4.1.2.1 文本转换方法

依据文字映射的实现方法，可将文字转换分成以下几种：按照原字字形输入、按照原字字义输入、符号替换、自造字输入、贴图、描述等方式。

按照原字字形输入（以下简称按原形输入）是将文献中的文字按照原字字形直接映射到字符集中的文字编码，这是文字转换的基本方法；按照原字字义输入（以下简称按原义输入）是将文献中的文字按照原字字义选定规范字形（即文字认同），再按照字形映射到字符集中的文字编码，这也

---

① 数字方志项目第一期全文化明至民国间的方志 744 种，14682 卷，506485 叶，采用键盘手工录入进行全文化，使用“中易汉神 e”汉字系统（收录 CJK 基本区、CJK 扩 A 区和 CJK 扩B 区字 70195 个）。

是文字转换的主要方法之一，多用于古籍文本化；符号替换是将文献中不能直接转换的文字用字符集中某个符号来替换，常用的替换符号有“□”、“■”等；自造字输入，又称为自定义编码输入，是当文献中的文字无法直接转换时，先通过造字软件在专用字库或通用字库的自定义编码区添加所需文字的字形和编码，之后再按原形输入；贴图是当文献中的文字无法直接转换时，直接引入文字的图像，贴图可以增强文本数据的显示效果；描述是当文献中的文字无法直接转换时，依据一定的规则，将文字转写成一个字符串，目前较为常用的描述方法有《汉语文古籍机读目录格式使用手册》中 393 字段系统外字附注的外字描述方法[①]、台湾“中央研究院”开发的汉字构形数据库使用的构字式描述方法[②]、Unicode 的 IDS（Ideographic Description Sequence，表意描述序列）描述方法[③]等。这些文本转换方法既可以单独使用，又可以组合进行使用，在同一个古籍全文化项目中通常要使用几种文字转换方法。以文渊阁《四库全书》电子版为例，该项目使用了按原形输入、按原义输入、符号替换（使用的替换符号为“□”）、贴图（贴图超过 20 万个）、自造字输入（造字 4296 个）和描述（以汉字结构符等特殊标记开头的字符串来描述）[④]。

上述这些文本转换方法可以分为字符集编码输入、自定义编码输入、贴图、描述四类。在文本化项目中，每一类方法都有其优势，也存在一定的缺陷，要依据项目需求来选择使用，以期达到最好的效果。

字符集编码输入包括按原形输入、按原义输入和符号替换。按原形输入和按原义输入都是将原书文字映射到字符集内编码，区别在于是依据原

---

① 中国国家图书馆. 汉语文古籍机读目录格式使用手册［M］. 北京：北京图书馆出版社，2001.

② 缺字系统整合动态组字之应用［OL］.［2011-11-30］. http：//itech.ntcu.edu.tw/Tanet%202007/2%5C396.pdf

③ Decomposition for ISO/IEC 10646 Ideographic Characters［OL］.［2011-11-30］. http：//acl.ldc.upenn.edu/W/W02/W02-1209.pdf

④ 文渊阁《四库全书》电子版编辑校对［OL］.［2011-11-30］. http：//www.sikuquanshu.com/project/main.aspx

形输入，还是依据原义输入。在文本化项目中，无论是使用键盘录入还是OCR，都希望能够完全按照原形输入，因为按照原形输入相对比较简单，不需要对文字、符号做认同和理解，对软件和人员的要求不高，正确率也比较有保障。但是目前字符集收字量有限，还不能完全满足文本化的需要。尤其是古籍文本化，无法按原形输入时，必须使用按原义输入。而按原义输入需要一定的知识基础和经验积累，依靠软件工具和简单培训是很难实现的，按原义输入的错误率远高于按原形输入。符号替换看似简单，也能在一定程度上解决文字输入的问题，但是“□”、“■”等常用替换符号在文献中也经常使用，用户无法区分这些符号是原书中有的，还是文本化以后加入的。除了“□”、“■”等符号，在一些项目中用“⚌”作为替换符号，“⚌”的 Unicode 编码为 U+268C，是表意字替代符号，在文献中使用率很低，但是文本化过程中使用多个连续的“⚌”，不符合用户的阅读习惯，影响全文数据的显示效果，如图 4–3 所示。

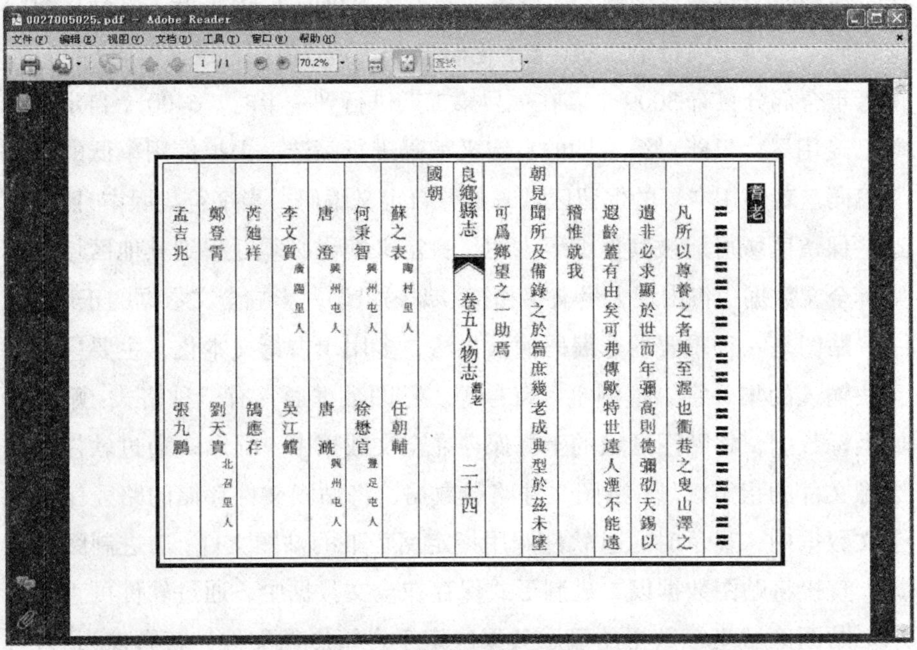

图 4–3　全文数据版式还原样例

自定义编码输入必须要使用专用字库或通用字库的自定义编码区，这将给数据维护和数据应用留下隐患。无论是使用专用字库，还是占用通用字库的自定义编码区，当用户使用全文数据时，都必须要在本机上下载并安装字库文件。否则，自定义编码的文字和符号都无法显示。通常情况下，这些自定义编码的符号和文字没有输入法支持，用户无法直接通过键盘输入。不仅如此，Unicode 中标准的自定义编码区为 U+E000 到 U+F8FF，只能容纳 6400 个自定义编码，对于大型数字化项目是远远不够的。自定义编码输入的基本过程是先对无法输入的文字和符号进行描述，根据描述统计使用频率，给使用频率高的文字和符号赋予自定义编码，最后用自定义编码进行替换或直接输入。通过上述过程不难看出，自定义编码输入核心是依据使用频率给无法输入的文字和符号赋予自定义编码，而使用频率的统计完全依据某个项目，统计结果受字库选择、文字描述精度、符号描述精度、文献特性等诸多因素的制约，造成不同项目的自定义编码可能相差很大。以数字方志项目为例，项目第一期（文本化旧志 50 万叶）共使用自定义编码 4778 个，项目第二期（文本化旧志 40 万叶）使用自定义编码 6400 个，两者重合部分只有 3009 个。在项目第二期进行到一半时，6400 个自定义编码已经用尽，只能对第一期的自定义编码进行筛选，去掉使用率低的自定义编码。若使用空置的保留区域来放置自定义编码，当字符集版本升级时，这些保留区域可能被其他编码占用，自定义编码必须迁移到其他区域，否则，全文数据中将出现大量文字和符号编码错误，影响全文数据的正确率。

贴图是一种重要的非编码输入方法，多用于古籍文本化，主要应用于无法输入的集外字、模糊字、符号等。贴图数据通常有三种格式：贴图区域坐标数据，将贴图区域的坐标保存在全文数据中，显示时通过软件调用影像文件的指定区域；贴图文件路径数据，将贴图文件存储的路径保存在全文数据中，显示时通过软件调用指定路径下的贴图文件；二进制图像数据，直接将贴图数据以二进制形式保存在全文数据中，通过软件可直接显示。贴图区域坐标数据的显示效果决定于古籍影像文件，若影像为彩色，在全文数据中也显示为彩色。当一叶中有多个字作贴图处理，原书纸的颜色较深，贴图的显示效果就像一块块的补丁，如图 4-4 所示。贴图文件路径数据和二进制图像数据的显示效果与古籍影像文件无关，可以对贴图数据进行任意的图像处理，将上文中的每一个贴图都转换为二值模式，显示效果如图 4-5 所示，若适当调节二值化的阈值，显示效果可以更好。贴图可以增强文本数据的显示效果，但是如果只有贴图数据，而没有任何描述信息，这些贴图既不能检索，也很难管理和维护。贴图的描述信息至少应包括贴图的编号、类型、基本属性（大小、分辨率、颜色模式等）、简单的内容描述等。

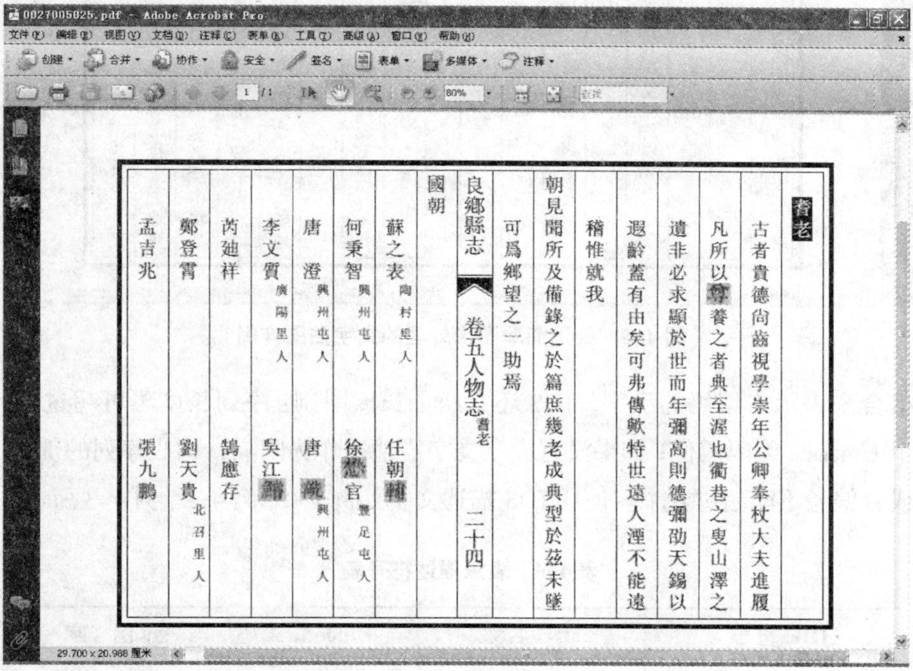

图 4-4　文字贴图样例

在文本化项目中，描述通常与贴图一起使用，贴图用于显示，描述用于检索、数据管理、数据维护等。描述要符合标准化和规范化的要求，否则，既不能很好地支持检索，也不利于文本数据的使用和维护。在当前的技术条件下，IDS 是符合 Unicode 标准的描述方法。在 1999 年 9 月发布的 Unicode 3.0 版本中，定义了 IDS 和 IDC（Ideographic Description Characters，表意描述符号），如表 4-6 所示。IDS 采用 IDC 与文字部件的

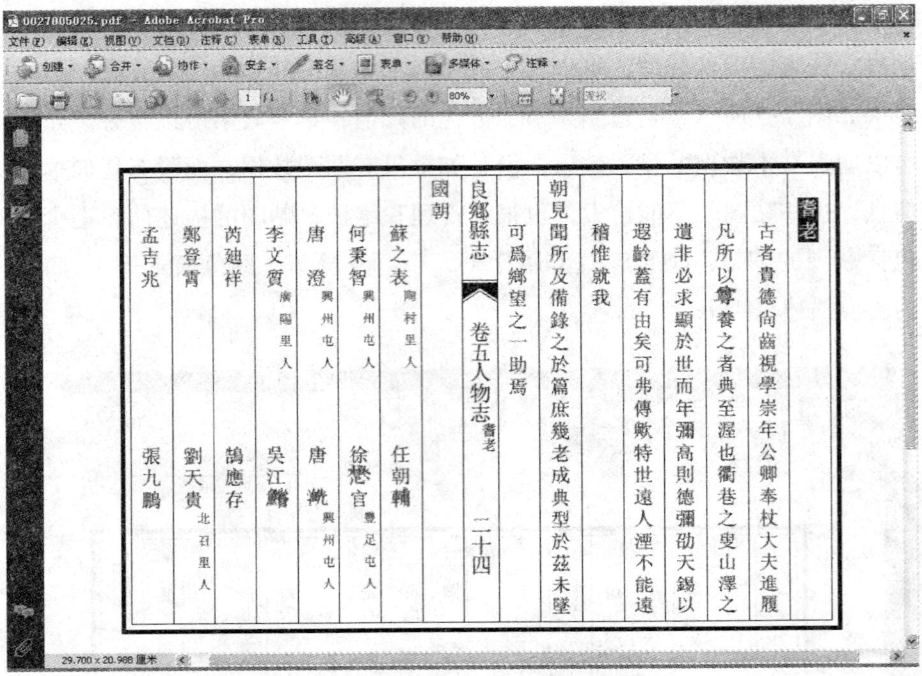
耆老

古者貴德尙齒視學崇年公卿奉杖大夫進履凡所以尊養之者典至渥也衢巷之叟山澤之遺非必求顯於世而年彌高則德彌劭天錫以遐齡蓋有由矣可弗傳歟特世遠人湮不能遠稽惟就我

朝見聞所及備錄之於篇庶幾老成典型於兹未墜可爲鄉望之一助焉

良鄉縣志　卷五人物志 耆老　二十四

國朝

蘇之表 陶村里人　任朝輔

何秉智 興州屯人　徐　官 豐足屯人

唐澄 興州屯人　唐　興州屯人

李文質 廣陽里人　吳江

芮廸祥　鵠應存

鄭登霄　劉天貴 北召里人

孟吉兆　張九鵬

图 4-5　经过简单图像处理的文字贴图样例

组合来表示未编码的汉字，IDS 还有两个长度限制：序列长度不可超过 16 个 Unicode 编码码位；如果没有表意文字描述符作为间隔，构成序列的部件或者偏旁不能超过 6 个。使用 IDS 描述文字如例 4-1、例 4-2、例 4-3 所示。

表 4-6　表意描述符号表①

IDC 符号	IDC 名称	Unicode 编码	例　字
	左右结构	2FF0	故　羽
	上下结构	2FF1	吕　旦
	左中右结构	2FF2	树　掰

① Decomposition for ISO/IEC 10646 Ideographic Characters [OL]. [2011-6-30]. http://www.guoxue.com/wk/000655.htm.

（续表）

IDC 符号	IDC 名称	Unicode 编码	例　字
⿳	上中下结构	2FF3	曼　爱
⿴	全包围结构	2FF4	国　围
⿵	上三包围结构	2FF5	同　问
⿶	下三包围结构	2FF6	凶　函
⿷	左三包围结构	2FF7	匠　匡
⿸	左上包围结构	2FF8	压　庄
⿹	右上包围结构	2FF9	句　可
⿺	左下包围结构	2FFA	廷　这
⿻	交叉结构	2FFB	夫　夷

例 4-1：“𪚥”（U+2A6A5）

IDC 构字式：⿱⿰龍龍⿰龍龍

IDS：U+2FF1 U+2FF0 U+9F8D U+2FF0 U+9F8D U+9F8D

例 4-2：“招財進寶”，如图 4-6（a）所示

IDC 构字式：⿱宀⿱⿰王尔⿺辶⿰隹⿰貝招

IDS：U+2FF1 U+5B80 U+2FF1 U+2FF0 U+738B U+5C14 U+2FFA U+8FB6 U+2FF0 U+96B9 U+2FF0 U+8C9D U+62DB

例 4-3：“孔孟好学”，如图 4-6（b）所示

IDC 构字式：⿱𦥯⿱⿰女⿰孔皿

IDS：U+2FF1 U+F4FF U+2FF1 U+2FF0 U+5973 U+2FF0 U+5B54 U+7FB6

图 4-6　常见的民间组合文字

4.1.2.2　文本转换策略

文本转换不是简单的字对字映射，还有大量的异体字、讹误字、避讳字等情况需要处理，尤其是古籍文本化，仅仅使用上述文字转换方法难以获得高质量的文本数据，还需要一系列的文字转换策略。以古籍文本化为例，常用的文字转换策略主要有异体字处理、集外字处理、避讳字处理、模糊字处理等。

1. 异体字处理策略

古籍中有大量的异体字，以数字方志项目的文字录入实验为例，选取明至民国间刻印的方志 100 种（50000 余叶），输入文字总量超过 2 千万，其中可以按原形输入的文字只占 38%，其他文字都要经过异体字处理后才能输入。在讨论异体字处理策略前，首先要明确异体字的概念。丁西林认为："异体字是音义同而形不同的字[①]。"吕叔湘认为："异体字是一个字的不同写法。两个或几个字形，必须音义完全相同，才能算是一个字的异体[②]。"裘锡圭认为："严格地，只有用法完全相同的字，也就是一字的异体，才能称为异体字[③]。"王力认为，"两个（或两个以上的）字的意义完全相同，在任何情况下都可以互相代替[④]。"连登岗在《异体字的概念与异体字的整理》[⑤]

① 郑林曦．精简汉字字数的理论和实践［M］．北京：中国社会科学出版社，1982：66.

② 吕叔湘．语文常谈［M］．北京：三联书店，1980：26.

③ 裘锡圭．文字学概要［M］．北京：商务印书馆，1988：10-11.

④ 王力．古代汉语［M］．北京：中华书局，1962：155.

⑤ 连登岗．异体字的概念与异体字的整理［M］．// 张书岩．异体字研究．北京：商务印书馆，2004：49-50.

一文中指出，学术界对异体字有着狭义和广义两类解释，广义的异体字指一个字曾经有过的各类形体，包括简繁字、古今字、通假字、全同异体字（指音义全同而形体不同的字）和非全同异体字（指部分音义相同的异体字，又称部分异体字），狭义的异体字指全同异体字。吕永进在《异体字的概念》① 一文中列出了在学界有影响的异体字定义 16 种，2 类关于广义和狭义异体字的理解和 4 类异体字概念之外的补充说明。为了对异体字定义清晰，分类明确，本书引用李国英的观点："异体字是在使用中功能没有发生分化的为语言中的同一个词造的不同的文字形体以及由于书写变异造成的一个字的不同形体。异体字有两个主要来源，一类来源于构形，一类来源于书写。根据异体字的形成方式，可以把异体字分为异构字和异写字两种类型。异构字有以下几种类型：由于采用不同的构形方式产生的异体字，用同一种构形方式而选用的偏旁不同产生的异体字，用同一种构形方式而选用相同的偏旁而偏旁的位置不同产生的异体字。异写字的主要来源有：由于书写变异造成笔画微异的异体字，由于偏旁简省造成的异写字，由于隶定造成的异写字。" ②

异体字处理策略是将异体字认同为正体字，并按相应的正体字进行文字转换，同时用 XML 标记异体字的类型、原字在影像中的位置等信息（以下简称为异体字处理相关信息）。异体字处理相关信息记录了异体字的原字形和异体字的类型，通过这些信息可以很容易地将异体字从全文文本中提取出来，支持多种校对方式，也可以做批量替换或修改。通过异体字认同、正体字文字转换和相关信息标注，不仅完成了异体字处理和文字转换，还记录了整个异体字处理过程，方便后续的数据校对和数据维护。仍以数字方志项目的文字录入实验为例，38% 的文字可以直接按原形输入，60% 的文字是异写字，其中由于书写变异造成笔画微异的异体字占 58%，由于

① 吕永进. 异体字的概念［M］. //张书岩. 异体字研究. 北京：商务印书馆，2004：33-46.

② 李国英. 异体字的定义与类型［M］. //张书岩. 异体字研究. 北京：商务印书馆，2004：12-15.

偏旁简省造成的异写字和由于隶定造成的异写字占 2%，异构字和其他情况（非异体字）占 2%。通过上述实验不难看出，异写字（尤其是由于书写变异造成笔画微异的异体字）占古籍中异体字的绝大多数。同时，按原形输入转换的错误率为 2.2%%，异写字转换的错误率为 2.7%%，异构字转换的错误率为 5.2%%，可见，异写字转换的数量很大，但与按原形输入转换的正确率差距不大，而异构字转换的数量不大，但与按原形输入转换相比错误率较高。文字转换的错误率与难度成正比，难度越大，错误率越高。

2. 集外字处理策略

不同于异体字，集外字不是一个学术概念，而是依据字符集对文字的一个粗略划分，字符集所不包含的文字都是集外字。集外字可能是正体字，也可能是异体字、避讳字、讹误字等。因此，集外字处理策略可以套用异体字处理策略，也可以依据项目需要使用其他策略，如先对文本化项目中使用的集外字进行字频统计，将高频集外字做造字处理，采用自定义编码输入；非高频集外字做贴图或符号替换处理。以“文渊阁四库全书电子版[①]”项目为例，该项目使用 CJK+ 字库，CJK+ 字库包括 CJK、CJK 扩 A 部分和自定义编码 4296 个，这些自定义编码共使用 1959813 字次，主要来源于：《四库全书》作者数据库、书名数据库、180 万条篇目中的汉字；《四库全书》全文文本中出现率在 3 次 / 亿以上的汉字；《中华古汉语字典》、《中华文化通志》中的汉字[②]。还有部分集外字做了贴图处理或替换为“□”或“⿰”等结构符，如图 4-7 和 4-8 所示。

3. 避讳字处理策略

避讳也是古籍中常见的现象。陈垣在《史讳举例 · 序》中指出：“民国

---

① “文渊阁四库全书电子版”以《景印文渊阁四库全书》为底本，由上海人民出版社和迪志文化出版有限公司合作出版，迪志文化出版有限公司、书同文计算机技术开发有限公司承办全部开发制作工程，清华大学计算机系负责 OCR 引擎开发，北大方正电子有限公司负责建立专用字库，微软公司（北京）研究开发中心在平台技术等方面提供技术援助。“文渊阁四库全书电子版”分为“标题检索版”和“原文及全文检索版”两种版本。每一种版本又分为网络版和单机版。“文渊阁四库全书电子版”荣获了 1999 年电子出版物国家奖和莫比斯光盘大赛国际奖。

② 文渊阁四库全书电子版［EB］. 上海：上海人民出版社，1999：凡例.

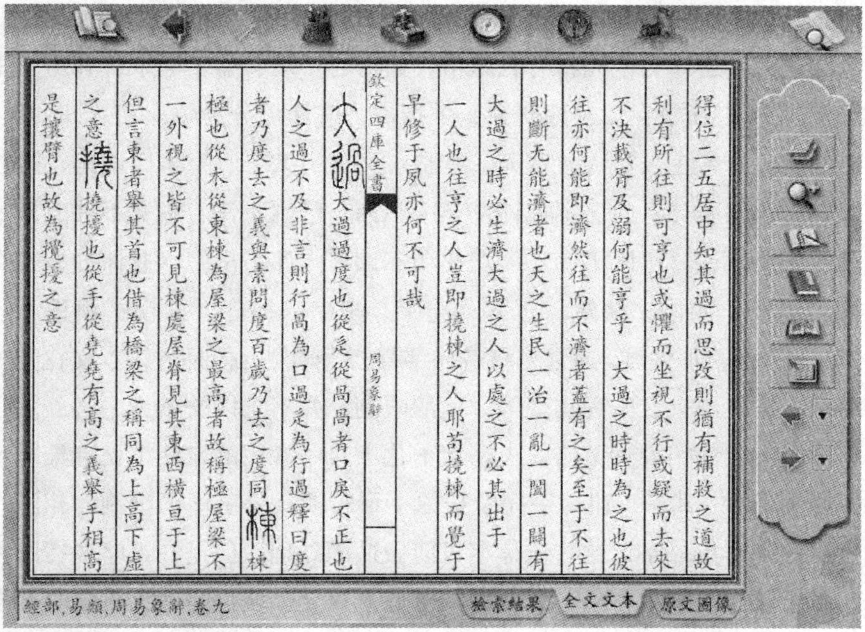

图 4-7　“文渊阁四库全书电子版”中的外字贴图

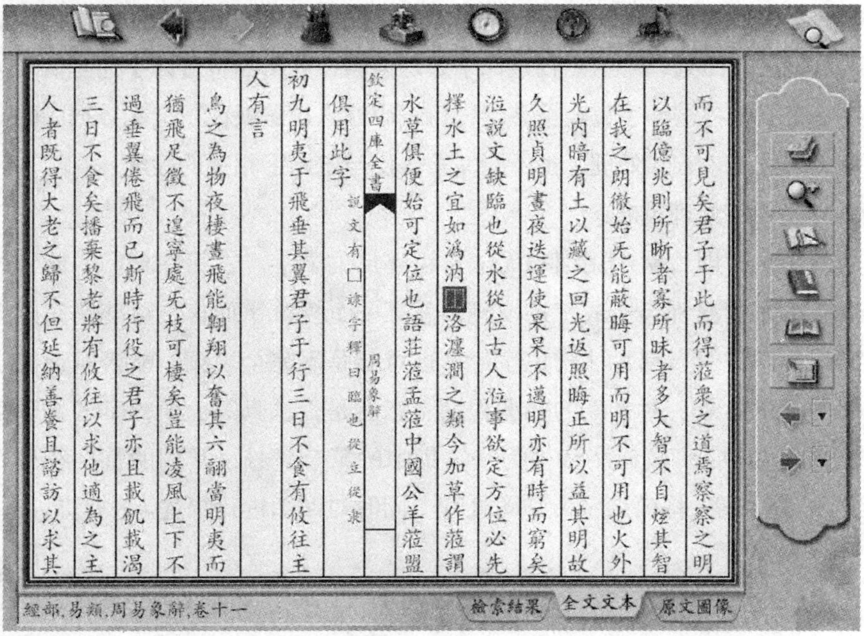

图 4-8　“文渊阁四库全书电子版”中的外字替换

以前，凡文字上不得直书当代君主或所尊之名，必须用其他方法以避之，是谓之避讳。避讳为中国特有之风俗，其俗起于周，盛于唐宋，其历史垂二千年。”[①] 王新华在《避讳研究》中指出，避讳可分为敬讳和恶讳两类，避讳的对象有帝王、圣人、贤人、官员、父祖、太子、皇亲国戚等，避讳的原则有嫌名不讳、二名不偏讳、卒哭不讳、已祧不讳、临文不讳、诗书不讳、庙中不讳、已废不讳、大功小功不讳、内讳不出门，避讳的方式有改词、更读、变体、缺笔、析言、空字、加字、换序、曲说、填讳、歇后[②]。在古籍整理领域，通常是将避讳字替换为原字。但是古籍本文化受项目需求、条件约束、工程实现等方面的限制，并不是以文献为中心，从学术角度制定避讳字处理策略。古籍文本化项目中常用的避讳字处理策略主要有以下三种：其一，避讳字完全按原字形转换。受字库的限制，相当一部分避讳字是集外字，这些避讳字只能做贴图处理。但是在策略执行过程中，由于操作员水平有限，只能识别部分避讳字，使得避讳字无法全部按原字形转换。其二，尽量将避讳字认同为本字，无法认同的做贴图处理。但是受人员水平的限制，只能将部分常见的变体、缺笔避讳字等认同为原字。其三，只处理集外避讳字，依据人员水平，能认同为本字的避讳字做文字认同，其他按贴图处理。这三种避讳字处理策略，既不能将避讳字完全认同为原字，也不能将避讳字完全按字形进行编码输入，这就使得全文数据中的避讳字无法按统一方式处理，也不能完整提供与避讳字相关的检索。

4. 模糊字处理策略

模糊字，即古籍中用肉眼无法辨识字形的文字。古籍在刻印、流传过程中有很多情况都会造成字迹模糊，就某一个模糊字而言，可能是完全无法辨识，即任何人都无法辨识字形，也可能是不完全模糊，能否辨识决定于人的学术背景、对文献的熟悉程度、态度是否认真等。模糊字的处理策略主要有两种：将模糊字替换为字符集中的某个符号，常用的替换符号有“□”、“■”等；将模糊字做贴图处理，同时对贴图进行描述。

---

① 陈垣. 史讳举例［M］. 北京：中华书局，2004：序.

② 王新华. 避讳研究［M］. 济南：齐鲁书社，2007：31-75，169-225.

4.1.3　版式转换

版式转换是古籍文本化流程中的重要环节之一，通过版式转换，将原书的版式信息转换为版式描述数据，并按一定规则保存在文本数据中。无论采用哪种文本化方法，版式转换都要先进行版式分析，再进行版式描述。基于版式描述数据，通过软件可以实现版式还原。

4.1.3.1　版式转换过程

版式转换可以分为版式分析和版式描述两个阶段。版式分析的重要目的是将图像中的文字、符号和版式进行粗略的划分，确定哪些部分要进行文本转换，哪些部分要进行版式转换。不同的文本化方法，对版式分析的要求也是不同的。若采用OCR，OCR软件通常带有版式分析模块，以汉王OCR软件为例，版式分析将图像划分为若干个区块，并给每个区块标注一个序号和属性，序号为流水号，属性包括文本、图像和表格三种，如图4–9所示。若采用键盘录入法，要将原书图像（如图4–10所示）分解为版面版式和文字录入区域，如图4–11所示。

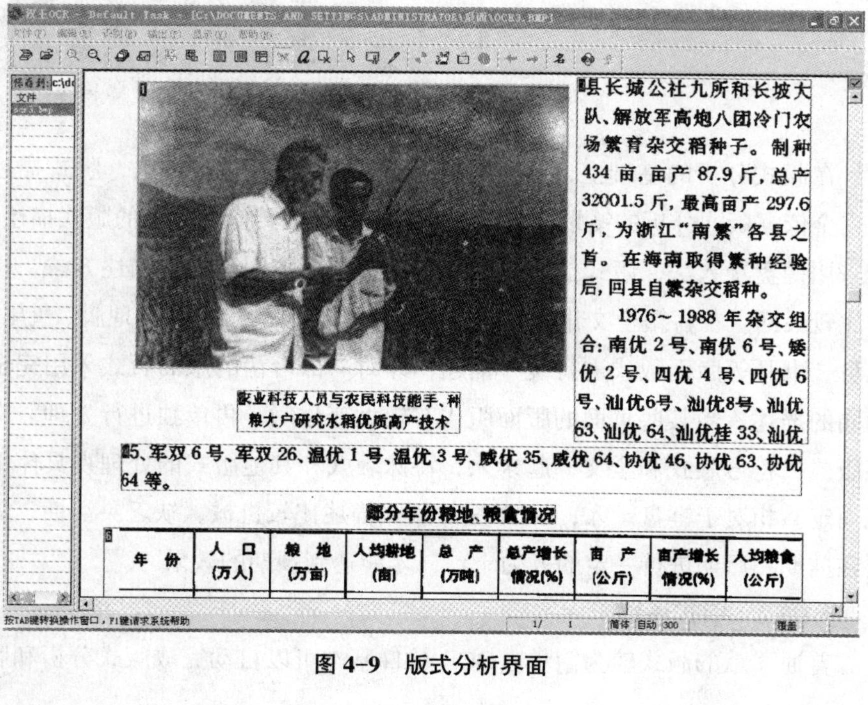

图4–9　版式分析界面

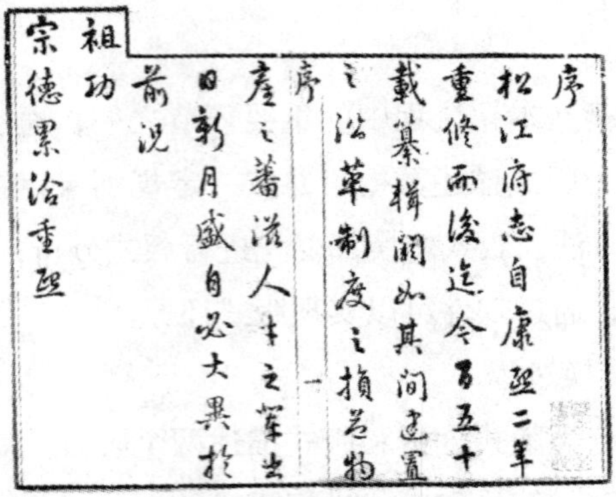

图 4-10　方志图像样例

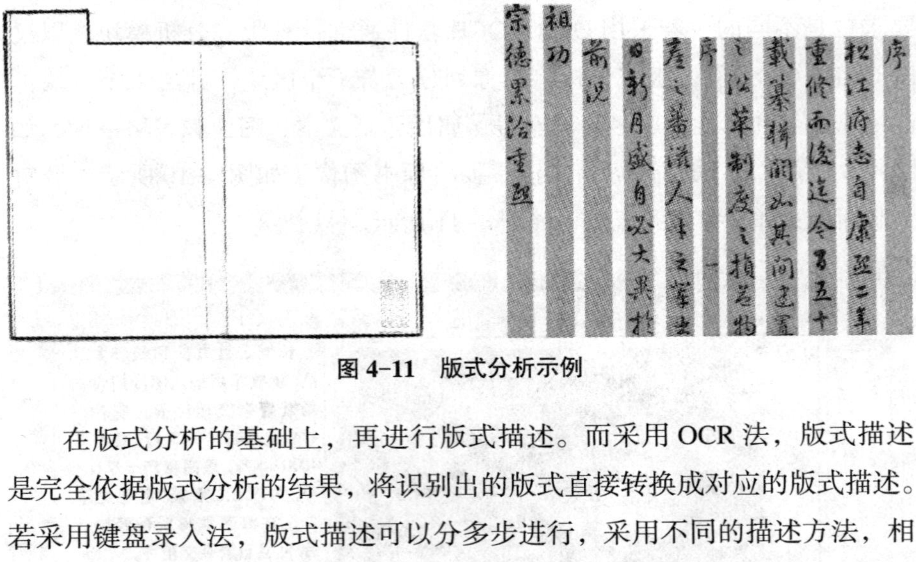

图 4-11　版式分析示例

在版式分析的基础上，再进行版式描述。而采用 OCR 法，版式描述是完全依据版式分析的结果，将识别出的版式直接转换成对应的版式描述。若采用键盘录入法，版式描述可以分多步进行，采用不同的描述方法，相对比较灵活。在古籍全文化项目中，通常对版框、界栏、天头、地脚、鱼尾、象鼻、书耳等版面版式进行统一描述，即对一部古籍的版面版式采用完全相同的描述，当某些页面的版面版式有较大变化时，再单独进行处理。文字版式、符号版式和全文一起录入，特殊版式和其他版式的处理视具体情况而定。相对于键盘录入，OCR 法的版式描述比较机械，缺乏灵活性，需要在前期和后期进行一定的人为干预，才能达到预期的效果。

4.1.3.2　版式还原

普通文献的版式较为简单，OCR 软件基本可以自动完成版式分析和版式描述，若版式较为复杂，则需加入人为的干预，手动划定、调整识别区块，指定各区块的属性。完成文本转换和版式转换后，OCR 软件可以依据用户指定的输出格式，自动完成版式还原并保存为指定格式的文件。

与普通文献相比，古籍的版式复杂得多。旧志版本类型多样、版式情况复杂，还有图文混排、不规则表格、删改、批注等情况。同时，依据古籍文本数据的用途，若文本数据只用于检索，直接用古籍图像数据进行显示，在文本数据的版式部分中只需包含每个字所在的叶和所处位置信息；若文本数据也用于显示，在文本数据的版式部分中就要包含更为丰富的版式信息，以满足全文数据显示的需求。

文本数据按照古籍原版式进行显示，称为版式还原，若文本数据只能按照部分古籍原版式进行显示，则称为有限版式还原。古籍文本化项目的需求和文本数据中的版式描述部分决定了版式还原的效果。以“中国基本古籍库”为例，在该项目中，版式基本不做描述，文字版式也简化为大小字、空格和回行，小字统一为单行小字，如图 4-12 所示。虽然该项目的

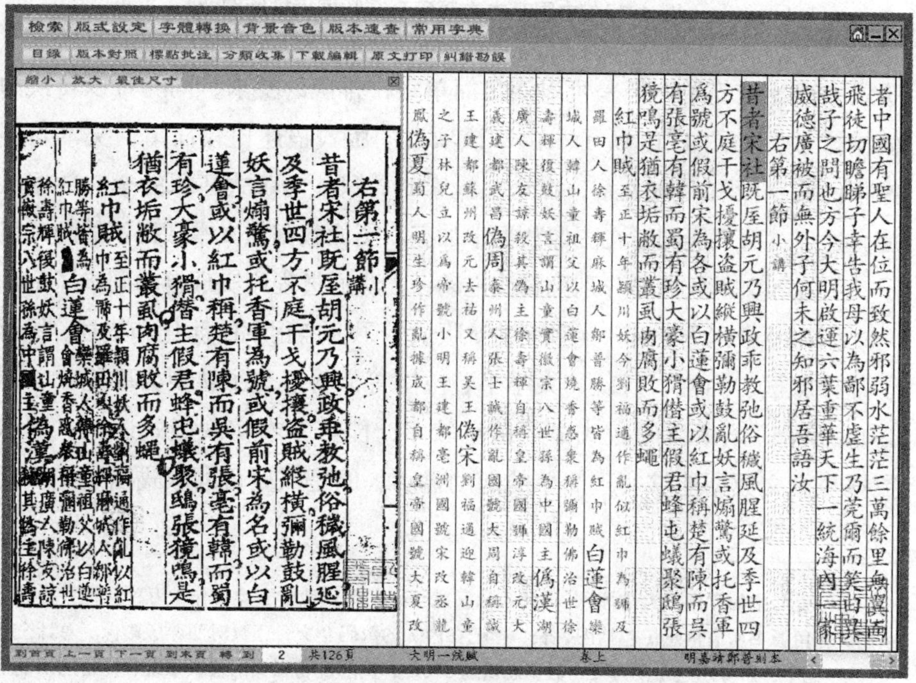

图 4-12　中国基本古籍库全文数据竖排版图

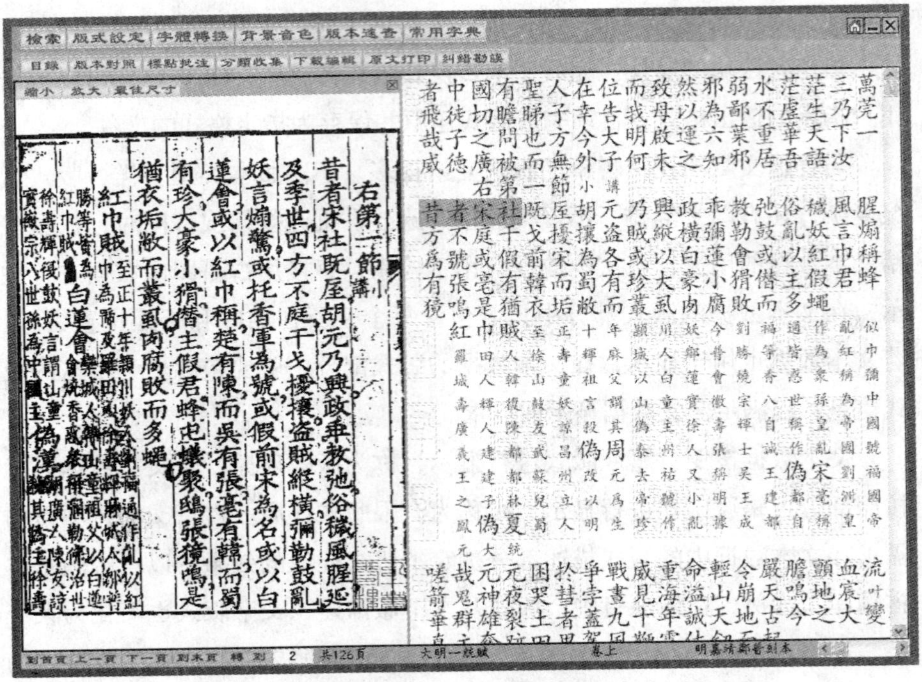

图 4-13 中国基本古籍库全文数据横排版图

版式描述比较简单，但是可以满足简单竖排排版的要求，同时可以转换为横排排版，如图 4-13 所示。由于该项目的版式描述比较简单，文本与图像中的文字没有对应关系，在全文检索时，只能对版式还原的全文数据做加亮处理，而不能同时在图像数据中加亮。图像数据与文本数据不能随动显示，图像和文本数据要分别翻页或拖动，无法通过程序实现自动同步显示。

而在“中国方志库”[①] 项目中，版式做了一定程度的简化和描述，保留了部分版框、界栏、行款、大小字、空围等，将墨盖子转换为墨围，如图 4-14 所示。该项目的版式描述信息较多，能够基本实现版式还原，图像数据与全文数据能够实现简单的随动显示。但是该项目的版式描述主要是

① 爱如生的“中国方志库网”，共收录汉魏至民国历代地方志类著作 1 万种。每种皆据善本制成保留原书所有信息（包括图、表、标记在内）的数码全文，逐页对照原版影像。总计全文超过 20 亿字，影像超过 1 千万页，数据总量约 350G；同时配备强大的检索系统和完备的功能平台，可进行快速海量检索和全电子化的整理研究作业。

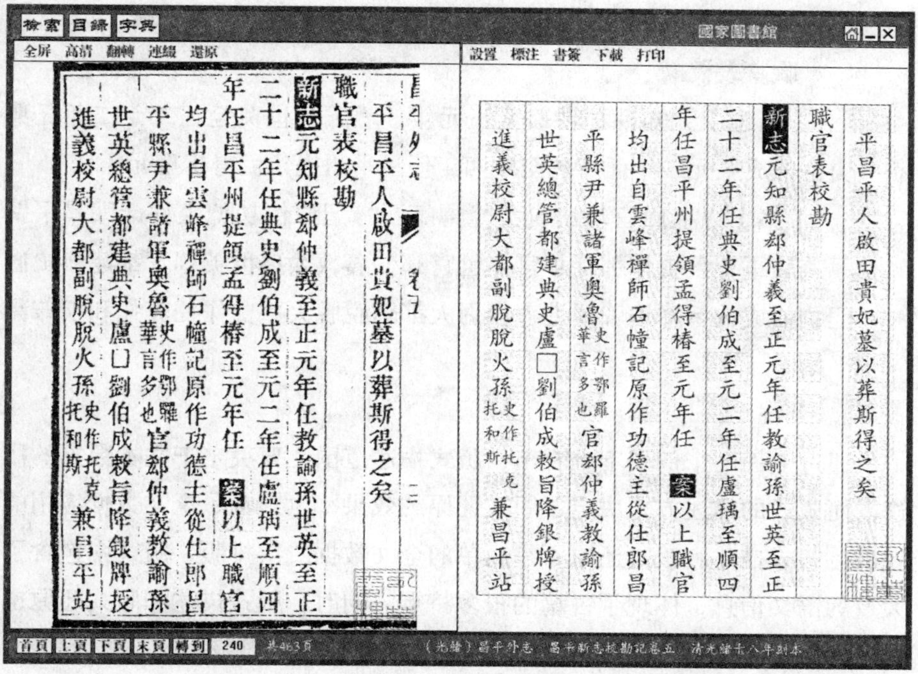

图 4-14　中国方志库版式还原图

从竖排排版的角度进行，全文数据直接转换为横排会出现一些问题。将图 4-14 中的全文文本直接复制粘贴到 word 中，得到以下文本：

平昌平人啟田貴妃墓以葬斯得之矣職官表校勘｜—｜新｜｜—志元知縣郄仲義至正元年任教諭孫世英至正二十二年任典史劉伯成至元二年任盧瑀至順四年任昌平州提領孟得椿至元年任｜—｜—案以上職官均出自雲峰禪師石幢記原作功德主從仕郎昌平縣尹兼諸軍奧魯史華作言鄂多羅也官郄仲義教諭孫世英總管都建典史盧□劉伯成敕旨降銀牌授進義校尉大都副脫脫火孫史托作和托斯克兼昌平站

在这段文本中没有回行标记，大字与小字也没有区分标记（小字顺序错误是由版式还原软件造成的，在全文数据中是正确的，通过检索可以验证），墨围没有使用专门的符号。图 4-14 中的全文文本按原版式转换为横排排版应为：

平昌平人敢田貴妃墓以葬斯得之矣

職官表校勘

【新志】元知縣郄仲羲至正元年任教諭孫世英至正二十二年任典史劉伯成至元二年任盧瑀至順四年任昌平州提領孟得椿至元年任

【案】以上職官均出自雲峰禪師石幢記原作功德主從仕郎昌平縣尹兼諸軍奧魯史作鄂羅華言多也官郄仲義教諭孫世英總管都建典史盧□劉伯成敕旨降銀牌授進義校尉大都副脫脫火孫史作托克托和斯兼昌平站

通过上面两个例子不难看出，版式描述范围主要决定于文本数据的用途，而版式的描述方式决定了版式还原的效果，也影响了全文数据应用的效果。版式描述和版式还原不是简单的全文数据二次排版，版式中包含了大量的语义信息，体现了古籍的很多特点。同时，版式描述和版式还原也受到古籍文本化项目中多种因素的制约，这就使得有限版式还原成为必然。

有限版式描述是使用一定数量的描述标记和方法，对符合检索、显示、其他后续应用需求的古籍版式外观和含义进行描述。有限版式描述具有以下特点：其一，面向应用划定版式描述范围。每一部古籍都包含很多版式元素，这些版式元素都是有意义的，从不同的角度进行考查，这些版式元素的意义也不同。因此，从版式元素自身出发，很难划定版式描述的范围。古籍文本化的目的就是应用，古籍版式描述的范围也要由应用确定。应用于显示的文本数据，强调版式外观的描述；应用于检索和后续应用的文本数据，强调版式含义的描述。其二，强调使用有限的描述标记和方法。古籍的版式千差万别，如果每种版式元素都用单独的标记进行描述，那么整个标记系统的复杂度就完全不可控。对于同类的版式必须要用相同的标记进行描述，尽量减少 XML 标签的种类，尽可能复用各种属性，降低版式描述的复杂度。只有这样才能控制标记的种类，为版式描述的标准化和规范化打好基础。其三，古籍版式的外观描述和含义描述并重。古籍版式的外观是显性的，而古籍版式的含义是隐性的，如果不对版式含义进行描述，全文数据的检索将难以优化，后续应用受到诸多的限制。

4.1.4　文本数据校验

受时间、资金、技术等条件的限制，古籍经过全文化过程转换为全文数据会损失一部分信息，也会带来一些新的错误（以下统称为全文化错误）。全文化错误可以分为两类：一类是由全文化项目的目标和具体需求，以及构建全文化模型、确定全文化方法、底本选择、可数字化评估等一系列全文化前期准备所造成的，这类全文化错误是在项目预期以内的，不属于质量控制的范围。例如，文渊阁《四库全书》电子版中，卷首做图形处理，卷尾印章（乾隆御览之宝）删除；长于30字的列由于字位过密无法显示而将其删除，只保留列中重要内容（人名或重要的大字内容）；易类、八卦符下的八卦卦名，由原书竖向大字改为横向小字等[①]。另一类全文化错误发生在项目的执行过程中，是全文数据偏离质量要求造成的，属于质量控制的范围，要通过校对、检验等一系列手段尽量避免。这类错误包括全文错误、版式错误等，这类全文化错误发生的频率称为错误率。

下面将从校验方法选择和错误率控制两方面来讨论全文数据的校验。

4.1.4.1　校验方法

全文数据的校验方法主要决定于全文化方法，好的校验方法不仅要充分利用全文化方法的特点，而且能够在一定程度上弥补全文化方法的不足。

采用键盘录入方法进行全文化，常用的校对方法是双工录入比较法。该方法主要是让两个操作员使用不同编码方式的输入法，同时录入一幅图像中的文本，将录入结果通过软件进行自动比对，如果两个人录入的文本相同，则认为录入正确，如果两个人录入的文本不同，只对不同部分进行校对，由第三个人独立进行校对并确定最终文本。双工录入比较法成立的前提是两个人录入同一幅图像中的文本不会出现完全相同的错误，但是实践证明这种同错现象是有可能发生，只是概率很低。若同错的概率低于古籍全文化项目的错误率要求，则双工录入比较法是有效的。反之，则要对

① 文渊阁《四库全书》电子版编辑校对［OL］.［2011-11-30］. http：//www.sikuquanshu.com/project/editorial.aspx.

双工录入比较法进行改进或采用其他方法。

采用 OCR 方法进行全文化，常用的校对方法有横校和纵校两类。横校是操作员直接对比图像和识别后的文本来发现识别错误，也就是传统的人工校对方法。OCR 系统能够自动调出文字和文字对应的图像，将两种数据一一进行比对，提供与之形近的文字供操作员选择，同时，用较为醒目的颜色标出识别可信度不高的文字，如图 4-15 所示。纵向校对是将一个图像或若干个图像中识别成同一个字的文字图像列在一起显示，便于操作员发现错误和修改，并以突出颜色标出可疑字，如图 4-16 所示。横校和纵校充分利用了 OCR 识别过程中原图和识别后文字的一一对应关系。横校符合人们的校对习惯，充分利用了语境和上下文的联系；纵校将识别成同一个字的多个图像集中在一起，利用了人类的视觉特点，使识别错误易于被操作员发现并改正。

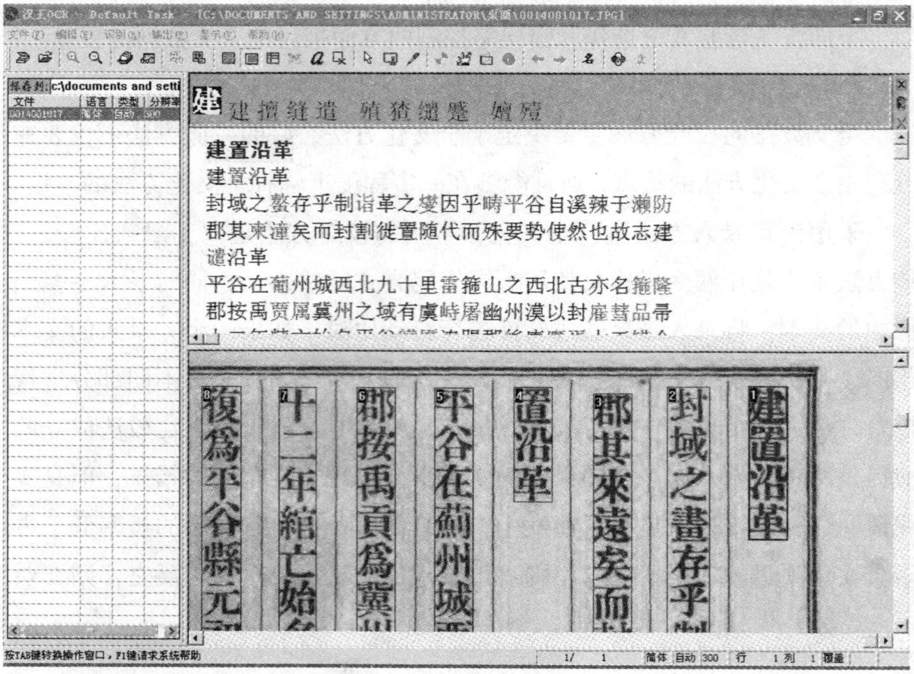

图 4-15　汉王 OCR 横校示例

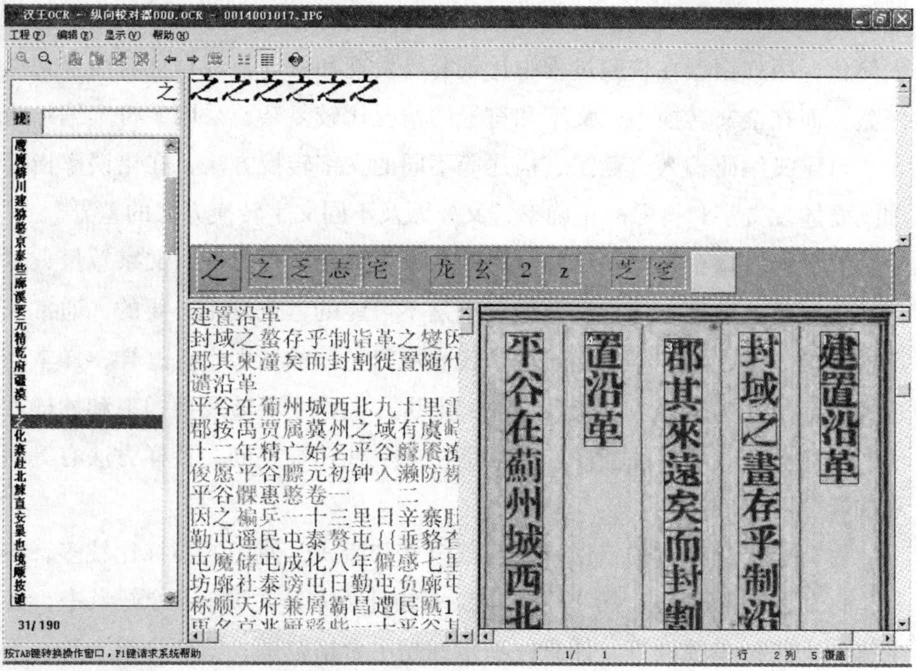

图 4-16　汉王 OCR 纵校示例

4.1.4.2　错误率控制

错误率控制是基于古籍全文化项目的目标和要求，将全文数据与全文化模型的拟合度控制在一定的范围以内，错误率是全文化项目的主要质量标准之一。错误率控制贯穿于整个全文化项目，在全文化前期准备环节中就要设定合理的错误率指标，在全文转换和版式转换环节中要加入部分错误率控制措施，而在数据校验环节中要综合运用各种错率控制手段，使错误率满足项目的要求。

1. 错误率计量

错误率是古籍全文化项目质量的重要指标之一，错误率的计算必须科学合理，能够反映整个项目的质量状况，同时具有可操作性，即错误率的各项指标都可以测度，而且测度的方法简单易行，能够满足项目的要求和限制条件。

古籍全文化项目中主要包括全文转换和版式转换，错误率的指标也要覆盖到全文和版式。在全文化项目中通常采用有限版式还原，版式描述大大简化，版式错误在校验过程中比较容易发现和认定，可直接对照全文化模型。而在全文转换中，文字和符号的情况比较复杂，采用字符集编码输入、自定义编码输入、贴图、描述等不同的文字转换方法，在错误率指标中既要体现文字和符号的正确率，又要顾及不同文字转换方法的差异。

大型的古籍全文化项目总量达到几十万甚至上百万叶，文字总量数以亿计，对每一叶逐一检验计算错误率是不可能的，也是不必要的，通常采用抽样的方法，用样本的错误率来代表项目整体的错误率。这样，样本的选择就显得尤为重要。从统计学意义上讲，抽样主要涉及抽样率和抽样方法。古籍全文化项目的抽样率通常是在 1% 到 10% 之间，抽样方法有等间隔抽样、随机抽样等。

古籍全文化项目的错误率要覆盖全文和版式，使用的指标比较多，各种指标的重要程度也有所不同。错误率的计算方法主要有两类：其一，各个错误率指标单独计算，任意一项指标超出合格范围，就认为整个项目不合格；其二，对错误率的各项指标进行加权计算，按照加权的结果判定整个项目是否合格。

以“数字方志”第一期为例，抽取不同版本的方志 100 种书，每种书连续检验 1 万字。主要检验文字错误（原书清晰，不需要文字认同）、模糊字错误（原书不够清晰，不需要文字认同）、文字认同错误、缺漏字错误、其他文字错误（无法确定文字错误的具体类型）、符号错误、版式错误等。采用加权计算方法，文字错误的权值为 1，模糊字错误的权值为 0.2，文字认同错误的权值为0.3，缺漏字错误的权值为1，其他文字错误的权值为0.2，符号错误的权值为 0.1、版式错误的权值为 0.5。得到的加权错误率计算公式为：

加权错误率 =［文字错误 ×1+ 模糊字错误 ×0.2+ 文字认同错误 ×0.3+ 缺漏字错误 ×1+ 其他文字错误 ×0.2+ 符号错误 ×0.1+ 版式错误 ×0.5］/ 样本总字数 ×100%

错误率计算的结果如表 4-7、表 4-8 所示：

表 4-7　不同版本的错误率

项　目	全　部	刻　本	木活字本	铅印本	抄稿本
加权平均错误率（%）	0.0283	0.027	0.0253	0.0197	0.0348

表 4-8　不同类型的错误率

项　目	文字错误	模糊字错误	文字认同错误	缺漏字错误	其他文字错误	符号错误	版式错误
总平均错误率（%）	0.012	0.009	0.014	0.005	0.017	0.004	0.003

2. 错误率控制方法

错误率控制贯穿于全文化项目的始终，在全文化前期准备环节中就要设定合理的全文化模型、工艺流程和错误率指标。在全文转换和版式转换中，每一个步骤都要加入一定的错误率控制措施，避免各种错误在全文数据中积累，或前一个步骤的问题在后一个步骤中造成新的错误。而在数据校验环节中要综合运用各种错误率控制方法，使错误率满足项目的整体要求。

最基本的错误率控制方法就是增加校对次数，通过校对可以发现全文数据中的各种错误，改正这些错误就能有效地降低错误率。通过对爱如生数字化技术研究中心、点通数据有限公司、北京时代瀚堂科技有限公司、汉王科技股份有限公司、方正国际软件有限公司、中数金航信息技术有限公司等多家公司的走访调查，我们了解，目前上述公司所承接的古籍全文化项目的校对次数通常不超过三次，按照这些公司的经验，同一批校对人员，采用相同的校对方法，进行三次以上的校对基本不能降低错误率。因此，在古籍全文化项目中，如果使用同样的校对方法，通常只进行三次或三次以下的校对，但是每次校对使用素质不同的校对人员。

除了增加校对次数，另一个经常采用的错误率控制方法是综合运用各种校对方法。若采用键盘录入方法进行全文化，通常是在双工录入比较法的基础上在进行图文比照校对，具体方法与横校类似。若采用 OCR 方法进行全文化，通常是横校和纵校交替使用，或在横校、纵校的基础上加入预测、联想、自动聚类等算法，以提高校对的效率。

通过对全文数据的错误率分析可知，错误率的高低与古籍的版本、清晰程度、内容复杂度等特性有很高的相关性，如表 4–7、表 4–8 所示。利用错误率与古籍特性的相关性，可以对古籍全文数据中容易出错的部分进行重点校对。不仅如此，全文数据的错误基本符合正态分布，即古籍全文数据中的一些字容易出错，而且相同或相近的错误反复出现，如表 4–9 所示。利用全文数据错误的分布特性，可以对古籍全文数据中容易出错的部分文字进行重点校对。重点校对充分利用了古籍的特性和数据错误的分布规律，提高了数据校对的针对性，不仅能有效地降低错误率，而且能降低校对成本。

表 4–9　全文数据错误分布示例

编号	书　名	错误（处）	重复错字（处）			备　注
0003	漷阴志略	102	23 於	8 日曰		
0009	嘉靖隆庆志	100	2 於		10 巳已己	
0013	延庆县志	33				
0026	良乡县志	39			2 巳已己	
0023	怀柔县新志	108	19 頭	3	6 巳已己	
0028	延庆州乡土志	15				其中一处重复了两行错38字
0035	昌平志外志稿	31	3 蒙			

（续表）

<table>
<tr><th>编号</th><th>书　名</th><th>错误（处）</th><th colspan="6">重复错字（处）</th><th>备　注</th></tr>
<tr><td rowspan="2">0043</td><td rowspan="2">武清县志</td><td rowspan="2">218</td><td>2</td><td>38</td><td colspan="2">34</td><td colspan="2">5</td><td rowspan="2"></td></tr>
<tr><td>於</td><td>己已巳</td><td colspan="2">日曰</td><td colspan="2">毋毌</td></tr>
<tr><td rowspan="2">0069</td><td rowspan="2">上海志</td><td rowspan="2">307</td><td>7</td><td>29</td><td colspan="4">4</td><td rowspan="2"></td></tr>
<tr><td>若</td><td>己已巳</td><td colspan="4">毋毌</td></tr>
<tr><td rowspan="2">0085</td><td rowspan="2">奉贤县志</td><td rowspan="2">231</td><td>41</td><td>49</td><td>6</td><td colspan="2">6</td><td>4</td><td rowspan="2"></td></tr>
<tr><td>共</td><td>己已巳</td><td>蒙</td><td colspan="2">天夭</td><td>士土</td></tr>
</table>

4.2 文本数据的保存

文本数据可以采用文件、数据库等多种形式保存，文件是文本数据保存的基本形式，文本数据文件可以直接导入数据库或转换为其他形式保存。在本书中主要讨论文本数据文件的保存，重点是文本数据文件的格式与命名，文本数据文件的存储与图像数据的存储类似，上一章已经讨论过，这里不再赘述。

4.2.1 文件格式

古籍全文数据的格式选择要依据古籍全文数据的功能需求，考虑数据格式的容纳性、兼容性和开放性。

容纳性是指该格式所能支持的数据类型，如文本、图形、图像等，古籍全文数据格式的容纳性指该格式是否能描述古籍中的文字、符号、版式等。以 TXT 格式为例，该格式只能描述文字和简单的符号，无法描述古籍的版式信息。

兼容性包括硬件兼容性和软件兼容性，硬件兼容性指是该格式是否依赖某些硬件设备的支持，如 PC、PDA、手机、电子阅读器等；软件兼容性是指该格式是否依赖某种操作系统或软件。以《文渊阁四库全书》电子版的自定义数据格式为例，该格式只能用于 PC，只支持 windows 操作系统的部分版本，不支持 Linux、MacOS 等操作系统。

开放性是指该格式是开放的标准（业界标准、国家标准或国际标准）。开放标准的原则是可及性、使用者的选择权、免授权费、无歧视、扩展或缩限、掠夺市场[①]。以 DOC 格式为例，该格式必须使用微软的 word 软件才能读取和编辑，用户不得对它进行逆向工程，读写兼容的格式都需要获得授权。而 HTML 格式使用任何一种浏览器软件都能读取，使用任何一款文字处理软件都可以编辑。

理想的古籍全文数据格式应具有最大限度的容纳性、良好的兼容性和充分的开放性。

王冠中在《中文古籍数字化成果与展望》[②]中，将古籍全文数据归纳为以下四类格式：无格式文本，不带任何格式的文本文件，如 TXT 等；格式文本，指以字符方式存放，附有各种标识的文件，如 DOC、PDF、WDL、EBK、EDB、OEB、SEP、IFR、XEB、PDG、CEB 等，此类文件的浏览、编辑需使用专用软件；超文本，支持网络浏览的文本格式，如 HTML、XML 等；其他格式，如 EXE、XDF、MDB、MDF、DBF 等。上述分类只是从容纳性的角度出发，未能考虑到兼容性和开放性。在这些文件格式中，只有 XML 和 PDF 具有较好的容纳性、兼容性和开放性。

除了考虑数据格式的容纳性、兼容性和开放性，还要考虑整个全文化过程中每个环节对数据格式的不同需求。古籍全文数据按照加工流程可分为过程数据和最终数据，按照数据用途可分为交换数据、保存数据、检索数据和显示数据等。XML 可以作为古籍全文化过程中任何一种类型的数据格式，PDF 适用于显示数据，也能支持简单的检索功能。

4.2.1.1　TXT 格式

TXT 是微软在操作系统上附带的一种文本格式，主要保存文本信息，不保存文本的格式信息。TXT 格式支持以下四种编码方式：ANSI、

---

① 毛庆祯．电子档案格式之开放性研究［OL］．［2011-6-30］．http：//www.lins.fju.edu.tw/mao/works/filestd.htm．

② 王冠中．中文古籍数字化成果与展望［D］．东北师范大学，2005．

Unicode、big-endian Unicode 和 UTF-8。这些编码方式可用于处理使用不同字符集的文档。在简体中文系统下，ANSI 编码代表 GB2312 编码。除了 PC 系统，TXT 文件还能应用于手机、PSP、MP3、MP4 等终端设备。

4.2.1.2 XML 格式

XML（eXtensible Markup Language）是 Internet 环境中跨平台的、依赖于内容的技术，是这个时代中处理分布式结构信息的选择工具。在 W3C 组织领导下的工作小组发展并支持 XML 技术，1998 年，W3C 就发布了 XML1.0 规范。XML 可以看作是 SGML 的简版。XML 是可扩展的、结构化的、比 SGML 更容易存取。DTD（Document Type Definition）是 XML1.0 版规格的一部分，它是 XML 文件的验证机制，属于 XML 文件组成的一部分，DTD 在 XML 文件所扮演的角色就是定义 XML 文件的元素架构、元素标记和属性。DTD 可以看作是标记语言的语法文件，它是一套定义 XML 标记如何使用的规则。DTD 定义了元素、元素的属性和取值，以及哪个元素可以被包含在另一个元素中的说明。DTD 还可以用于定义实体。XML Schema 负责定义和描述 XML 文档的结构和内容模式。它定义 XML 文档中存在哪些元素和元素之间的关系，并且可以定义元素和属性的数据类型。XML Schema 本身是一个 XML 文档，它符合 XML 语法结构，可以用通用的 XML 解析器解析它。XML Schema 是针对 DTD 的缺点而设计的，它基于 XML，没有专门的语法，可以像其他 XML 文件一样解析和处理，支持一系列的数据类型，提供可扩充的数据模型，支持综合命名空间，支持属性组。

4.2.1.3 PDF 格式

PDF（Portable Document Format）格式是 Adobe 公司开发的电子文件格式，2007 年 12 月成为国际标准 ISO 32000。PDF 格式支持跨平台的多媒体信息出版和发布，支持网络信息发布。PDF 格式可以将文字、字型、格式、颜色及独立于设备和分辨率的图形图像等封装在一个文件中。该格式还可以包含超文本链接、声音和动态影像等电子信息，支持特长文件，集成度和安全可靠性都较高。PDF 格式是一种文本和二进制混排的格式，文本部分主要是对文件结构的一种描述，二进制部分括图片、字体和压缩后的 Post Script。PDF 格式具有高兼容性、高压缩性、设备独立性、页面独立性、可扩充性、保护性等特点。

4.2.2 文件命名

文件命名主要有两种方式：定长文件名和变长文件名。定长文件名通过固定的位数和先后顺序来识别信息，变长文件名通过分隔符来识别信息。数字方志项目中的文件命名为定长文件名，格式为 SZFZXXXXXXXXXX，SZFZ 表示数字方志项目，后 10 位数字表示书号（4 位）、卷号（3 位）和叶号（3 位）。例如：SZFZ0001001001，表示［光绪］通州志卷一第一叶。

国家图书馆《中文文献全文版式还原与全文输入 XML 规范》中规定，文献数字化后的文件名由多部分组成，每部分之间分别用分隔符“-”隔开，如果某部分内容中有“-”，则在其前面加一个“-”，表示不是分隔符。

文件名一般情况是由四部分组成，分别称为第一部分、第二部分、第三部分和扩展部分。示例：第一部分为文献名（文献名可以不是题名，但能标识该种文献）、第二部分为卷册号（卷册号是对一种书各部分的编号）、第三部分为页号。扩展部分可以省略，也可以有多个。

建议卷册号用 8 位数字组成，从 00000001 至 99999999；页号由 5 位数字组成，从 00001 至 99999。一种文献的所有文件存放在目录名为“文献名”的目录下，设一种文献的名字为 WenXianMing，则该文献所有文件存放在目录名为 WenXianMing 的目录下。该种文献的头文件名为 WenXianMing.xml，存放在 WenXianMing 的目录下；在 WenXianMing 的目录下，为该文献每卷册定义一个目录，目录名为文献名 + 卷册号，如第一卷的目录名为 WenXianMing-00000001；第二卷的目录名为 WenXianMing-00000002，页文件名为 WenJianMing- 卷册号 - 页号 .xml，如第一卷第一页的页文件名为 WenJianMing-00000001-00001.xml，页文件存放在对应的卷册目录下。如图 4-17 所示。

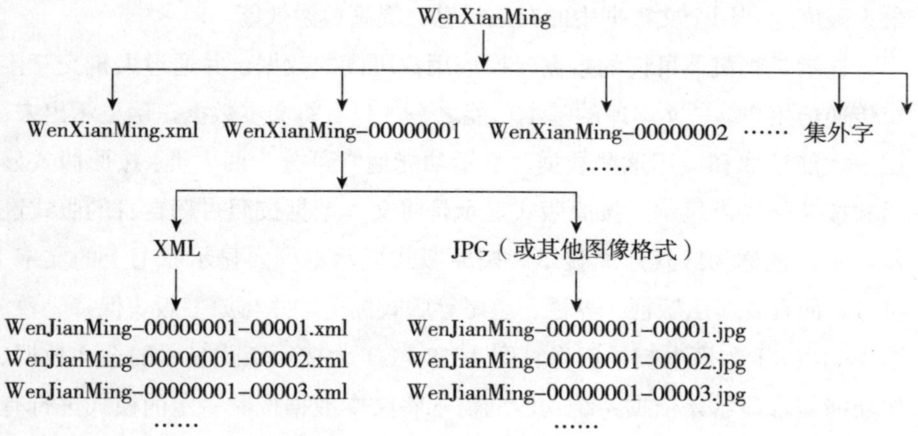

图 4-17　文件目录结构示意图

4.3　文本数据的发布

文本数据的最基本功能就是检索和显示，要实现上述功能不仅需要数据支持，而且需要数据库和软件的支持。文本数据、标引数据和其他功能性数据导入数据库后形成文本库，文本库与应用软件或客户端共同构成文本数据应用系统。文本数据可以与图像数据共用标引数据，标引数据在上一章讨论过，此处不再赘述。

4.3.1　文本库

检索是文本库的最基本功能，古籍文本化的最初目的就是实现对古籍内容的检索。检索就是检索工具作用于文本数据的过程。检索工具的效能和文本数据的质量共同影响检索的结果，决定古籍内容检索的查全率、查准率和检索结果的可靠性。例如：错误率为万分之三和错误率为百分之一的文本数据，在相同的检索工具作用下，检索结果的可靠性大不相同。古籍文本数据的质量不仅指文字错误率，还包括字库选择、文字认同、集外字处理、符号表示、版式描述等，这些因素都将对检索结果产生影响。当然，检索工具的作用也是不可忽视的，随着检索工具智能化水平的提高，检索已经不只是传统的字符串匹配。只有使用更为先进的检索工具，才能最大限度地利用全文数据中的有效信息，提高检索效能。

显示是将机器可读的数据转换成用户可读的数据，并通过人机交互接口传递给用户，是文本库的基本功能之一。只有将文本数据正确显示出来，用户才能获取和应用这些数据。显示功能通常可分为两大类：按原版式显示和按功能需求显示。按原版式显示是将文本数据按照古籍自身的版式进行显示，也称为版式还原显示。按原版式显示不仅要显示原书上的文字、符号，而且要显示版框、界栏、鱼尾等版式标记，并与原书版式保持一致。图 4–18（a）为原书扫描影像，图 4–18（b）为按原版式显示的全文数据。按功能需求显示是依据系统功能的需求将文本数据按照一定的模式进行有选择的显示。例如，在数字方志全文检索系统中，检索结果显示要以检索词为中心，显示检索词前的 50 个字和检索词后的 50 个字，检索词用黄色进行标记，显示检索词所在的卷和叶（筒子页），古籍全文数据自左向右横排显示，双行（多行）小字用字号进行区分，不显示古籍全文数据中的版式符号，如图 4–19 所示。

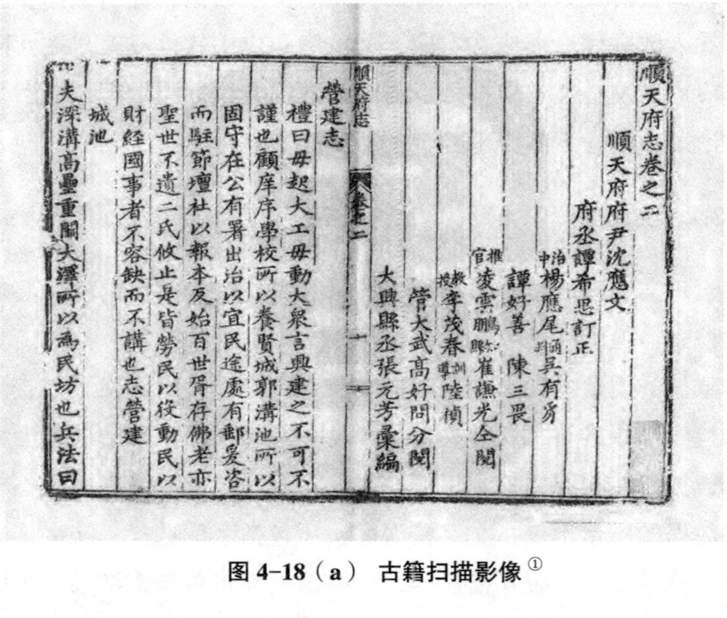
順天府志卷之二
順天府府尹沈應文
府丞譚希思訂正
治中楊應尾 通判吳有勇
譚好善 陳三畏
推官麥雲鵬 照磨崔謙光仝閱
教授李茂春 訓導陸楨
管大武高好問分閱
大興縣丞張元芳彙編

順天府志 卷之二 一

營建志
禮曰毋起大工毋動大衆言興建之不可不謹也顧庠序學校所以養賢城郭溝池所以固守在公有署出治以宣民遞處有郵爰咨而驛節壇社以報本反始百世胥存佛老亦聖世不遺二氏攸止是皆勞民以役動民以財經國事者不容缺而不講也志營建
城池
夫深溝高壘重關大澤所以爲民坊也兵法曰

图 4–18（a） 古籍扫描影像[①]

① 沈应文．顺天府志六卷［M］. 刻本，1593（明万历二十一年）.

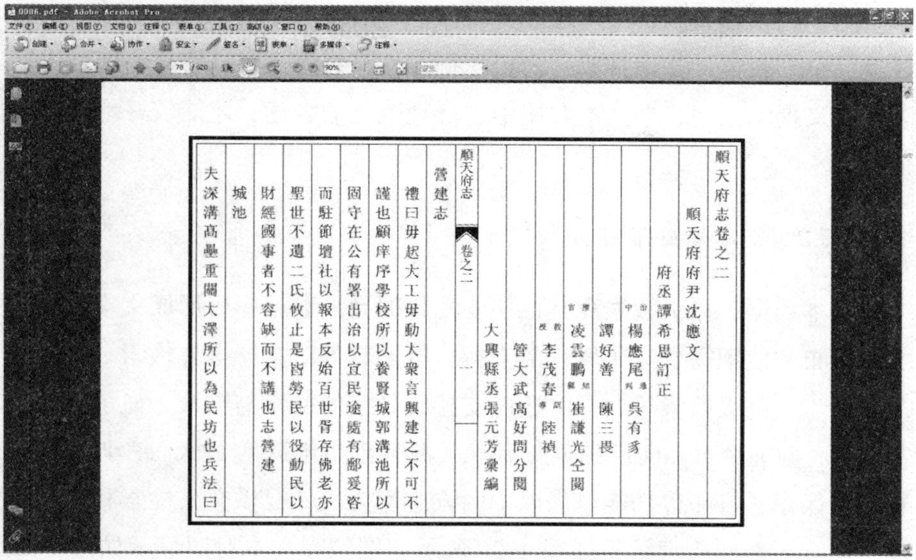

图 4-18（b） 按原版式显示的全文数据

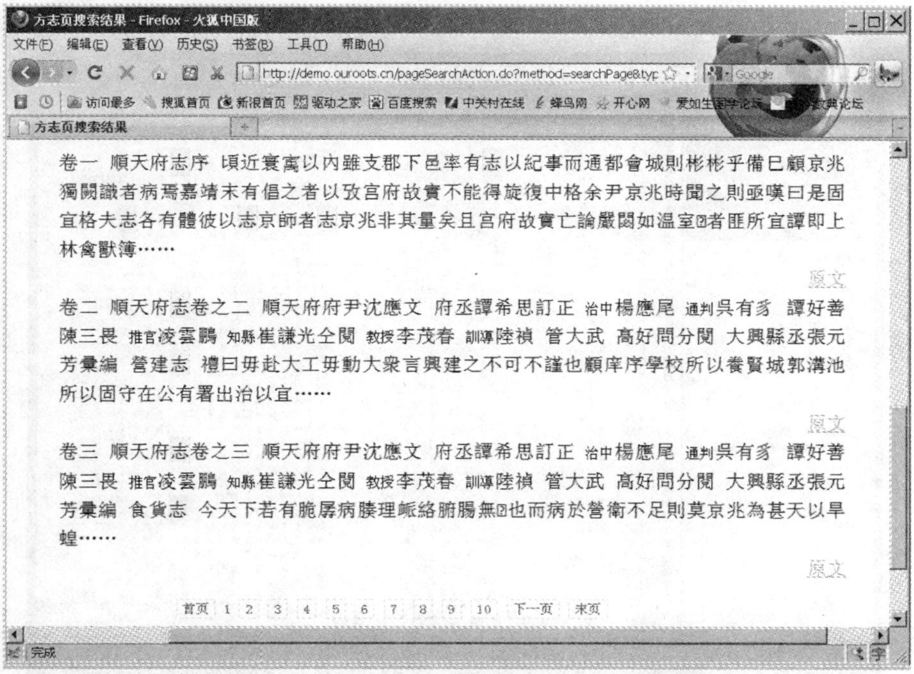

图 4-19　数字方志全文检索系统（测试版）截图

除了检索和显示，文本还应支持其他的后续应用，如自动句读、自动校勘、自动聚类、知识抽取、知识挖掘等。只有将文字、符号、版式中隐含的语义揭示出来，在文本数据中进行规范化的表述，才能较好地支持上述应用。

4.3.2 文本库发布

文本数据、标引数据和其他功能性数据导入数据库后形成文本库，文本库发布和使用需要应用软件的支持。检索软件应支持全文检索、自定义范围检索、高级检索等，同时还应支持集外字的检索与输入。显示软件具备翻页（向前翻页和向后翻页）、跳页（跳转到指定页）、放大、缩小、翻转、复制、保存、打印等功能。仍以中国方志库为例，提供全文检索和显示功能，检索界面和检索结果如图 4-20 所示，图像和文本对照显示如图 4-21 所示，文字的复制保存如图 4-22 所示。

除了上述功能外，中国方志库还支持标注、书签、下载等功能。

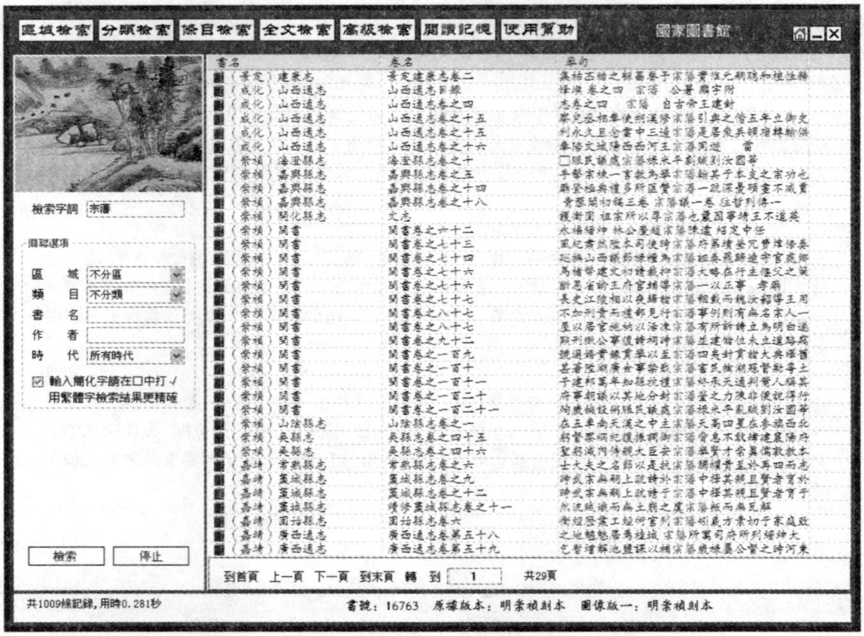

图 4-20 中国方志库全文检索界面（一）

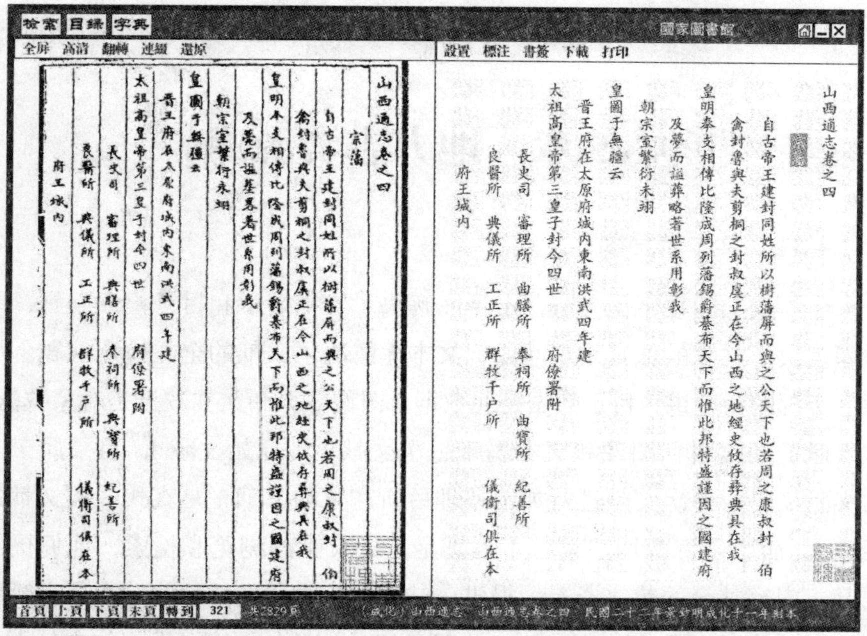

图 4-21　中国方志库全文检索界面（二）

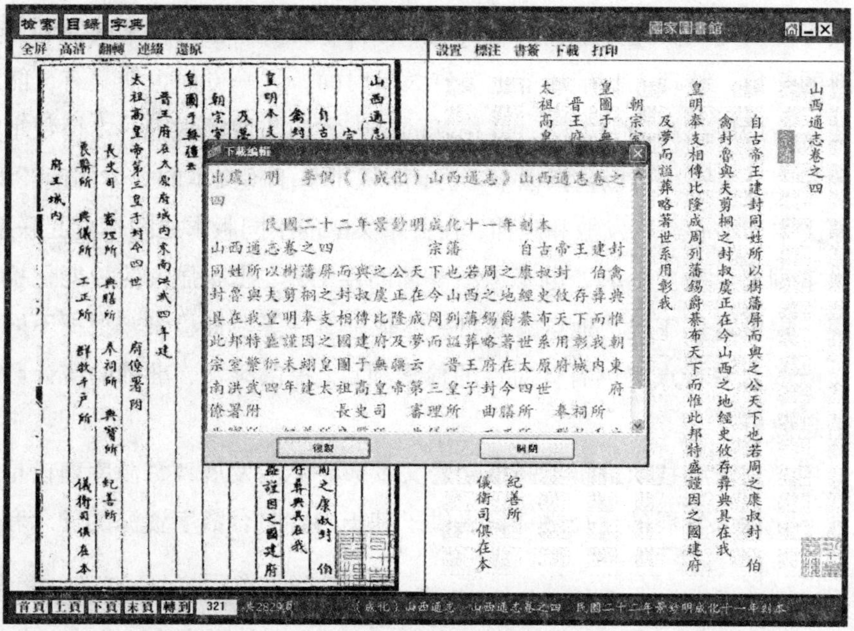

图 4-22　中国方志库全文检索界面（三）

第5章　地方志资源库

作为成熟的数字化方法，书目库解决了文献揭示和目录检索问题，图像库解决了文献的保真重现问题，文本库解决了文献的全文检索问题。从数字资源的角度讲，目录数据是元数据，图像数据和文本数据是对象数据；从文献的角度讲，图像和文本属于一次文献（即原始文献），目录属于二次文献（是对一次文献进行加工整理后所产生的文献，是查找一次文献的线索）。而数字资源用户早已不再满足基于文献的浏览和检索，他们更需要基于内容整合的数字资源，提供一站式的信息服务。徐清等在《古籍数字化资源的深度开发》[①] 中指出，古籍数字化资源的深度开发将使文献不再是平面的、孤立的资料，而是成为一个立体的文化学术信息知识库，这一方面可使研究人员充分享受到现代数字化技术给学术研究带来的便利，在资料的搜集、整理等基础环节上节省大量时间，另一方面也使其有可能从中获取新的思路和研究方法，开拓新的研究方向与课题内容。古籍数字资源的深度开发至少可以包括以下三方面：提供基于超文本的立体阅读环境，以原文本为中心进行发散和延伸，在古籍文献的不同版本之间建立起联系，提供字词典、历史年表、电子地图等辅助性工具；建立强大的智能化检索系统，提供写作年代、地点、题材、体裁、事件等属性检索，根据不同类型文献的自身特点提供有针对性的检索项目；提供科学、准确的统计数据和信息分析。

用户需求和技术进步不断推动着文献数字化的发展，资源库建设是文献数字化深入发展的途径之一，提供了基于内容整合数字资源的理念和方

---

① 徐清，石向实，王唯．古籍数字化资源的深度开发［J］．图书情报工作，2007（3）：95-97．

法。本章将从资源库的概念出发，着重讨论资源库的资源组织和库结构设计，以及资源库的技术实现和相关应用问题。

5.1 资源库的概念

“地方特色数字资源库”就是一种将带有地域文化特色的，以文字、图像、声音为载体的信息进行数字化整合和加工，并通过互联网的发布和传输，成为全球共享的多媒体数字化信息资源[①]。资源库是经过专业人员组织、加工、整合而成的符合数字图书馆规范的资源的集合，它具有数字图书馆的基本特征，资源库是完全网络化的，具有强大的检索平台和丰富的检索途径，一般资源库都包括文字、图片、视频、音频等丰富的多媒体资料，对各种媒体都具有良好的支持，各种专题知识资源库组成了数字图书馆的物质基础[②]。私有资源库是指个人在自己的计算机上采用免费或基本免费的全文数据库软件工具，将个人自创或收藏的文件和信息进行采集、编辑、存储，使之成为有组织的信息集合，以供个人有效利用的数字图书馆。与面向公众的数字图书馆比较而言，私有资源库实现了真正意义上的个性化服务，收录信息资源的类型更为丰富，易于对信息进行编辑和处理，信息固化，无需依赖网络[③]。上述这些定义从不同角度对资源库的外延和内涵作了界定，虽然侧重点有所不同，但是对资源库本质认识是基本一致的，即资源库是经过整合的有序的数字资源集合。

5.1.1 资源库的特点

作为资源的集合，资源库容纳的资源类型多样，资源内容丰富，组织手段繁多，展示方式灵活。通过与目录库、图像库和全文库的比较，可以

---

① 李哲汇．地方特色数字资源库的开发与设计［J］．情报探索，2003（4）：51-52.

② 王荟．中国地方志（旧方志）资源库的设计与展望［J］．国家图书馆学刊，2003（1）：68-73.

③ 王碧静．个人资源库的构建［J］．电脑知识与技术，2009（5）：47-48.

归纳出资源库具有以下几个特点：各种类型的资源围绕某一主题进行整合，可以直接满足用户某一方面的需求；不同粒度的资源有机地组织在一起，共同为同一主题服务；资源经过深入的标引，可以支持显示、浏览、检索等功能；各类资源之间彼此关联，形成多维的资源网络。

5.1.1.1　整合

资源库建设通常是围绕某一主题，形成特色资源库。所谓特色资源库，就是在内容上应具有鲜明特色的资源集合，如地域特色、学科特色、文化特色等。整合是资源库的重要特点之一，资源库建设过程本身就是资源整合的过程，尽管资源库内的资源内容、类型、格式等都不同，但是都围绕同一主题，能够解决用户某一方面的需求。

以长白山特色资源库[①]为例，长白山文化资源内涵丰富，包括著名的高句丽古迹遗存、民族风情、人文景观以及由此产生的旅游文化；高句丽建筑艺术精湛、艺术成就突出、文明内涵富有特色；长白山区、鸭绿江流域是满族文化的发祥地，遗存有丰富的满族民间文化；长白山悠久的历史使其拥有众多的人文、历史景观。同时，长白山还具有丰富的自然资源，包括林业、药材、野生生物资源、水资源、矿产资源等。从内容的角度，长白山特色资源库可以划分为长白山人文资源库和长白山自然资源库。长白山人文资源库包括高句丽古迹遗存专题库（如高句丽历史研究专题、高句丽考古研究专题、高句丽国际研究专题、高句丽研究学者及文献目录专题等）、民族风情专题库（如满族医药文化专题、萨满剪纸专题、萨满绘画专题、木石文化专题等）、人文景观专题库、旅游专题库等。长白山自然资源库包括林业专题库、药材专题库（如药用植物专题、药用动物专题等）、野生生物资源专题库（如野生植物专题、野生动物专题等）、水资源专题库（如河流专题、水电专题等）、矿产资源专题库等。长白山特色资源库充分体现了长白山地区的自然资源和历史文化特色，按照资源内容特性组织为多个专题库，进行了深入的资源整合。

---

① 杨晶石，王红梅．长白山特色资源库的构建［J］．通化师范学院学报，2009（4）：58-60.

5.1.1.2　粒度

资源库内的资源包含多种类型，可以具有不同的粒度。资源库具有多粒度的特点首先决定于资源库的内容特性，以人物资源库为例，一个人物的信息可以是一个辞条、一篇传记、一部年谱、多部传记、多篇研究文章或多部研究专著等。资源库的多粒度特点还决定于多种资源类型，图像可以具有单幅图像、图像局部等粒度，文本可以具有书、章、节、段、句、词、字等粒度，音频可以具有首、片段等粒度，视频可以具有作品、单元、帧等粒度。

以海南特色数据库[①]为例，该资源库包括海南热带农业文献数字资源库、海南少数民族文献数字资源库、海南热带医学文献数字资源库、海南历史文献数字资源库和海南旅游文献数字资源库。海南热带农业文献数字资源库分为热带农业文献专题库和学位论文库两个子库，发布 800 条（包括专题库 676 条和学位论文库 124 条）全文数据；海南少数民族文献数字资源库包括“海南少数民族图书库”图书 148 条，“海南少数民族论文库”论文 1252 篇，“海南少数民族图片库”图片 357 张和“海南少数民族多媒体库”的音像资料 64 件；海南热带医学文献数字资源库包括“海南医学院科技成果库”和“热带医学文献库”两个子库，发布科技论文全文数据 1718 条和科技著作 2O 本；海南历史文献数字资源库包括海南历史文献库、海南历史文献电子图书库、海南历史文献图片库和海南历史文献音像库，共发布数据共 1821 条；海南旅游文献数字资源库包括“海南古迹文化景点游”和“海南自然风光景点游”两大专辑，发布 22 个古迹文化景点的数字多媒体整合数据和 68 个自然风光景点的技术合成数据。海南特色数据库依据内容特性划分为多个子库，使用了不同类型的资源，这些资源具有多种粒度。

5.1.1.3　标引

资源库是经过整合的有序资源集合，而不是资源的简单汇集与存储，

---

① 黄玉华，吉汉强. 海南地方特色文献数字资源库群的联合共建［J］. 图书馆建设，2006（1）：30-32.

这就决定了资源库内的资源必须经过标引。标引既包括分类标引，也包括主题标引。通过标引可以实现资源的分类与聚类，支持按类显示、浏览和检索。标引有多种实现方式，可以使用通用的分类法和主题词表，也可以为资源库定制专用的分类法和主题词表。

以泉州学文献资源数据库[①]为例，地方文化资源的内容丰富多彩。泉州历史文化资源可分为16类，包括泉州地方社会政治制度资源、社会经济形态资源、宗教文化资源、民俗文化资源、历史名人资源、文物古迹资源、风景旅游资源、饮食文化资源、民居文化资源、海外交通文化资源、歌谣资源、音乐资源、舞蹈资源、戏剧资源、名特产品资源、图书文献资源等。泉州学文献资源数据库包括本地区出版物、本地著述、记载及论及本地区古今情况的各种资料，即包括书籍、杂志、报纸、手抄本、手稿本、宗谱、图片、碑帖、甲骨、金石、墨迹、声像资料等等。数据库字段包括顺序号、分类号、题名、著者、年月、卷期、页码、主题词或关键词、内容摘要等项，对文献要按照《中国图书馆图书资料分类法》进行分类，主题标引要依据《汉语主题词表》准确进行，使用CNMARC格式，建立规范文档，以利于数据的交换和共享。

5.1.1.4　关联

资源库内包含多种类型、不同粒度的资源，这些资源之间有各种各样的联系，这些联系表现为数据间的关联。资源间的关联提高了资源库的整合程度，使资源库内部和资源库之间的联系更为密切，使资源处于多维的网络之中。关联包括内容关联、格式关联、规范关联等多种形式。

以湖南近代人物资源库[②]为例，该资源库由人物库和文献库构成，人物库包含湖南近代人物数据库、研究人员数据库、家族亲友数据库三个子库，文献库包含著述成果、研究评论库，动态消息库，研究刊物、研究机

① 高坤育．地方多媒体文献资源库建设——泉州学文献资源数据库建设的思考［J］．情报探索，2002（4）：36-37．

② 蔡璐．浅谈人物数据库网站的核心表现——以湖南近代人物资源库建设为例［J］．图书馆，2010（3）：107-108．

构库，文献图片库，人物照片库，史迹场所库，音视频库等七个子库。湖南近代人物资源库累计设立了近200个字段，建立了10多个关联，使得该资源库既可以作为某个典型人物的专库，也可以扩充建设为研究人物的全库。人物库设计了古近代人物库、研究专家库、家族亲友库等3个子库，这3个子库既相互关联又相对独立，通用的字段可以共用，支持检索、统计、查询等功能，特有的字段可以随时扩充，以满足专库建设的需要。此外，湖南近代人物资源库建设充分考虑了数据库的建设规范，并建立了8个规范词表辅助库。

5.1.2 资源库结构

资源库是经过整合的有序的数字资源集合，要组织不同粒度的资源，实现检索、浏览、显示、数据分析等功能，就必须具有合理的库结构。资源库结构设计是资源库建设的基础，库结构应具备容纳性、可扩展性、可实现性。容纳性是指资源库能够容纳各种粒度的资源，并对资源进行深度的组织和揭示，使之成为有序的资源集合；可扩展性是指当有新的资源或应用需求出现时，资源库结构可以进行灵活的扩展，实现资源的组织和有序化；可实现性是指资源库结构清晰简捷，便于技术实现，具有合理的性能价格比。

5.1.2.1 资源库的数据结构

资源库的数据结构是从资源的数据特性来考察资源库结构。资源库容纳不同类型、不同粒度的资源，资源按数据类型可以分为结构化数据和非结构化数据。书目数据（MARC格式或DC格式）就是典型的结构化数据，而图像、音频、视频等都是非结构化数据。结构化数据便于检索和数据挖掘，但信息量有限；非结构化数据信息量丰富，但是需要借助结构化数据来实现检索。

按照资源的数据特性可以将资源库划分为著录库和素材库，著录库主要保存结构化数据和半结构化数据，用于检索、浏览、显示和数据挖掘。素材库主要保存非结构化数据，仅用于显示，通过著录库的数据来进行调用。以湖南近代人物资源库[①]为例，该资源库由人物库和文献库构成，人物数据和文献目录数据保存在著录库中，支持检索、统计、查询等功能；人物图像、人物传记、文献全文、相关的音视频数据等保存在素材库中，通过著录库中的人物数据和文献目录数据调用显示。

5.1.2.2　资源库的逻辑结构

从资源内容的角度，资源库可以划分为若干个子库，每个子库具有一个专题或容纳一类资源。每个子库依据资源内容设计相应的库结构。以数字方志项目为例，数字方志资源库包含人物子库、事件子库、作品子库、景观子库、插图子库、目次子库、地名子库、研究文献子库等。如图 5-1 所示。

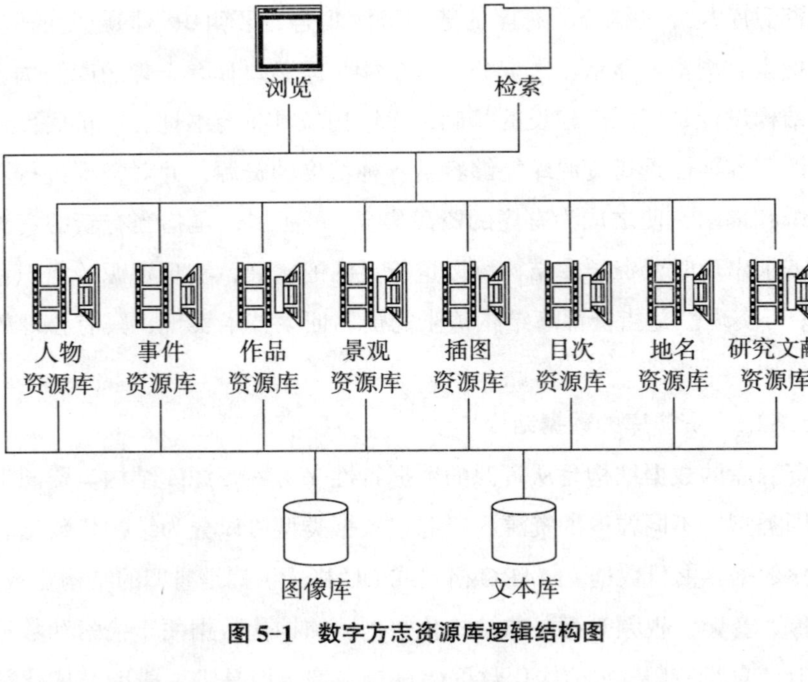

图 5-1　数字方志资源库逻辑结构图

数字方志资源库人物子库的库结构如表 5-1 所示。

① 蔡璐. 浅谈人物数据库网站的核心表现——以湖南近代人物资源库建设为例［J］. 图书馆，2010（3）：107-108.

表 5-1　数字方志人物库库结构

人物信息块	附注块	标引块	链接块	管理信息块
人物名称 又名 字号 国别 性别 民族 生卒年 主要活动年代 籍贯 / 出生地 主要活动地	人物附注 事件附注 作品附注 景观附注 地名附注	分类号 关键词	人物图像 原文 原图 相关人物 相关事件 相关作品 相关景观 相关插图 相关志书 相关地名 研究文献	数据制作人 制作时间 加工历史 数据统计

5.2　资源库的构建

李哲汇在《地方特色数字资源库的开发与设计》① 中提出了资源库建设的基本流程：依据资源特色、资源优势、资源可控性、资源需求等立项选题，提出市场分析报告或市场建议书；对资源进行深入的调查分析，提出详尽的资源调查报告，结合技术发展的现状提出可供操作的数字化实施方案；基于用户需求分析，提出资源库和相关子库的设计方案；依据资源库建设的需求，引入或制定技术标准与规范，提出技术需求报告、系统分析报告、描述结构选择和说明、标准选择的技术分析报告；综合选定的相关方案，提出具体、明确的项目运行资金总额及流量计划和来源；依据相关的研究报告，进行资源整合的策划工作，完成特色数字资源库发布平台策划，搭建模拟实验系统；通过小规模的模拟建库、加工、发布过程来测试验证上述设计的合理性，验证、磨合资源库关联体系的合理性，根据运行情况调整各相关系统的策划方案、技术规范和标准，并提出规模化运作的实施计划；按照规模化运作操作方案全面启动项目各个环节，严

① 李哲汇. 地方特色数字资源库的开发与设计［J］. 情报探索，2003（4）：51-52.

格遵照实施计划整个项目进展的进度、质量、资金流量进行总量控制，将建成的资源尽快提供服务。可见，资源库建设是一个非常复杂的过程，涉及资源、技术、管理等诸多方面。而资源库建设的核心是资源组织与库结构设计。

5.2.1 资源组织方式

资源库的资源组织方式多种多样，大体可以分为两类：按专题组织资源和按专类组织资源。按专题组织资源是依据专题资源内容设计资源库逻辑结构和库结构，针对性强，便于实现。按类专类组织资源是依据某一类资源的特性设计库结构，通用性强，便于资源库的扩充、整合与复用。

5.2.1.1 按专题组织资源

按专题组织资源是依据专题资源内容设计资源库逻辑结构和库结构，由于资源的类型和数量有限，可以有针对性地设计库结构，降低资源库实现的复杂度。以《齐民要术》研究知识库[①]为例，它的总体目标是构建一个《齐民要术》教学、研究平台。通过这一平台，贮存《齐民要术》各种版本及以往研究的成果，扩大《齐民要术》的研究范围，实现传统农史文献学研究与现代科学技术的接轨，达到继承与发展并重的目的。《齐民要术》研究知识库包括《齐民要术》典籍文献数据库、《齐民要术》典籍图像版本数据库、《齐民要术》研究文献库、《齐民要术》知识元数据库。典籍文献数据库是《齐民要术》全文文本数据库；典籍图像版本库是《齐民要术》各种重要版本的扫描图像；研究文献库是《齐民要术》的研究文献全文文本数据库；知识元数据库是从《齐民要术校释（第二版）》等数据源中抽取各种实词，如器具名、作物名、地名、人名、书名等，建立农史语义词典，实现整个知识库检索系统中的后控检索和语义检索。

5.2.1.2 按专类组织资源

按专类组织资源是依据某一类资源的特性设计库结构，由于资源库要

---

① 周广西，曹玲. 农业古籍数字化研究——以构建《齐民要术》研究知识库为例［J］. 兰台世界，2008（3下）：18-20.

容纳一类内容，库结构设计复杂，但是便于资源库的扩充、整合与复用。以数字方志资源库为例，将方志中的内容归为人、事件、作品、景观、插图等几类，再加上方志的目录、相关研究文献和地名规范数据，数字方志资源库包含人物子库、事件子库、作品子库、景观子库、插图子库、目次子库、地名子库、研究文献子库等，如图 5–1。而每个子库的库结构也比较复杂，包含专类信息块、附注块、标引块、链接块、管理信息块等模块，以数字方志人物库为例，共有 32 个字段，如表 5–1 所示。

在资源库建设过程中，除了建立新的资源库（实体库），还可以依据用户需求从已有的资源库中抽取部分字段生成新的资源库，由于这种资源库是动态生成的，称之为虚拟库。而虚拟库可以依据某种规则进行重新组合生成新的虚拟库。仍以数字方志资源库为例，若需要获得方志中的法律资源，首先从人物库、事件库、文献库（包括作品库和研究文献库）抽取得到法律人物虚拟库、法律事件虚拟库和法律文献虚拟库，再将这三个虚拟库进行组合生成法律资源虚拟库，如图 5–2 所示。

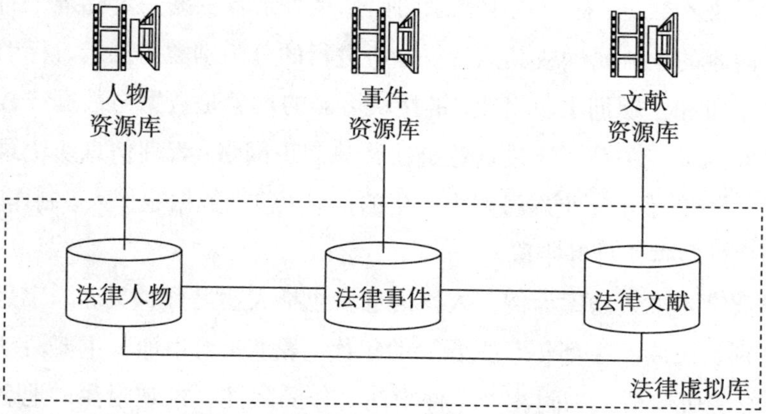

图 5–2　数字方志资源库的复用示意图

5.2.2　资源库库结构

库结构设计是资源库建设的核心，库结构既要体现资源的内容特征，又要考虑到资源库加工的可实现性。资源库的库结构多种多样，大致可以分为两类：单层库结构和多层库结构。

5.2.2.1 单层库结构

单层库结构是最基本、最常见的资源库库结构，由若干个信息块或字段组成。每个资源只著录一条数据，若其资源来源于多种文献，数据需要经过多次加工，即在一条数据上进行多次编辑或修改。以数字方志资源库的库结构为例，该库结构包括基本信息块、附注块、标引块、链接块和管理信息块。

基本信息块中著录的信息是资源对象的客观信息和原始的特征，是资源对象的自然属性，不掺杂著录者的主观判断和评价。基本信息块中著录的信息是结构化数据，包括字符、文本、日期、数值等，具有有限长度或固定格式；附注块中著录的信息是资源对象的客观信息和原始的特征，经过著录者的筛选、加工与综合。附注块中著录的信息包括两种：一种是客观描述，是对基础字段结构化数据内容的补充、解释、说明；另一种是著录者对资源内容的介绍、评价性文字。附注块中著录的信息虽然是半结构化数据或非结构数据，但是具有特定的描述方式和记述顺序，检索价值高于一般的文本数据；标引块中著录的信息是著录者依据一定标准，对被著录资源内容的学科属性或其他特征，所进行的分门别类的揭示。标引块由分类号字段和主题词字段组成；链接块著录的对象是数据与数据或数据与资源之间的链接关系，通过这些链接构建知识网络；管理信息块记录了资源加工、发布、保存、更新过程中产生的信息，包括数据制作人、制作时间、加工历史、数据统计等字段。

以数字方志人物库为例，人物信息块包括人物名称、又名、字号、国别、性别、民族、生卒年、主要活动年代、籍贯 / 出生地、主要活动地等字段；附注块包括人物附注、事件附注、作品附注、景观附注、地名附注等字段；标引块包括分类号和关键词字段；链接块包括人物图像、原文、原图、相关人物、相关事件、相关作品、相关景观、相关插图、相关志书、相关地名、研究文献等字段；管理信息块包括数据制作人、制作时间、加工历史、数据统计等字段。如表 5-1 所示。

5.2.2.2 多层库结构

多层库结构是由多个层次的单层库结构组成，不同层次的单层库结构可以相同，也可以不同。每个资源著录多条数据，在最高层次的单层库中只有一条数据，在其他单层库中有一条或多条数据。若某资源来源于多种文献，数据需要经过多次加工，每次加工都生成一条新的数据。

以数字方志人物库为例，将人物库分成交换信息库和客观信息库两个层次。交换信息库内著录资源对象的最基本信息，在不同志书中这些信息基本不变。客观信息库从更多层面、更多角度、更细微、更全面地描述资源对象的个性化信息，这些信息在不同的志书中会有不同的表达方式。即交换信息库内的数据 A1 对应客观信息库内的数据 A1.n（n=1，2，……），A1 和 n 个 A1.n 共同描述一个资源对象。如图 5-3 所示。

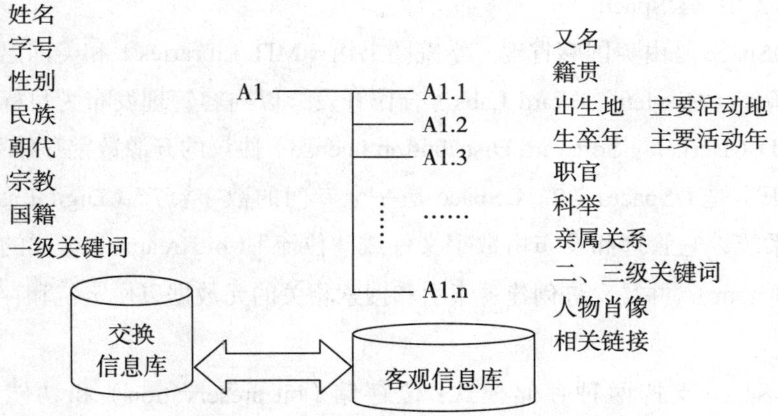

图 5-3　数字方志人物库结构示意图

5.2.3　资源库的技术实现

刘二灿在《特色资源库建设的实现技术》[①] 中指出，资源库系统建设需要数据采集与导入、自动分类、数据管理、全文检索、元数据检索、信息发布、版权保护、信息定制与推送、对象资源调度、网络与系统管理等技术。目前，资源库主要是通过内容管理系统（CMS，Content Management System）来实现的。内容包括文献、备忘录、信件、办公文档、档案、图像、网页、声音、视频、产品数据、程序或程序代码、合约等结构化或非

---

① 刘二灿．特色资源库建设的实现技术［J］．数字图书馆论坛，2005（6）：49-52.

结构化数据。内容管理是一种收集、组织、分类和构造任何类型的信息资源以便它们能够以想要的方式被存储、检索、出版、更新、重新目的化或再利用的过程，包含文献管理、知识管理、记录管理、电子内容管理、财务内容管理、学习内容管理、网站内容管理等。内容管理系统是一种用综合方式创造、编辑、管理信息与内容的工具，目前国外常用的 CMS 主要有：DSpace、Fedora、Greenstone、Keystone Digital Library、Lenya、Nukc、Drupal、Xoops、Tvp03、eZpublish、Joomla!、Plone、Com-monspot 等，国内常用的 CMS 主要有：CDI CM、TRS WCM、TPI WCCM、ezCMS、Phpcms、Dedecms 等[①]。

5.2.3.1 DSpace

DSpace 是由美国麻省理工学院图书馆（MIT Libraries）和美国惠普公司实验室（Hewlett-Packard Labs）合作开发，以内容管理发布为目标，遵循 BSD（Berkeley Software Distribution license）协议的开源数字存储系统，最新版本是 DSpace1.7.2。DSpace 是一个专门的数字资产（Digital assets）管理系统，它管理和发布由数字文件或“位流”（bitstreams）组成的数字条目（item），并且允许创建、索引和搜索相关的元数据以便定位和存取该条目[②]。

DSpace 支持两种存储模式：位存储（bit preservation）和功能存储（functional preservation）。位存储保证提交的数字材料没有任何改变，即每一位（bit）均保持原样，在多年以后仍然可以将文件复原出来。功能存储的实现是通过随着时间的变化改变存储内容的格式，以保证当旧有格式淘汰后，数字材料还能够被随时调用。DSpace 数据模型中的对象包括社区（community）、馆藏（collection）、条目（item）、包（bundle）、比特流（bitstream）和比特流格式（bitstream format）。Dspace 可以划分为若干社区，这些社区可进一步划分为子社区（subcommunities），对应于大学的院系、实验室、研究中心。社区包含馆藏是一群相关的内容。一种馆藏可以出现

---

① 刘泳洁．国内外图书馆内容管理系统的比较研究［J］．图书情报工作，2009（23）．

② 数字空间系统 DSpace［OL］．［2011-11-30］．http：//www.oschina.net/p/dspace．

在多个社区中。每种馆藏由一些条目组成，这些条目是存档文件的基本存储元素。每一个条目归属于某个馆藏，条目可进一步划分为命名的比特流包（bundles of Bitstreams）。每种比特流格式是适用某种文件格式的一种独特与永久方法。

DSpace的体系结构可分为三层，包括存储层（Storage Layer）、业务逻辑层（Business Logic Layer）和应用层（Application Layer）。存储层负责对数字对象和元数据进行存储，数字内容存储在文件系统中，以数字流和数字流包的形式与条目相关联，条目中可以包含不同类型的文件。业务逻辑层由处理DSpace系统各个独立功能的一系列组件组成，如浏览、检索、用户（组）管理和授权、工作流管理、内容管理等。应用层提供终端用户交互和接口功能、基于Web的用户界面、批量数据导入工具、OAI元数据供应等。

DSpace的主要特点：支持描述元数据、管理元数据和结构元数据；支持E-People，每个E-Person的信息包括邮件地址、姓名、密码、数字馆藏列表等；支持多种授权策略；可定制的工作流机制；支持唯一标识符策略；支持OAI-PMH协议；提供浏览、索引和检索API（Application Programming Interface）；支持数据导入与导出等[①]。

5.2.3.2　Fedora

Fedora（Flexible Extensible Digital Object and Repository Architecture）系统是由安德鲁梅隆基金会（The Andrew W. Mellon Foundation）资助，由弗吉尼亚大学（University of Virginia）和康奈尔大学（Cornell University）联合开发的数字对象仓储管理系统，遵守Mozilla开放源代码协议，最新版本是Fedora 3.5。

Fedora系统旨在成为可互操作的、基于网络的数字图书馆、机构仓储和其他信息管理系统的基础，能够显示利用网络技术如何配置分布式数字图书馆结构。Fedora系统由Fedora数字对象和Fedora仓储两部

---

① 董丽，张蓓，邢春晓．开放源代码的数字资源管理系统Dspace和Fedora的分析和比较［J］．现代图书情报技术，2005（7）：1-6.

分组成。Fedora 数字对象是由永久标识符（persistent ID）、数据发布器（disseminators）、系统元数据、数据流（datastreams）组成，能够提供一个集成内容（包括数据和元数据）与行为（对内容的操作）的框架。Fedora 仓储是存储管理数字对象的接口，可通过一定的访问控制策略提供数字对象的内容发布机制。

Fedora 的体系结构可分为三层，包括存储层（the Storage Layer）、核心子系统层（the Core Subsystem Layer）和网络服务显示层（the Web Services Exposure Layer）。存储层负责读写数字对象和数字对象元素，支持通过 HTTP 协议和 FTP 协议访问分布式资源。核心子系统层包含管理子系统、访问子系统和安全子系统，提供了HTTP 和 SOAP 两种协议接口，实现对远程服务和本地服务的调用。网络服务显示层定义了系统的公共视图，提供管理服务、访问服务和低层访问。

Fedora 的主要特点：具有灵活强大的数字对象模型，支持一个或多个数据流的集成；提供声明对象间关系的功能；提供对数字对象的基于网络的统一访问界面；提供了一个统一强大的基于 SOAP 的管理界面；提供内容版本管理功能；支持 XML 存储、输入和输出；支持访问控制与认证；支持 OAI-PMH 协议[①]。

5.2.3.3　Greenstone

Greenstone 是由新西兰怀卡托大学（The University of Waikato）与联合国教科文组织以及人类资讯非政府组织（Human Info NGO）一起合作开发的系统，用于构建与传递数字图书馆馆藏，其目标是授权用户，特别是大学、图书馆和其他公共服务机构，建设其数字图书馆，并促进数字图书馆的有效利用以分享信息和把它们置于公共领域。Greenstone 遵循 GNU（GNU’s Not Unix）协议，最新版本为 Greenstone 3.04。

Greenstone 能够收集各种开放档案诠释资料撷取协议（OAI-PMH）文献，并把它们合并在一个馆藏中，也能够获取与输出元数据编码和传输标

---

① 王雯，黄丽，王军. Fedora 数据仓储的介绍与应用［J］. 数字图书馆论坛，2007（9）：12-17.

准（METS）格式文献。Greenstone 有两个不同界面：读者界面与图书馆员界面。终端用户通过拥有网页浏览器的读者界面访问数字图书馆；图书馆员界面是一种基于 Java 的图形用户界面，可利用 Greenstone 元数据集编辑部器（Greenstone's Metadata Set Editor）定义新的元数据和预先定义各种元数据集，如都柏林核心元数据，并利用插件程序（Plugins）来获取外部各种不同格式的元数据，包括 XML、MARC、CDS / ISIS、ProCite、BibTex、Refer、OAI、DSpace、METS 等。各种插件程序还可用来获取各种文件，如用于文本文件的 PDF、PostScript、Word、富文本格式（RTF）、超文本标志语言、纯文本、Latex、Excel、PPT、电子邮件、源代码等，用于多媒体文件的图像格式（包括 GIF、JtF、JPEG、TIFF）和音频格式（包括 MP3、OGG、MPEG、MIDI 等）①。

5.2.3.4　CDI CM

CDI CM 是由北京中数创新技术有限公司开发的内容管理软件，针对国内数字资源建设面临的问题进行开发，可以收集有价值的文本、图片、音频、视频等信息，进行元数据加工，提供高质量保存、管理及在线查询服务，是集数字资源加工、发布与调度功能于一体的馆藏资源管理与应用软件。通过 CDI CM 发布功能，馆藏资源数据可以快速以网站形势对外服务，提供浏览、检索、运行等一系列服务，广泛运用于数字资源库的建设和更新。CDI CM 内容管理软件经过 CALIS 认证，适用于政府机关、科研院所、高等院校、图书馆、博物馆、档案馆、出版社、图书网站、电子商务、金融机构、公司企业等单位进行文献、档案、内部资料的数字化，信息库的建设、管理及网络服务。

CDI CM 内容管理系统可以划分为三大模块：资源加工、资源调度和资源发布。工作过程可以划分为资源加工和资源服务过程。资源加工过程主要包括各种数字资源的收集、数字化加工（比如纸质文献的数字化）以及元数据的生成和标引。资源服务过程包括资源调度、资源发布、资源交换（XML 格式）、资源检索和浏览。资源加工模块主要功能：进行数字资

---

① 刘泳洁．国内外图书馆内容管理系统的比较研究［J］．图书情报工作，2009（23）．

源的采集、加工、处理、存储和组织；灵活地定义资源库结构，支持复杂的元数据结构定义；支持多种内容类型和格式，支持文本、音频、视频、图片等多种类型的非结构化数据格式，能够形成 RDF 封装的 XML 数据格式，建立起符合用户要求的资源库；支持遗留系统格式元数据导入以及对象文件的自动挂接，最大限度地减轻数据迁移的工作量。资源调度模块主要功能：对资源的存储、发布环境进行统一调度，实现资源共享、多级分布式海量存储与无缝检索；即使在资源环境发生变化时，加工好的数字资源不用做任何改变，系统就能够准确定位，迅速查询。资源发布模块主要功能：可以配置灵活的检索策略和检索方式，实现灵活的资源查询；可以发布多个主页，灵活配置各种复杂的视图显示；通过灵活的关联配置，实现多个资源库的关联和组合发布；实现对所建的专题资源进行网络动态发布；通过数据和显示模板分离的机制，实现灵活配置的不同的显示风格；采用 XML 数据格式，满足不同应用领域的数据交换需求①。

5.2.3.5 TRS WCM

TRS WCM（TRS web content management）是北京拓尔思信息技术股份有限公司自主研发的内容管理系统，能够支撑多形式、多结构、多来源的内容管理平台，提供对媒体内容价值链的全面管理，覆盖内容采集、内容创建、内容存储、内容传递各个环节，可以创建、组织、管理、发布海量的结构化和非结构化信息，最新版本是 TRS WCM V6.5。

TRS WCM 具有文本库、图片库、视频库三大富媒体内容处理模块，既能够根据内容各自的特点进行专业管理，又实现了各内容管理模式与操作风格的统一。在文本处理上，图文混排编辑器功能非常丰富，与 Word 编辑器类似，操作方便；同时支持本地的文件处理，如 Word 等文本抽取、在线 Office 等特色功能；在图片处理上，可以编辑各种图片属性，存储各种规格的缩略图，增加水印等，同时也能像文档一样分栏目管理，进行授权，流程审批，发布到网站上。在视频处理上，提供完整的流媒体内容管

---

① CDI CM 内容管理软件［OL］.［2011-11-30］. http：//www.cdi.cn/CMS/searcher/searcher.do?method=getContent&contentID=2c90813f11d4213f0111d43a79e2000e.

理功能。它支持各种常见的流媒体的文件上传、在线录制、在线直播，同时也提供栏目分类，授权审批处理、基于模板的流媒体内容发布等功能，形成对传统文字图片内容和流媒体内容的统一内容管理平台。TRS WCM的元数据平台管理任意类型的结构化数据，包括业务数据、政府资源目录等等。用户通过自行定义元数据结构、视图，确定数据各环节的处理模板，将组织内部的各种隐性资源纳入到平台进行统一管理。TRS WCM 主要采用基于模板的静态发布机制，不仅能够满足各种信息表现的需求，而且具有极高的性能；采用成熟的 HTML 表现加内容置标的模式构成发布模板，利用发布引擎定时、批量的发布到网站下，提供了可视化模板编辑选件、自主建站选件等工具；除了静态发布之外，TRS WCM 还可以结合 TRS CDS 进行内容的动态发布，或结合 TRS Portal 发布个性化的动态页面①。

5.2.3.6　TPI WCCM

TPI WCCM（TPI 数字图书馆整体解决方案）由清华同方知网系统软件公司开发，以信息资源开发为中心，以服务最终用户，提高信息资源价值为目的，涵盖了信息资源数字化、文档转换、分类、标引、自动发布、检索、整合增值、用户服务等各个环节，是一套适合于高校图书馆、公共图书馆、行业信息中心和政府建设信息资源库的成熟解决方案。TPI WCCM 包括集数据加工、标引、建库、发布和检索服务为一体的自建库系统；实现异构统一检索、自动分类、知网节和参考链接的资源整合系统；集用户管理、安全管理、认证计费和个性化服务为一体的资源门户系统；基于国际标准 ILL10160/10161 的馆际互借系统、虚拟参考咨询系统；以及高校学位论文提交系统、课件库建设等应用系统。

TPI WCCM 的体系结构可分为三层，包括数据资源层、集成揭示层和信息服务层。数据资源层，完成各种纸质和电子资源的数字化、标准化和元数据标引工作。集成揭示层，提供异构数据库统一检索、引文链接、知网节等功能，实现对图书馆内各种数据资源进行整合。信息服务层将各种

---

① TRS WCM V6.5［OL］.［2011-11-30］. http：// http：//www.trs.com.cn/news/topics/wcm65/zygn.htm.

数据资源通过多种数据服务方式提供给服务团体或个人用户，包括虚拟参考咨询服务、馆际互借服务、个性化服务等。

TPI WCCM 的特点：基于 ISO OAIS，支持 MARC、Dublin Core 等元数据规范，使用 XML、RDF 对元数据进行描述，支持 OAI（Open Archives Initiative）、Z39.50、ILL（ISO10160/ISO10161）、OpenURL 等协议；与 CNKI 数据库无缝集成，有效提高图书馆的使用价值，实现馆藏资源整体性增值；基于 KBase 全文数据库管理系统和 TPI 数据库建设与管理平台；应用了国际上领先的文本挖掘、自然语言处理、概念关系词典等核心技术，提供对海量数据进行智能检索、自动分类、自动聚类、关键词自动标引、自动文摘、信息过滤、关联规则挖掘等多种实用功能；依托 CNKI 平台的“知网节”，可有效整合 CNKI 期刊、学位论文、会议论文，报纸数据库以及图书馆馆藏资源，形成具有馆藏特色的知识网络，实现馆藏资源整体性增值①。

5.3 资源库的应用

完成资源库库结构设计和数据加工后，还需要一个资源库发布平台，提供资源库数据的浏览和显示，同时提供检索功能。此外，在资源库应用的过程中，还要考虑多个资源库的统一检索与数据整合。

5.3.1 资源库发布

资源库发布既要体现资源数据的特性，又要满足用户的应用需求，如浏览、显示等。以首都图书馆古籍插图库为例，该资源库包含古籍插图数据一万条，这些插图是从首图馆藏古籍文献中拣选制作的，每条数据包括插图全文影像和内容标引，支持分类浏览②。如图 5-4 和图 5-5 所示。

---

① 数字图书馆整体解决方案［OL］.［2011-11-30］. http://tpi.cnki.net/cpzx/zsgl/Document/232/232.html

② 古籍插图库［OL］.［2012-1-1］. http://www.clcn.net.cn/shuziziy/zijiansk/201112/t20111229_16844.xinxi

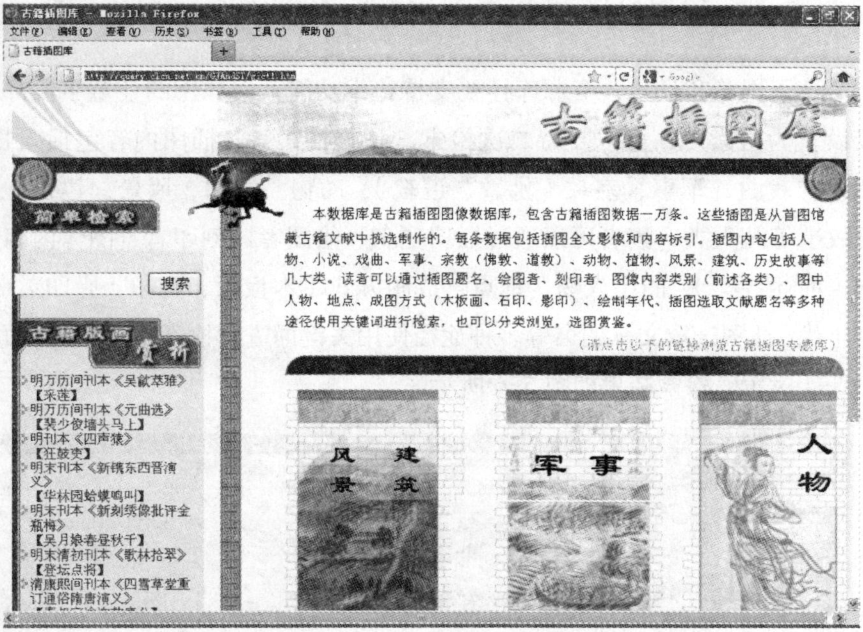

图 5-4　古籍插图库发布页面

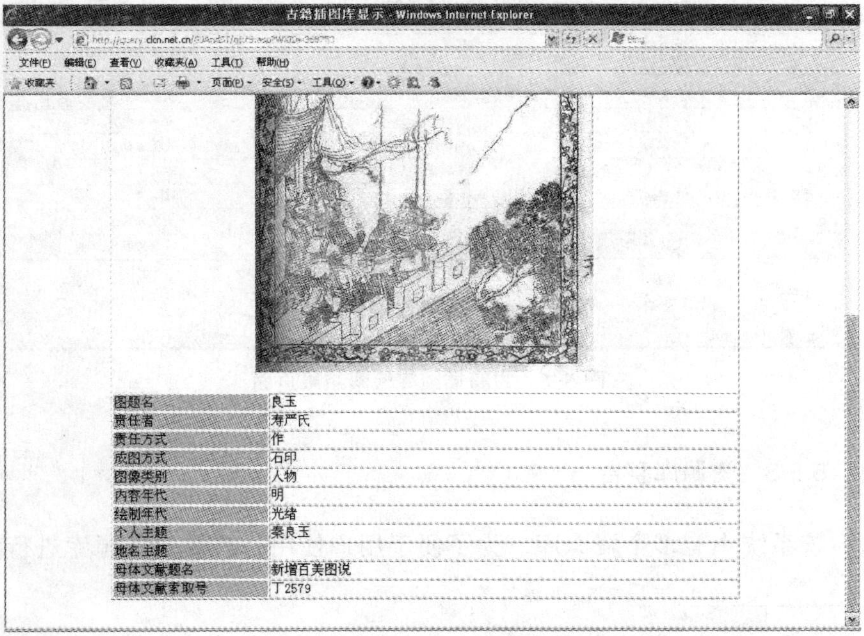

图 5-5　古籍插图库数据发布页面

5.3.2 资源库检索

除了浏览和显示，资源库还要支持检索功能，资源库的任意字段都可以设置为检索点，可以支持二次检索、高级检索等。插图内容包括人物、小说、戏曲、军事、宗教（佛教、道教）、动物、植物、风景、建筑、历史故事等几大类，读者可以通过插图题名、绘图者、刻印者、图像内容类别（前述各类）、图中人物、地点、成图方式（木板画、石印、影印）、绘制年代、插图选取文献题名等多种途径使用关键词进行检索[①]。检索界面如图 5-4 所示，检索结果如图 5-6 所示。

图题名	责任者	责任方式	个人主题	地名主题	出处
班倢伃	上官周	绘	班婕妤、班倢伃		晚笑堂画传
张红红	吴友如	绘	张红红		吴友如画宝
娥皇女英	吴友如	绘	娥皇、女英		吴友如画宝
息夫人	吴友如	绘	息夫人		吴友如画宝
杜工部	上官周	绘	杜甫		晚笑堂画传
刘长卿	上官周	绘	刘长卿		晚笑堂画传
刘禹锡	上官周	绘	刘禹锡		晚笑堂画传
司马迁	上官周	绘	司马迁		晚笑堂画传
莺莺	吴友如	绘	崔莺莺		吴友如画宝
苏子卿	上官周	绘	苏武	匈奴	晚笑堂画传

图 5-6 古籍插图库检索结果页面

5.3.3 资源库整合

若系统中有多个资源库，为了便于用户使用，需要对资源库进行整

① 古籍插图库［OL］.［2012-1-1］. http://www.clcn.net.cn/shuziziy/zijiansk/201112/t20111229_16844.xinxi

合。资源库整合的方法主要有三种:（1）导航。通过制作导航页面或导航库，引导用户先进入所需的资源库，再进行浏览或检索。（2）检索代理。通过检索代理软件，用户输入一次检索条件，通过软件对多个资源库同时进行检索，再将检索结果合并后返回给用户。（3）数据整合。依据库结构编制映射表，将多个同类资源库的数据导入一个资源库，如表5-2所示。

表5-2　数字方志插图库数据导入首图古籍插图库

数字方志插图库库结构	首图古籍插图库	数据实例
插图代码		
插图名称	图题名	良玉
又名		
插图状态	内容年代	明
	绘制年代	光绪
	成图方式	石印
插图制作方式		
图像文件大小		
图像尺寸		
图像分辨率		
图像色彩深度		
图说		
人物附注		
事件附注		
作品附注		
景观附注		
地名附注		
分类号		

（续表）

数字方志插图库库结构	首图古籍插图库	数据实例
关键词	图像类别	人物
	个人主题	秦良玉
	地名主题	
插图图像		
原文		
原图		
相关插图		
相关人物		
相关事件		
相关作品		
相关景观		
相关志书	母体文献题名	新增百美图说
相关地名		
研究文献		
	责任者	寿严氏
	责任方式	作
	母体文献索取号	丁 2579

第6章　案例分析

目前，对文献数字化的研究并不少，但是研究的广度和深度都很有限，主要原因在于文献数字化是一个实践性很强的领域，研究必须与实践相结合。文献数字化厂商完成了大量的项目，相关的标准、数据、资料等都不公开，只发布少量的相关信息；研究者能获得的资料非常有限，很难深入到数字化项目中去。因此，在大量第一手材料的基础上，对有代表性的数字化项目进行深入细致的研究就显得尤为重要。

数字方志项目是国家图书馆重点数字化项目之一，该项目始于2002年，截至2011年底数字化地方志6868种，330余万叶。笔者作为项目的主要负责人，参与了项目的全过程，包括调研、规划、标准制订、招标、数据加工、验收等环节，与数字化厂商进行了深入的合作，解决了数字方志项目中出现的各类问题，积累了大量的第一手资料，了解项目的每个细节。本章将对数字方志项目进行案例分析，既展现文献数字化的全流程，又关注数字化项目中的细节。

6.1　数字方志项目概述

数字方志项目是从国家图书馆馆藏方志中精选出6868种旧志进行数字化，时间跨度上起宋元下至民国，地域范围覆盖全国34个省、直辖市、自治区。数字方志项目始于2002年，目前仍在建设中，项目建设的过程如表6–1所示。

表 6-1　数字方志项目的建设进程

	批　次	数量（种）	数量（叶）	格　式
图像扫描	一期（2002 年）	2864	1685603	TIFF
				JP2（1∶300）
	二期（2006 年）	1408	803870	TIFF
				JP2（1∶150）
				PDF（1∶150）
	三期（2007 年）	2596	860178	TIFF
				JP2（1∶150）
				PDF（1∶150）
	合计	6868	3349651	
文本转换	一期（2003 年）	744	506485	PDF/XML
	二期（2004 年）	663	400349	PDF/XML
	三期（2005 年）	593	333251	PDF/XML
	四期（2008 年）	821	501166	PDF/XML
	五期（2010 年）	244	200029	PDF/XML
	合计	3065	1941280	

数字方志项目可以分为图像化、文本化和资源库三个子项目，图像化子项目已经基本完成，全文化子项目仍在进行中，资源库子项目还处于试验阶段。

数字方志图像化子项目采用了真彩扫描，分辨率为 300dpi，对扫描图像进行最低限度的图像处理，图像保存格式为 TIFF，发布格式为 JP2。从馆藏书目数据中抽取了部分字段作为书目数据，本着准确、客观、实用的总原则编制了目录数据（包括卷目和篇目）。

数字方志文本化子项目采用支持 Unicode5.0 标准的字库，最大限度地客观还原原书的文字。集外字先进行文字认同，尽量认同为集内字，对无法认同的集外字作造字处理或贴图处理。方志在其长期的发展变化过程中，出现了多样的版本类型、复杂的版式结构，图文混排、不规则表格掺杂其间，各种删改、批注、点校符号也时常出现。为了尽可能保持方志原貌，并具有可操作性，数字方志采用有限版式还原，即在尽量还原原有版式的前提下，对部分难于处理的版式进行规范。

数字方志资源库子项目仍处于试验阶段，目前已完成了人物库、事件库、作品库、景观库、插图库、目次库、地名库、研究文献库等资源库的库结构设计，梳理了资源库之间的关联关系，在试验系统中制作了部分数据，验证库结构的合理性和系统的可用性，并对已有数据作了发布试验。

数字方志全文化项目是一个分期建设的连续性项目，到目前为止已完成了五期，大致可以分为两个阶段。第一阶段是数字方志全文化第一至三期，委托中易中标电子信息技术有限公司（以下简称中易公司）进行数据加工，遵循中易公司的内部加工标准和 XML 置标规范。而第二阶段是数字方志全文化第四和第五期，委托方正国际软件有限公司进行数据加工，遵循国家数字图书馆工程标准规范《中文文献全文版式还原与全文输入 XML 规范》。这两个阶段采用的全文化模型基本相同，在文字模型和版式模型上略有差异，但是 XML 置标规范有很大的差异。

6.2 数字方志图像化子项目

图像化是数字方志项目的基础，采用真彩 24bit 扫描，光学分辨率为 300dpi，保存级数据采用 TIFF 格式，发布级数据采用 JP2 格式，本着边建设边服务的原则，目前已在国家图书馆网站上发布了方志 6518 种，提供图像浏览、三级目录检索等功能，如图 6-1 所示。

6.2.1 底本选择

数字方志项目的文献评价过程集中体现在底本选择上，底本选择既要考虑方志的文献价值，又要考虑文献的保存状况和该文献是否适合数字化。数字方志项目底本选择的依据是：从资料的角度选，范围要宽，所有 1949 年以前成书的方志原刻本和增补本，均为数字方志的收书范围；从书品、版刻

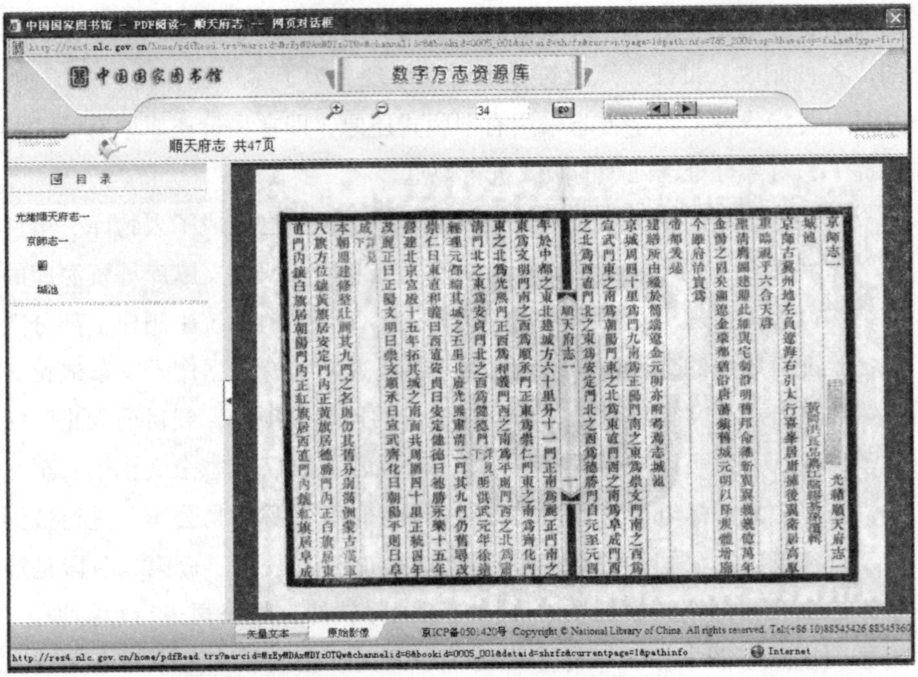

图 6-1 数字方志图像发布界面

印刷、复本的角度选，要尽量求善、求精、求美，如有名家题跋和收藏印章的优先选，装帧古朴、版刻特点突出、具有鲜明古籍文献特征的要适量选。

数字方志项目底本选择的具体标准：

（1）地域覆盖全：所选地区县、乡以上单位凡方志库中存有志书的至少保证选取一种，尽量不漏地。县、乡以上地区，不同年代的新编、增修、续修和重修志书，要依序完整选取，做到内容不断代。

（2）文献利用率高：所选志书应尽量兼顾保存、阅读和文本转换的要求。一种志书如有多部复本，择其信息量大、刷印清晰、书品完整的志书选取，不受部次的限制。当一个地区存有同年代、多品种、多版本的志书时，综合考虑版本、使用频率等因素，选择一种利用率高的志书，如一种志书不能兼顾上述功能时，可酌情多选 1 至 2 种。

（3）稀缺程度：从保护古籍的目的出发，对稀缺版本弱化书品要求，尽量选取。清康熙以前（含康熙）的志书存世量较少，优先选取。孤本志书尽量选取。版本价值高的优先选，抄本、稿本优先选，不同印制方法的志书尽量选，但后印本不选。

（4）兼顾文本化：所选志书应尽量能满足文本转换要求，在考虑稀缺程度、使用价值、版本价值等因素的同时，注意选取版式规整、文字书写规范、刷印清晰、书品完整（即外观不残、内容不缺）的志书。在优先选择抄本、稿本的同时，尽可能再选一部适于全文化的志书，为提高全文转换的质量创造条件。

（5）古籍保护：原书破损严重，扫描前不能修复的，暂时不选；有效果较好的影印本的，原本不选；一册中漫漶不清的叶面超过 20%，且漫漶面积超过半面，或由于缺损、污渍、严重透字等情况，使志书内容不连贯，影响读者阅读理解的，原则上不选，孤本志书除外。

6.2.2 扫描前整理

扫描前整理是依据扫描底本目录，对原书进行逐叶翻检、叶数清点、内容增补与调整、衬纸等，将扫描前整理的结果填写在表格中，作为后续扫描环节的加工提示。

通过逐叶翻检，要了解方志每一叶的刷印质量、残缺状况、保存情况，清点各卷册叶码，统计每种书完整状况，核对叶码的连续和变化。常见的叶码连续性问题包括：缺叶造成的原书叶码不连续，即应连续的叶码中间有缺叶；重叶，即完全相同的两叶；叶码重复或叶码刻印有误，即连续的两叶为同一个数码，而内容不一；原书叶码正确，但排序有误。了解书衣和封底的情况，多册书中各册题签内容相同时，选用清晰的一册扫描；每册书书衣各有目录时，一一扫描，分别对应各册内容；没有书名叶，书衣也无题签时，代补题签加于书衣之上，完整的书名叶可代替书衣用。除了所选底本外，还要核对其他复本的情况，给出是否补配、去重、变更叶码顺序等操作提示。

在逐叶翻检的基础上，依据原书目录清点每卷的叶数，记录每部古籍各个卷的卷号、卷名和每卷的叶数，并注明是否有缺漏叶、错叶、重叶、空白叶、补叶等情况。如果原书不分卷，按册进行统计记录。每卷（册）分别统计后，相加得到每部书的总叶数。给每部书分配一个唯一的编号，给每卷（册）分配一个唯一的编号，这些编号可以用于图像数据的文件夹和文件夹名。给每部书分配一个4位编号，从0001开始，给每卷（册）分配一个3位编号，从001开始，如表6-2所示。

表6-2 数字方志卷册记录表

编号	书 名	卷号	卷名	版刻叶码	扫描叶数	缺错补叶记录
5337	罗浮志十五卷末一卷	001	总论	7+10	17	
		002	洞天	9	9	
		003	寺观	11	11	
		004	杂志上	14	14	
		005	杂志下	13	13	
		006	神仙上	20	20	缺7-8叶，不可补
		007	神仙下	15	15	
		008	释于	17	17	
		009	人物上	13	13	
		010	人物下	20	20	
		011	文上	27	27	
		012	文下	25	25	
		013	诗上	18	18	
		014	诗中	21	21	
		015	诗下	25	25	缺23-24叶，不可补
		016	书后	37	37	

扫描前整理的另一项重要工作就是拆书与衬纸。《傅斯年图书馆影像扫描及校验相关作业标准》[①]中规定：

① 傅斯年图书馆全彩影像扫描及校验相关作业标准［OL］.［2011-11-30］. http://www2.ndap.org.tw/newsletter06/news/read_news.php?nid=911.

拆线标准：中缝太紧，以致夹缝两旁之字迹产生阴影或曲扭。

拆纸钉（捻）标准：中缝太紧或图籍太厚，拆线仍不能解决问题，且图籍必须是没有包角者。

两页并扫标准：适用于图籍线钉全拆后，不能或不需摊开扫描（例如：图籍没有透背叶情形；图籍因书口之版心开裂，不能摊开扫描；图籍破损易碎；图籍因沾黏无法摊开）。

衬纸并扫标准：图籍透背叶，但因版心沾黏，且面积尚小无法摊开或因书口之版心开裂过多不及修补，则需衬纸两页并扫。

摊开标准：适用于图籍透背叶或图籍纸钉已全拆者，但先决条件必须为书况良好，能摊开且不影响图籍原貌。

衬纸标准与方式：适用于图籍透背叶，却不能摊开扫描者：

（1）请裱褙室协助裁剪棉纸，衬纸原则为上缘齐页（稍微凸出页无妨），但纸张若有沾黏情况则以超出版框为基准，书口之版心可衬可不衬。

（2）视书况情况分次衬纸扫描。

（3）两页都衬或垫纸之原则，两面有字要衬纸，若单面有字或蛀洞或破洞，影响版框内字迹者，请厂商在背页垫白纸。原则上尽可能衬满整页，但因为衬纸难以固定，故请厂商留意。

拆线后纸钉断裂：补做纸钉或全拆掉。

虽然拆书后扫描能够提高效率，提高扫描图像的质量，衬纸可以有效地避免透字现象。但是拆书改变了古籍原有的装订形态，对古籍本身会有或多或少的伤害，普通线装古籍，拆书后按原针眼重新上捻订线，天头地脚不如原装整齐，针眼比原装大，包角、包背、毛装等都无法恢复原状。衬纸插入和取出的过程都可能造成书口破损，一次性加入多张衬纸会造成线捻松脱等问题。

数字方志项目本着古籍保护的原则，对拆书有严格的限制，除了1949年以后出版的线装书、原书为散叶等特定情况，一律不得拆书扫描。遇到可以拆书扫描的情况要在工作单上进行标注，由专业人员负责方志的拆书、装订工作。拆书要严格按照技术要领，耐心、细致地操作，绝对不能损坏原书。拆书前检查方志各册序号，依顺序号逐册拆。方志拆散后，按原来顺序排列，册次不能乱，叶码不能乱，原件残缺、污损等情况要做单独标识。若工作单中注明有错叶的，按照工作单的提示更正错叶，工作单中注明有重叶的，只扫描一次。扫描后，专业人员负责将已拆的方志按原样恢复，使用馆方认可的材料和工具，将已拆的方志按原样恢复，在重新装订过程中，要严格按操作规程操作，谨慎、细心，尽量避免人为损坏，杜绝缺叶、错叶、折叶、反叶等装订错误，装订后书皮平整，无皱折，无糨糊痕，无指甲划痕。按原有书眼位置、距离订装，订线后各线段连在一起成为一条直线，不歪斜，误差小于1mm。两股线互不缠绕，不露线头。天地两端整齐（毛装除外）。书口处栏线整齐划一（或下脚齐）。

6.2.3 扫描与图像要求

数字方志全部采用彩色扫描方式，扫描后文件格式为非压缩 TIFF、扫描分辨率为 300dpi。颜色模式为 RGB 模式、位深为 24 位真彩色。方志扫描时，扫描仪盖板内要加衬与志书叶面颜色相近的衬纸，避免扫描时透光，扫描影像要求图像清晰、不透字。影像数据真实反映原书，以原书的上边沿为基准，以中缝为中心线，保持原书的天头、地脚的尺寸不变，左右两边的尺寸基本不变，扫描后的影像文件要叶码连续，没有重叶、缺叶、错叶、折叶等情况（原书缺叶、错叶除外）。补扫缺叶图像要与其他图像大小一致，颜色接近。

每天扫描前要对显示器和扫描仪进行颜色校正，保证扫描图像无彩点、彩线，不偏色。扫描过程中要进行质量跟踪和设专人负责质量检验，要有完整的质量检验记录，完成每批次扫描后，提交该批次质量检验报告，扫描全部结束后要提交综合质量检验报告。

6.2.4 图像处理要求

扫描后进行必要的去图像黑边、图像拼接等处理，图像拼接后不得有明显的拼接痕迹。图像偏斜不超过 1°。每种书扫描后每叶影像尺寸大小相同，误差小于 1‰。图像本身进行处理时主要是用点填充的方法填充针眼。填充色要与原底色自然融合，无明显分界，绝不可以对边界四周大面积涂抹。大面积的残缺，直接保留扫描底板颜色，可不做处理，但要保持该叶与其他叶大小一致。边框内的残缺、虫蛀一般情况不做处理。按照扫描工作单的要求，每部书的封面只扫一次（有提示的除外），没有封面或题签的进行统一添加，要求保持古籍风貌，与原书的颜色、字体、风格等方面保持一致。

6.2.5　图像标引要求

数字方志项目的图像标引可以分为书目和目次两部分，书目数据可以直接使用馆藏书目数据（MARC 格式）或从中抽取部分字段，目次数据需要依据原书目录制作。书目数据和目次数据合称为三级目录。

6.2.5.1　三级目录

三级目录是古籍在数字化过程中创建的导航工具，它是图像库的重要组成部分。三级目录来源于古籍目录，但它又不是通过目录文本化获得的，它包含了原书的书目信息和目次信息。依据方志编纂的特点，三级目录可以按照书目、卷目、篇目的顺序逐级著录。

书目是第一级，是数字化古籍库必备的著录项目，是引领用户使用数字化古籍的基本途径。著录内容包括正题名、说明书名文字及卷数、著者、版本信息、载体形态、附注信息等。卷目是二级，它包括古籍的卷号和卷名。作为中间级别的数据，它上连书目数据，下连篇目数据，在数据库中可以使用户方便地确定检索范围，起到提高数据检索效率的作用。此外，卷目主要反映了方志编纂的体例和内容构成。篇目是第三级，是三级目录的最小著录单位，也是最接近检索内容的检索点。

数字方志项目的三级目录如表 6-3 所示。book_num 表示书号，格式为 XXXX；serial_num 表示目录结构，格式为 XXX-XXX-XXX；volume_num 表示所属卷号，格式为 XXX；chapter_name 表示所属卷名，page_num 表示每部分的起始页码（相对于该卷）。page_prop 表示属性，取值为“0”或“1”。

表 6-3　数字方志三级目录表

book_num	serial_num	volume_num	chapter_name	page_num	page_prop
0065	000		目録		1
0065	001	001	卷首	21	0
0065	001-001	001	圖說	21	0
0065	002	002	卷一	1	0
0065	002-001	002	疆域	1	0
0065	002-001-001	002	沿革	1	0
0065	002-001-002	002	界至	5	0
0065	002-001-003	002	形勝	5	0
0065	002-001-004	002	鄉保	6	0
0065	002-001-005	002	鎮市	9	0
0065	002-001-006	002	風俗	10	0

对应的目录结构为：

```
卷首 —— 圖說
卷一 —— 疆域 ——┬—— 沿革
               ├—— 界至
               ├—— 形勝
               ├—— 鄉保
               ├—— 鎮市
               └—— 風俗
```

6.2.5.2　三级目录标引原则

三级目录标引的目的是指引用户使用图像库，三级书目数据使用通行繁体字，文字错误率不超过 0.3‰。三级书目一律取自正文，目录作为参考，各级类目与相应的起始叶一一对应。三级书目标引应遵循准确、客观、实用的原则。准确包括链接准确和文字准确。链接准确即标引词（志书目录中的卷目、篇目）与标引对象（图像文件名）正确的结合；文字准确要求标引词正确反映原书的意思，改正错字、别字，规范异体字，标引录入时要兼顾字义、字音、字形诸因素，难以确定的字应结合与该字相配的词组，分析比较词意，取用表意准确的字。客观是要求标引时客观反映原书类目名称的含义与形式。目录标目与标目类名不一致时，仍以正文为准。实用是指三级目录要满足用户的需求，在这一前提下尽量简化标引的复杂度。旧志目录的多层次、多样化，会在很多细节上难以把握和硬性规定其取舍，在标引过程中要灵活把握。

6.2.5.3　三级目录标引细则

1. 标引层次

三级目录中，书目的标引对象是整部方志，可以直接使用原有的书目数据。卷目包括卷号和卷名两部分，可能有多个层级，经常出现有卷名有卷号、有卷名无卷号、无卷名有卷号等情况，著录较为复杂。篇目的情况与卷目类似，但复杂度略低于卷目。下面将举例说明。

例 6-1：

卷之一	方輿志	分野	建置 沿革 鄉都

卷号为“卷之一”，卷名为“方舆志”；篇目第一层为“分野”和“建置”，篇目第二层为“沿革”和“乡都”（在“建置”下）。标引数据如表 6-4 所示。

表 6-4　标引数据（例 6-1）

book_num	serial_num	volume_num	chapter_name	page_num	page_prop
xxxx	001	xxx	卷之一方舆志	xx	0
xxxx	001-001	xxx	分野	xx	0
xxxx	001-002	xxx	建置	xx	0
xxxx	001-002-001	xxx	沿革	xx	0
xxxx	001-002-002	xxx	鄉都	xx	0

例 6-2：

第四卷　人物	第三卷　建置	第二卷　歷史	第一卷　沿革

卷号为“第一卷”、“第二卷”、“第三卷”、“第四卷”，对应的卷名为“沿革”、“歷史”、“建置”、“人物”；无篇目。标引数据如表 6-5 所示。

表 6-5　标引数据（例 6-2）

book_num	serial_num	volume_num	chapter_name	page_num	page_prop
xxxx	001	xxx	第一卷沿革	xx	0
xxxx	002	xxx	第二卷歷史	xx	0

（续表）

book_num	serial_num	volume_num	chapter_name	page_num	page_prop
xxxx	003	xxx	第三卷建置	xx	0
xxxx	004	xxx	第四卷人物	xx	0

例 6-3：

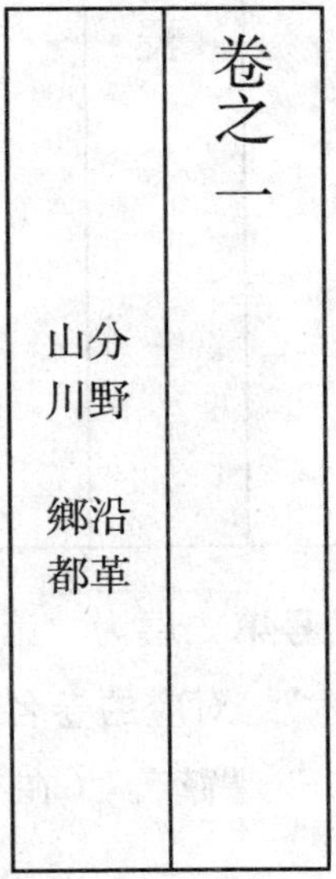

卷号为“卷之一”，无卷名；篇目为“分野”、“沿革”、“山川”“鄉都”（在“卷之一”下）。标引数据如表 6-6 所示。

表 6-6　标引数据（例 6-3）

book_num	serial_num	volume_num	chapter_name	page_num	page_prop
xxxx	001	xxx	卷之一	xx	0
xxxx	001-001	xxx	分野	xx	0
xxxx	001-002	xxx	沿革	xx	0
xxxx	001-003	xxx	山川	xx	0
xxxx	001-004	xxx	鄉都	xx	0

例 6-4：

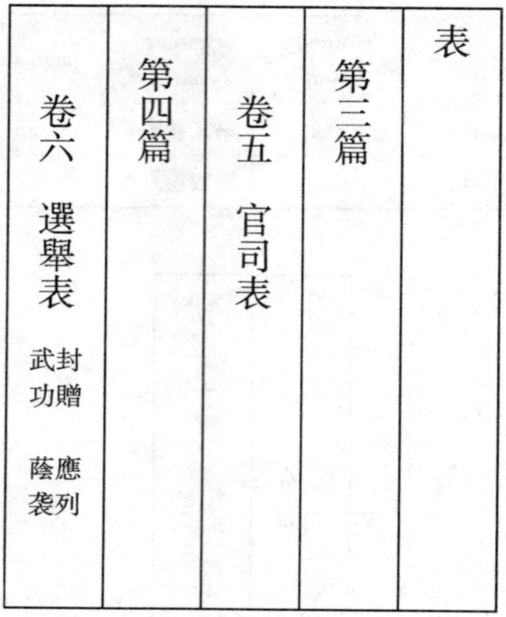

卷名第一层为“表”，卷号第二层为“第三篇”、“第四篇”，无卷名，卷号第三层为“卷五”、“卷六”，对应的卷名为“官司表”、“選舉表”；篇目为“封贈”、“應列”、“武功”、“蔭袭”（在“選舉表”下）。标引数据如表 6-7 所示。

表 6-7　标引数据（例 6-4）

book_num	serial_num	volume_num	chapter_name	page_num	page_prop
xxxx	003	xxx	表	xx	0
xxxx	003-001	xxx	第三篇	xx	0
xxxx	003-001-001	xxx	卷五官司表	xx	0
xxxx	003-002	xxx	第四篇	xx	0
xxxx	003-002-001	xxx	卷六選舉表	xx	0
xxxx	003-002-001-001	xxx	封贈	xx	0
xxxx	003-002-001-002	xxx	應列	xx	0

（续表）

book_num	serial_num	volume_num	chapter_name	page_num	page_prop
xxxx	003-002-001-003	xxx	武功	xx	0
xxxx	003-002-001-004	xxx	蔭袭	xx	0

例 6-5：

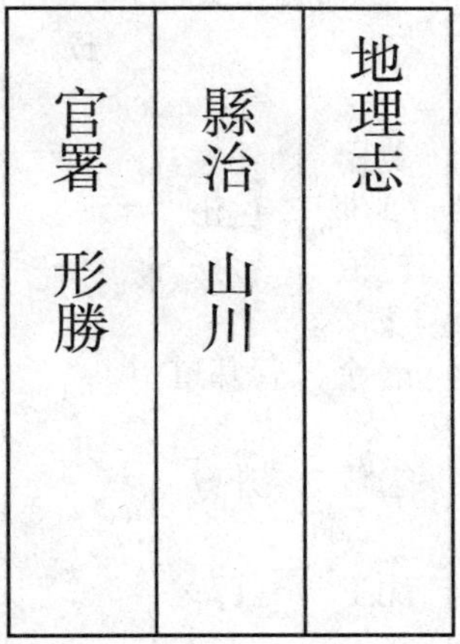

卷名为“地理志”，篇目为“縣治”、“山川”、“官署”、“形勝”。标引数据如表 6-8 所示。

表 6-8　标引数据（例 6-5）

book_num	serial_num	volume_num	chapter_name	page_num	page_prop
xxxx	001	xxx	地理志	xx	0
xxxx	001-001	xxx	縣治	xx	0
xxxx	001-002	xxx	山川	xx	0
xxxx	001-003	xxx	官署	xx	0
xxxx	001-004	xxx	形勝	xx	0

2. 目录中说明性文字的处理

在方志目录中经常有说明性文字，通常为双行小字，有些可以作为卷目、篇目标引，有些可以不做标引。下面将举例说明。

例 6-6：

第十七篇　人物

卷三十一

莫楊　任袁
是維　仁山
龍楨　發松
屠徐　管郑道
隆階　升亶
沈王　莊章
荃圻　肅粢

卷号第一层为“第十七篇”，卷名为“人物”；卷号第二层为“卷三十一”，无卷名；说明性文字不做处理。标引数据如表 6-9 所示。

表 6-9　标引数据（例 6-6）

book_num	serial_num	volume_num	chapter_name	page_num	page_prop
xxxx	017	xxx	第十七篇人物	xx	0
xxxx	017-001	xxx	卷三十一	xx	0

例 6-7：

卷三

紀事

沿革表 起夏迄本朝

職官表上文職 起汉迄本朝

職官表下武職 本朝

卷号为“卷三”，无卷名；篇名为“紀事”、“沿革表”、“職官表上文職”、“職官表下武職”；说明性文字不做处理。标引数据如表 6-10 所示。

表 6-10 标引数据（例 6-7）

book_num	serial_num	volume_num	chapter_name	page_num	page_prop
xxxx	003	xxx	第十七篇人物	xx	0
xxxx	003-001	xxx	紀事	xx	0
xxxx	003-002	xxx	沿革表	xx	0
xxxx	003-003	xxx	職官表上文職	xx	0
xxxx	003-004	xxx	職官表下武職	xx	0

例 6-8：

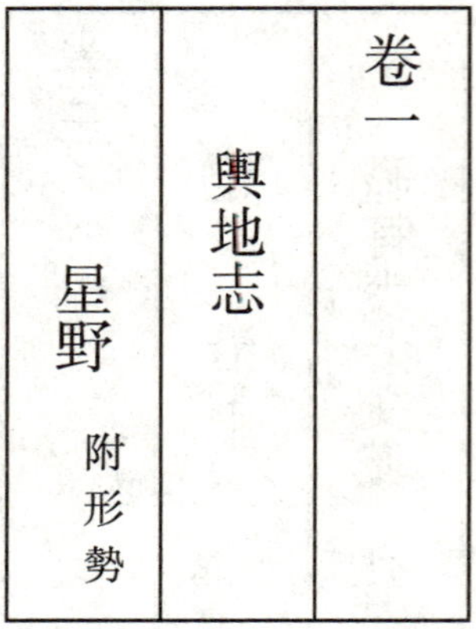

卷号为“卷一”，卷名为“輿地志”；篇名第一层为“星野”；说明性文字标引为篇名第一层“形勢”。标引数据如表 6-11 所示。

表 6-11　标引数据（例 6-8）

book_num	serial_num	volume_num	chapter_name	page_num	page_prop
xxxx	001	xxx	卷一輿地志	xx	0
xxxx	001-001	xxx	星野	xx	0
xxxx	001-001-001	xxx	形勢	xx	0

例 6-9：

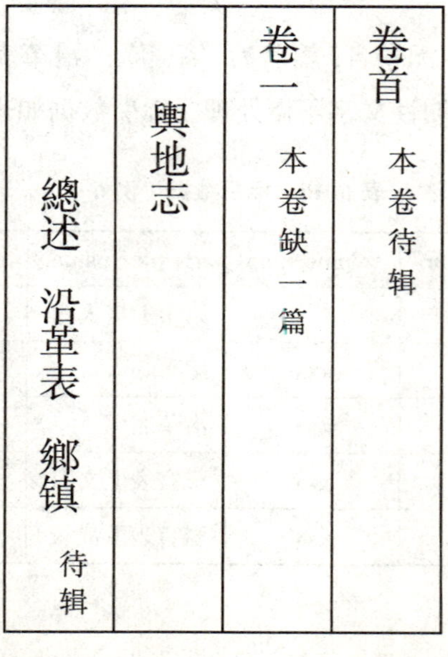

卷号为“卷首”和“卷一”，“卷一”对应的卷名为“輿地志”；篇名为“總述”、“沿革表”、“鄉镇”；说明性文字保留在篇目和卷目中。标引数据如表 6-12 所示。

表 6-12　标引数据（例 6-9）

book_num	serial_num	volume_num	chapter_name	page_num	page_prop
xxxx	000	xxx	卷首［待輯］	xx	0
xxxx	001	xxx	卷一輿地志	xx	0
xxxx	001-001	xxx	總述	xx	0
xxxx	001-002	xxx	沿革表	xx	0
xxxx	001-003	xxx	鄉镇［待輯］	xx	0

3. 特殊情况

旧志目录编制的多样性决定了三级目录标引的复杂性，很多细节都无法做出硬性的规定，需要标引人员依据三级目录标引原则进行处理。下面将举例说明。

例 6-10：

山川 附岩洞	輿地志三	疆域 附形勢	輿地志二	星野	輿地志一	卷一上	圖考	卷首

卷号为“卷首”和“卷一上”，“卷一上”对应的卷名为“輿地志”；篇名第一层为“星野”、“疆域”、“山川”；篇名第二层为“形勢”和“岩洞”；说明性文字做篇目处理。标引数据如表 6-13 所示。

表 6-13　标引数据（例 6-10）

book_num	serial_num	volume_num	chapter_name	page_num	page_prop
xxxx	000	xxx	卷首	xx	0
xxxx	000-001	xxx	圖考	xx	0
xxxx	001	xxx	卷一上輿地志	xx	0
xxxx	001-001	xxx	星野	xx	0
xxxx	001-001-001	xxx	形勢	xx	0
xxxx	001-002	xxx	山川	xx	0
xxxx	001-002-001	xxx	岩洞	xx	0

例 6-11：

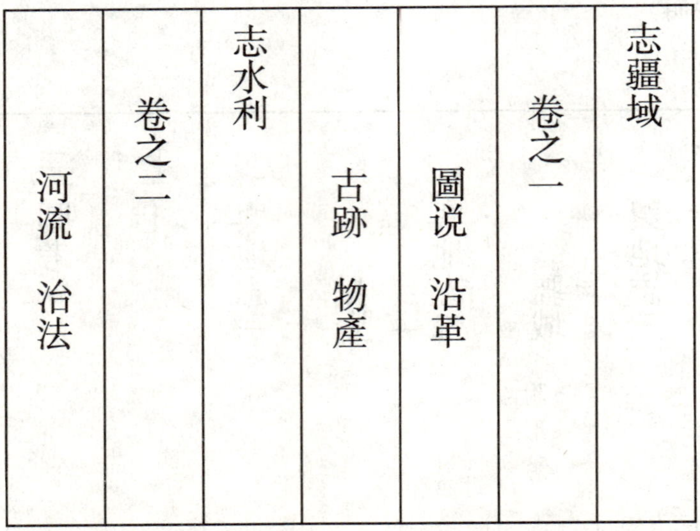

卷号为“卷之一”和“卷之二”，对应的卷名为“疆域”和“水利”；篇名为“圖说”、“沿革”、“古跡”、“物産”、“河流”、“治法”。标引数据

如表 6-14 所示。

表 6-14 标引数据（例 6-11）

book_num	serial_num	volume_num	chapter_name	page_num	page_prop
xxxx	001	xxx	卷之一疆域	xx	0
xxxx	001-001	xxx	圖说	xx	0
xxxx	001-002	xxx	沿革	xx	0
xxxx	001-003	xxx	古跡	xx	0
xxxx	001-004	xxx	物產	xx	0
xxxx	002	xxx	卷之一水利	xx	0
xxxx	002-001	xxx	河流	xx	0
xxxx	002-002	xxx	治法	xx	0

6.2.6 图像保存要求

扫描工作结束后，要刻录 TIFF 格式、JP2 格式和 PDF 格式图像光盘各 2 套，使用 D5 格式的 DVD+R 光盘，采用 4X 进行刻录，每张盘刻录数据量不超过 4.2GB。按照方志扫描的流水号进行刻录，不得出现跳号。一部方志尽可能刻录在一张光盘上。若一部方志的扫描图像超过 4.2GB，可顺序刻录在多张光盘上。除了图像数据外，光盘上还要刻录元数据及数据说明文件。要保持光盘表面清洁，无划痕、指纹、污迹等。同时，还要保存一份硬盘数据，并将数据导入长期保存系统。

元数据包括书目数据和三级目录数据，书目数据为 ISO 格式的 MARC 数据，三级目录数据为 ACCESS 数据库。每张光盘上均有 readme.txt，用于说明本张光盘存储的内容。说明文件为一个 EXCEL 文件，包含 3 张表单，分别是数据总体说明、对象数据光盘清单、单册数据量统计表。

6.2.6.1 光盘号命名规则

光盘号为 15 位，由数字和字母组成。其中第 1—4 位为地方志项目名称缩写“SZFZ”，第 5—8 位表示项目时间，第 9 位表示数据属性（A 表示图像数据存储盘，D 表示数据说明文件存储盘，E 表示元数据存储盘），第 10—14 位为光盘流水号，第 15 位表示光盘属性（“1”表示第一套备份盘，“2”表示第二套备份盘）。例如光盘编号 SZFZ2010A100001 表示表示 2010 年加工的地方志图像数据第一套备份盘中的第一张。

6.2.6.2 数据存储结构

图像数据及相应的 readme 文件存储在光盘的根目录下，图像数据保持加工时的存储结构不变，如：“\0001\001\ 001.tif”。readme 文件存储结构为“\readme.txt”。

元数据存储在光盘的根目录下，iso 格式，文件名为“marc.iso”，存储结构为“\ marc.iso”。数据说明文件存储在光盘的根目录下，excel 格式，文件名为“数据说明文件 .xls”，存储结构为“\ 数据说明文件 .xls”。

6.2.6.3 光盘标签

光盘背面用油性记号笔以四号字书写，上方居中位置书写光盘编号，下方书写所数据的起止号，如图 6-2 所示。光盘盘标用书标专用纸打印，采用宋体、黑色、小四号字。光盘盘标向外居中，粘贴于光盘盒的脊背上端。盘标一律竖贴，自下向上阅读，如图 6-2 所示。

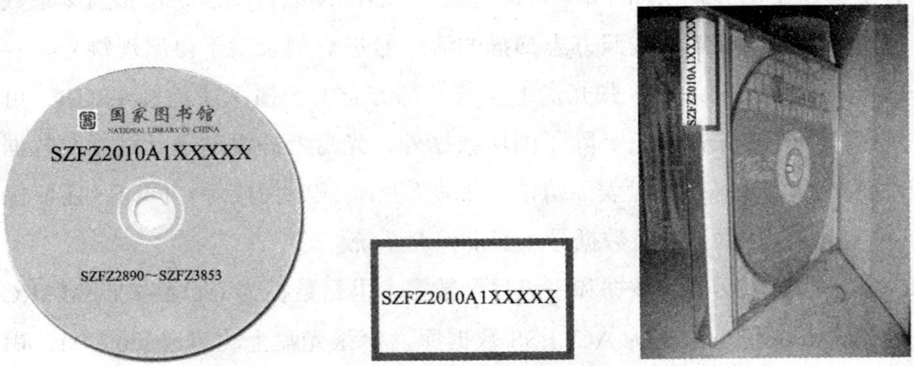

图 6-2 光盘标签实例

6.2.7 文献保护与管理

扫描要使用大量的古籍，文献保护要放在第一位来考虑。从文献的取还、扫描前整理、后整理，到文献的扫描都要考虑文献保护的问题，同时也必须加强文献的管理和扫描场地的管理。

6.2.7.1 培训

在项目进入大规模加工阶段以前，要对扫描加工人员进行一系列的培训。培训可分为五类：安全培训，包括防火、防盗、安全用电、文献取用等；图书馆规章制度培训，包括与馆舍、书库、保卫、卫生、文献等有关的规章制度；古籍保护培训，包括文献的取用、翻动、拆装、保存等；古籍基础知识培训，包括方志的概况、版本、基本内容、古籍术语等；扫描加工培训，主要是与扫描、图像处理等有关的技能培训。

6.2.7.2 取还书

扫描用书由专人负责交接，按批次出库、入库、发放与归还，各批次志书不能拆散归还，不能超时滞留在扫描工作场地。取还书时间为每天下午 3 点半到 4 点半之间，每批志书出库、入库前，由专人负责清点，确认志书的种数、册数、书品等，确认无误后在出库工作单上签字。每批志书的加工周期控制在一周左右。志书取用的数量有严格限制，按每天不超过 12000 叶计算，折合成志书的种数。取还书的路线固定，要求不影响阅览室和库房的正常工作。

志书出库时，要填写出库工作单（工作单记录志书题名、部次、册数以及书品、要扫描的叶数，志书的残缺、重号记录等），可以拆书扫描的志书要在工作单中明确标注，核对无误后签字确认。扫描完成后，要对照出库工作单核对返库志书的种数、册数、检查扫描中有无损坏等，对拆书扫描的志书要检查装订质量，拆书扫描后的志书入库，要检查是否按志书复样复原以及装订质量，有无错叶、折叶、叶码颠倒等情况，填写返库检验工作单。书要整批次回库，核对无误后签字确认。

6.2.7.3 扫描前整理与后整理

扫描前由专人进行扫描前整理，对照出库工作单核对题名、部次、册数，对工作单中标注的缺叶、错叶、重叶、可以拆书扫描等加工提示要逐一核查，对拆书扫描的志书和不能拆书扫描的志书进行分类。凡拆书扫描的志书，要严格按照拆书技术要领耐心、细致地操作，不能损坏志书。拆书前检查志书各册序号（封皮上的书角号），依顺序号拆。严格遵守加工提示，不能擅自拆书。

扫描后，由专人负责将已拆的志书按原样恢复，和同批次未拆的志书一起回库，必须使用馆方指定的材料和工具，将已拆的志书按原样恢复，在按重新装订过程中，要严格按操作规程操作，谨慎、细心，尽量避免人为损坏，杜绝缺叶、错叶、折叶、反叶等装订错误。

6.2.7.4 加工场地管理

数字方志的扫描场地设在本馆主楼内，书库到加工场地的距离不超过500米，取还书的路线完全在主楼内，方便全程监护。扫描场地分为三个区域：文献暂存区，用于保存文献和前整理，与其他区域隔开，只有少数人可以进出；扫描加工区，用于扫描和图像处理，摆放大量的设备；饮水休息区，加工人员将包和私人物品统一存放，提供饮水。加工场地旁边有卫生间。

加工场地有中央空调，温湿度、空气质量和光线条件都符合古籍保护的要求，设有监控设备，整个加工场地内无监控死角。电力系统可以满足扫描设备的需求，并有一定的冗余。加工场地内有自动消防设备和灭火器，可以应对突发情况。加工场地的钥匙由专人负责管理，按时取还。

加工场地每个工位的占地面积大于2.5平方米，每个（排）工位的间距大于1米。保留足够的空间，确保古籍存放的安全，避免意外事故发生。文献暂存区内设有多个有锁具的书柜，书柜采用阻燃、耐腐蚀、无挥发性有害气体的材料，涂覆材料应稳定耐用。暂存在加工场地内的古籍必须保存在书柜中，由专人负责管理。

在加工场地内，所有人员翻动古籍时，必须戴指套。去除古籍上的毛发、灰尘等，必须使用修裱专用软毛刷子。若要进行注记，以夹纸条的方式置于书中，纸条由宣纸裁成，必须使用铅笔。古籍不能放置在计算机主机、显示器等设备上。拿取古籍时，注意平衡，以手掌托拿为原则。移动古籍时，尽量以整套为原则，以免散失的状况发生。书内纸片、木夹、函套等随书移动，避免散失。

6.3 数字方志文本化子项目

在图像化的基础上，数字方志项目对部分方志做了文本化。由于方志所用的文字非常庞杂，书写也不规范，存在大量异体字、模糊字、集外字等，在方志的人名、地名、物产、方音、乐谱、金石等部分中也有大量罕用字。数字方志项目采用支持 Unicode5.0 标准的字库，最大限度地客观还原原书的文字。原书中集外字先进行文字认同，尽量认同为集内字，对无法认同的集外字做造字处理或替换为“□”。由于旧志版本类型多样、版式情况复杂，还有图文混排、不规则表格、删改、批注等情况，为了既尽可能保持方志原貌，又具有可操作性，数字方志项目采用有限版式还原，即在尽量还原原有版式的前提下，对部分难于处理的版式进行了规范。刻本和活字本使用四周双边、单鱼尾、白口、无书耳的统一版式，抄稿本转换为无版框、格抄本或统一版式。行款与原书一致，文字分为大字和小字，一部书中的大字使用统一字号、小字使用统一字号，文字颜色均为黑色，墨等、墨盖子、空围、墨围、鱼尾等符号都规范为统一形式，刻本活和字本所有手写批注均不做转换，插图、牌记、书名页、印章等特殊版式都做贴图处理。全文数据采用XML格式，版式还原后的全文数据采用PDF格式。

6.3.1 文本化方法选择

文本化方法主要有键盘录入和 OCR 两大类。在项目开始前，我们使用“书同文”的数字加工系统做了 OCR 识别率测试。选择了 100 个有代表性的样张（包含特殊版式的样张占 40%），测试结果如下：刻本有界栏，字迹清晰，文字间距较大，一次识别率 94.5%；抄本有界栏，字迹清晰，一次识别率 82.5%；刻本有界栏，含较多双行小字，但双行小字间隙很小，字迹清晰，一次识别率为 54%；刻本含表格（职官表），一次识别率 63%；抄本无界栏，字迹清晰，一次识别率 50%；朱（墨）格抄本，字迹清晰，一次识别率 7.3%；抄本无界栏，行款不一或图文混排，一次识别率 3.3%；刻本有界栏，字迹模糊，一次识别率 7.8%；抄本无界栏，字迹清晰，有批校，一次识别率 57%，但眉批和校对符号未显示。通过上述测试结果不难看出，OCR 方法不能满足数字方志的需要。因此，数字方志项目采用键盘录入方法。

目前，还没有成熟的商用古籍全文化加工系统，中易、方正等厂商均使用自己开发的软件系统。这类系统将古籍全文化工作流分解为若干个相对独立的模块，模块间的软件接口相对固定，软件框架基本固定。由于这类系统不是定型的商业软件，可以依据项目的需要随时进行参数调整或代码调整，调整后可以直接应用于项目。因此，这类系统的优势在于适应性强、调整灵活，可依据项目需求做多种扩展；而劣势在于软件成熟度低，需要大量的软件测试，对软件项目管理要求高，强调软件与数据加工的配合。

6.3.2 集外字处理

数字方志项目使用 Unicode 字符集中的基本集、扩 A 集和扩 B 集，用字量和字频统计如表 6-15 所示。相对于基本集汉字 99% 以上的使用频率，虽然扩 A 集汉字的使用频率仅为 0.13% 和 0.17%，扩 B 集汉字的使用频率仅为 0.36% 和 0.47%，但是数字方志项目的文字错误率要求为低于 3‰，若不使用扩 A 集和扩 B 集，不对这些文字做全文化处理，那么项目的全文化率（全文文本的字数与原书实际字数的比值）不超过 99.5%，即原书中的 0.5% 文字未做全文化，那么 3‰ 的错误率也就没有多少实际意义。若不使用扩 A 集和扩 B 集，对这些文字做造字处理，那么造字总量将超过 2 万个。可见，通过使用 Unicode 字符集，可以大大减少了集外字的数量，提高项目的全文化率，降低集外字处理的工作量。

表 6-15 数字方志一期二期用字统计表

	数字方志项目第一期	数字方志项目第二期
总叶数	506485 叶	400349 叶
总字数	204808490 次	161222529
基本集汉字使用个数	16801 个	17123 个

（续表）

	数字方志项目第一期	数字方志项目第二期
基本集汉字使用次数	203781248 次	160135692 次
基本集汉字使用频率	99.50%	99.32%
扩 A 集汉字使用个数	2959 个	3265 个
扩 A 集汉字使用次数	274847 次	279401 次
扩 A 集汉字使用频率	0.13%	0.17%
扩 B 集汉字使用个数	9117 个	9353 个
扩 B 集汉字使用次数	732675 次	759774 次
扩 B 集汉字使用频率	0.36%	0.47%
集外字使用个数	4866 字	3009 字
集外字使用次数	19720 次	47662 次
集外字使用频率	0.01%	0.03%

数字方志项目的集外字处理策略是先对集外字进行认同，能够认同为集内字的直接按集内字输入，无法认同的集外字做进一步处理。受各方面条件的限制，包括时间、费用、录入校对人员水平等，数字方志项目的文字认同策略相对比较保守，主要做笔画异写字的认同，如表 6-16 所示，对异构字的认同要慎之又慎，不做任何带有考证性质的文字认同。

表 6-16 文字认同实例表

原书	认同为	原书	认同为	原书	认同为	原书	认同为
	冦		虐	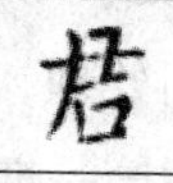	君		妓
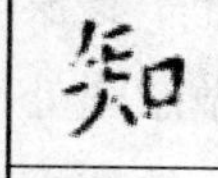	知		棗		嵗		眉
	殮		懲		畢		騆

（续表）

原书	认同为	原书	认同为	原书	认同为	原书	认同为
鼇	鼇	亶	亶	凋	凋	不	不
乾	乾	剽	剽	余	余	噲	噲
邑	邑	圍	圍	两	两	婚	婚
東	東	羅	羅	像	像	罘	罘
備	備	鼎	鼎	男	男	潔	潔
⿰白乚	⿰白乚	魁	魁	靂	靂	俟	俟
失	失	腹	腹	鰥	鰥	所	所
庄	庄	杖	杖	頻	頻	疊	疊
况	况	偏	偏	勺	勺	乏	乏
瓦	瓦	述	述	壙	壙	瘟	瘟

对于无法认同的集外字，数字方志项目第一期采用造字和符号替换法，对使用频率高的集外字做造字处理，将使用频率低的集外字和模糊字替换为“□”。第二期采用造字、贴图和符号替换法，对使用频率高的集外字做造字处理，对模糊字做贴图处理，将使用频率低的集外字替换为“□”。第三期采用贴图法，继续使用第一期和第二期的造字，对其他集外字和模糊字做贴图处理。第四期采用贴图和描述法，对集外字和模糊字做贴图处理，并对集外字做 IDS 描述，如表 6-17 所示。第五期与第四期的集外字处理方法相同。

表 6-17 IDS 描述实例表

字 形	Unicode 编码	IDS 描述
噖	5656	⿰口⿱⿰⿱一土⿱一土⿱⿱人丶㇇
嚞	569E	⿱⿱士口⿰⿱士口⿱士口
婯	5A6F	⿱⿰⿱一⿵冂丶⿱一⿵冂丶女
躖	8E96	⿲𧾷⿱⿱⿰幺幺一⿱⿰幺幺一丨
夔	5914	⿳⿻⿱丷自⿰止巳八夂
贏	8D0F	⿳亡口⿲月貝⿵几丶
圗	5717	⿴囗⿳厶十⿴囗ㅂ
闟	95DF	⿵門⿱⿱⿱人一口羽
邇	9087	⿺辶⿻⿻巿⿰爻爻八
匳	5333	⿷匚⿱⿱人一⿱⿰口口⿰人人
屩	5C69	⿸尸⿰彳⿳⿱丿大口⿵冂口
匒	5312	⿹勹⿱艹⿱⿱人一口
嬔	5B14	⿺⿰女⿱⺈⿺兄丶生
噩	5669	⿻⿱一土⿱⿰口口⿰口口

数字方志项目从一期到五期，处理无法认同的集外字的方法逐渐由造字、符号替换过渡到贴图、描述，主要原因在于造字和符号替换存在明显的缺陷。造字需要占用自定义编码区，使用专用字库，这就影响了全文数据的通用性，增加了全文数据应用的成本。Unicode 字符集允许用户自定义编码，专门设置了私用区（Private Use Area），私用区、增补私用 A 区和增补私用 B 区共有 137468 个码位。尽管 Unicode 字符集有较多的码位可供造字使用，但是如果将项目中出现的所有字形，既不做文字认同，也

不区分字体、书体，只要字形与字符集中的字形有差异，就简单地做造字处理，这些码位也会很快耗尽。数字方志项目第一至三期只使用了私用区，未使用增补私用 A 区和增补私用 B 区。同时，Unicode 对私用区基本没有限制，不同的古籍数字化项目对私用区的使用可能完全不同，同一个自定义编码在不同的项目中表示不同的字形，若同时使用这些古籍数字化项目，将发生私用区编码冲突，造成文字编码错误。此外，造字是依据某个项目的集外字字频统计数据，不能代表该字在古籍中实际的使用频率，造字复用的比例不高。例如：数字方志项目第一期造字 4866 个，在第二期中只使用了 1905 个，仅占一期造字总量的 39.15%。

符号替换是将使用频率低的集外字和模糊字替换为某个符号，在数字方志项目第一至三期中使用“□”作为替代符号。这种方法的主要问题是造成符号混淆，原书中的空围使用“□”表示，集外字和模糊字也用“□”替代，无法区分“□”是否为原书中的空围，还是集外字或模糊字。当字符集扩展时，即使集外字获得了正式编码，在全文数据中集外字或模糊字都替换为“□”，不能通过软件进行自动替换。因此，使用“□”作为替代符号，给全文数据的管理和维护造成了很大的困难。而贴图法使得全文数据中的集外字和模糊字可以正常显示，用 IDS 描述集外字的字形结构，通过软件可以间接实现集外字检索。同时，当集外字获得了正式编码时，通过软件可将全文数据中的 IDS 替换为 Unicode 编码，这就提高了全文数据的可维护性。同时，IDS 描述可以作为字符串检索，提供了集外字检索的另一种途径。香港理工大学开发的“中文古籍网上出版平台”就采用了贴图和 IDS 描述的方法来表示集外字，支持集外字的检索和显示。数字方志项目第四期和第五期也采用了贴图和 IDS 描述的方法表示集外字，但只用于集外字的显示和管理。

6.3.3 版式还原

数字方志全文化项目对版式进行规范和部分描述，支持有限版式还原。版面版式分为三种类型：有版框、无版框和格抄本版式。刻本和活字本采用有版框的统一版式，四周双边、单鱼尾、白口、无书耳，如图 6-3 所示。

抄稿本采用无版框、有版框或格抄本版式，如图 6–4、6–5 所示。全文版式还原文件的行款与原书一致，文字颜色均为黑色，文字分为大字和小字，一部书中的大字使用统一字号、小字使用统一字号，墨等、墨盖子、空围、墨围等符号都规范为统一形式，插图、表格、牌记、书名页、印章等特殊版式都做贴图处理。当原书版框不规则时，统一还原为规则版框，保持文字与版框的相对位置不变，如图 6–3 所示。当原书行款不一致时，使用拉伸或紧缩标记，版式还原的效果如 6–4 所示。

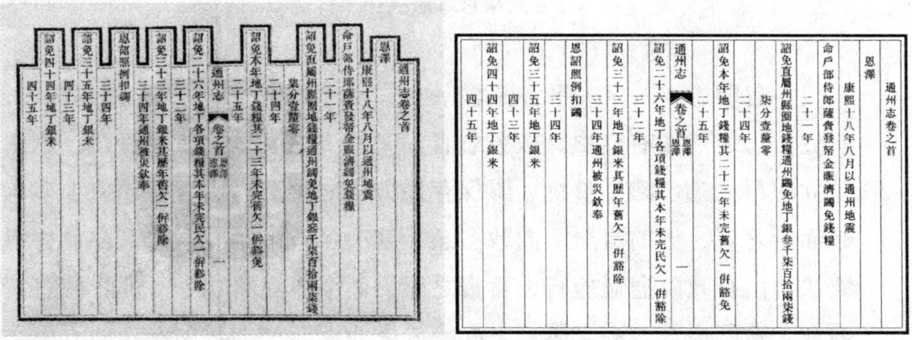

图 6–3　刻本版式还原样例

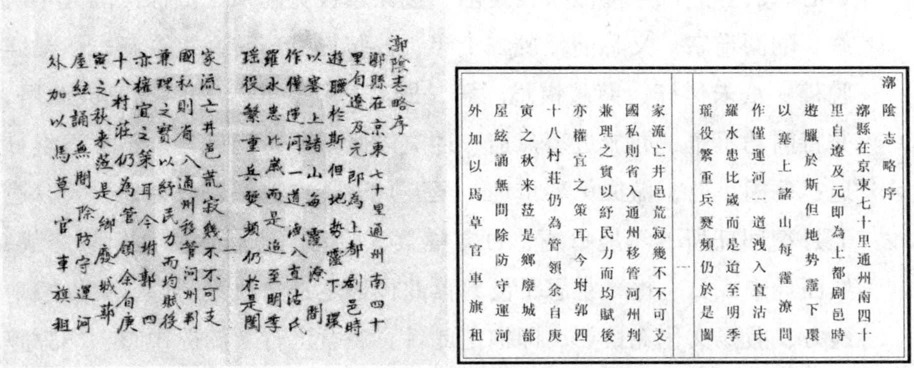

图 6–4　无版框抄本版式还原样例

在数字方志项目中，版式还原的方式不影响全文数据的上下文连续性，仍以图 6–4 为例，将版式还原文件全选、复制、粘贴到文字处理软件中，得到以下文本：

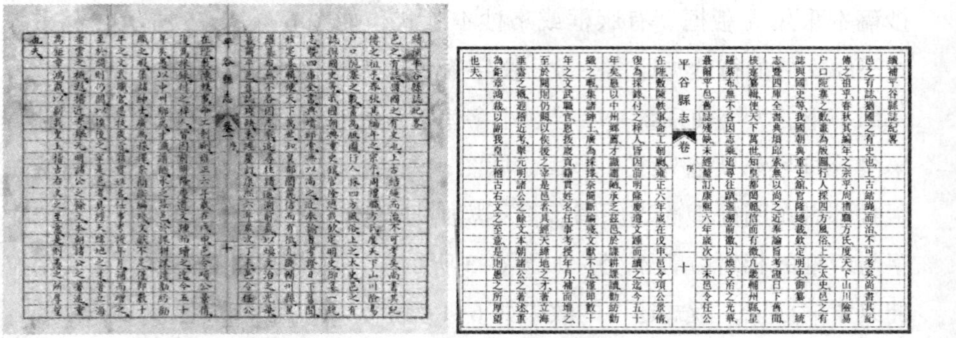
續補平谷縣誌紀畧
邑之有誌、猶國之有史也、上古結繩而治、不可考矣、尚書紀
傳之祖乎、春秋其編年之宗乎、周禮職方氏、度天下山川險易
户口阨塞之數、畫為版圖、行人採四方風俗、上之太史、邑之有
誌與國史等、我國朝典重史館、官降總裁、欽定明史、御纂一統
志、暨四庫全書、典墳邱索、無以尚之、近奉綸旨考證日下舊聞
核實纂輯、使天下萬世、知皇都閎麗、信而有徵、凡畿輔州縣、星
羅棊布、無不各因志乘、追尋往蹟、遥溯前徽、以煥文治之光華、
矗爾平邑、舊誌殘缺、未經釐訂、康熙六年歲次丁未、邑令任公
平谷縣志 卷一 序 十
在陞、敷陳軼事、命工剞劂、雍正六年歲在戊申、邑令項公景倩、
復為採錄、付之梓人、皆因前明隆慶遺文踵而續之、迄今五十
年矣、邑以中州鄉薦、才識遹颺、承乏茲邑、於課耕課讀、勤紡勸
織之暇、集諸紳士、廣為採擇、殘簡斷編、蒐文獻不足、僅即數十
年之文武職官、恩拔歲貢、籍貫姓名、任事考授年月、補而增之、
至於闕則仍闕、以俟後之宰是邑者、具經天緯地之才、著立海
乘雲之概、遹稽近考、舉元明諸公之餘文、本朝諸公之著述、重
為鉅章鴻裁、以副我皇上稽古右文之至意、是則愚之所厚望
也夫、

图 6-5　朱格抄本版式还原样例

平谷縣志卷一序一平谷縣志序方志者、地方之史也、梁啟超氏曰、有良方志、然後有良史、故方志者、又國史之基也、昔章實齋、創州縣立志科之議、識度夐絶、誠保存地方史之善法、惜百餘年來、卒無起而行之者、於前歲全國内政會議、議決各省市縣設立文獻委員會組織法、由行政院通過施行、實齋之議、而今竟見諸功令、惟各縣之文委會、雖經成立、多未厲行、亦等於虛設而已、則甚矣保存地方史之難也、余服官河北、數載於茲、曾赴各縣視察政務、對於文獻、素所關心、於客歲三月奉檄來長是邑、接篆後披覽邑乘、查係民國九年所修、嗣閱卷宗、又悉前任於二十年、曾聘王紳濟時、重纂新志、業經脱稿、祇未付梓、竊甚惜焉、第是既有原稿、再為補編、完成此舉、非特前功不棄、亦於近事無遺、遂決以修輯印行為己任、不意邊氛日逼、蕞爾小邑、儼成軍事重地、至五月戰亂愈迫、以致易地辦公、迨七月復回任所、滿地瘡痍、百方補救、此時邑志雖欲修而何暇修哉、然而並未一日忘也、嘗思平邑為冀北極邊之地、政策所施、實以綏靖地方、發揚文化為最要、即抱定此旨、銳意進行、於巡視時、亦諄諄以此諭衆、以期上副長官委任之重、下慰邑人望治之殷、所幸兵燹之餘、民風之樸厚

"平谷縣志卷一序一"是版心上的文字，后面是版框内的全部内容，上下文连续，大小字按字号区分，但是没有段落符号和回行符号，所有文

本都挤在一起，用户只能手工进行二次处理。

数字方志项目中的符号只用于显示，不支持检索。标点符号使用Unicode5.0字符集中外形相同或相近的符号进行外形描述，符号所在的位置通过坐标进行描述，以句读符号为例，使用“，”“。”“·”“、”符号来描述句读的外形。若字符集中没有外形相同或相近的符号，则在自定义区进行编码扩充，与造字过程类似。校对符号规范后再做转换，数字方志全文化项目中只引入了插入、删除和移动三个校对符号，插入用“>”表示，删除用“○”表示，移动用“>”、矩形和数字组合表示。校对符号的位置用坐标表示，校对符号版式还原的效果如图6-6所示。版式符号规范后再做描述，墨等用“■”表示，空围用“□”表示，墨盖子用黑色矩形和白色文字组合表示，墨围用单线矩形表示，鱼尾统一成黑色单鱼尾。

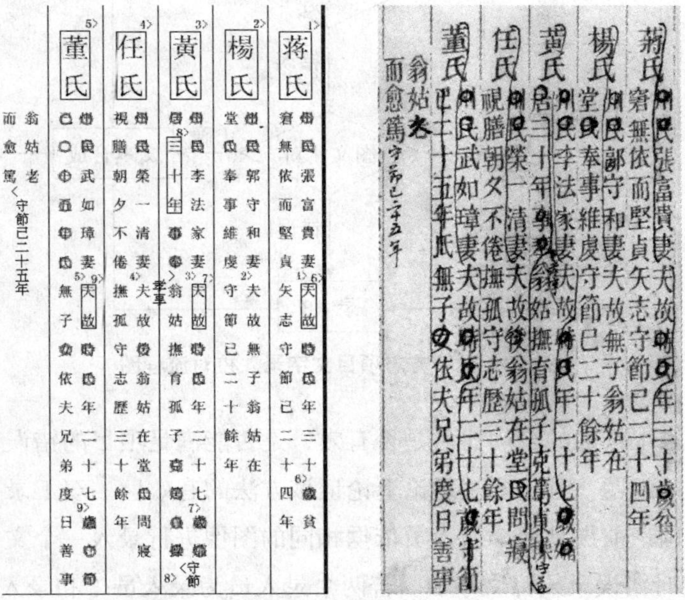

图6-6　数字方志校对符号版式还原样例

6.3.4　文本数据校验

在整个全文化流程中，最核心的是文字录入和校对环节。数字方志全文化项目的文字录入和校对流程如图6-7所示。文字录入采用双工录入方式，即两个录入员依据相同的古籍图像逐字进行录入。校对采用自动校对和人工校对两种方式。自动校对是通过软件对双工录入的文字进行逐字比对，若双工录入的文字相同，则认为录入结果正确；若双工录入的文字不同，则认为录入结果错误，进入人工校对过程。人工校对是人工比对古籍图像和双工录入的文本，若双工录入的文字其中之一与图像中的文字相同，则将该文字作为校对后的文本；若双工录入的文字都与图像中的文字不同，则认为录入结果错误，需要由校对人员重新进行录入。自动校对和人工校对后的文字合并为校对后的古籍文本。

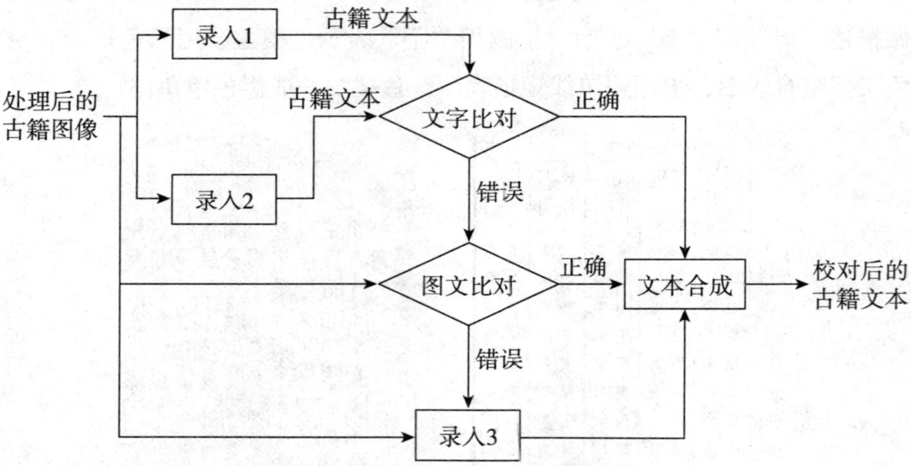

图 6-7　数字方志项目文字录入校对流程图

基于双工录入的自动比对是否有效，是否能满足项目的错误率要求？要回答上述问题，首先要从理论上论证该方法的有效性。双工录入自动比对有效的理论前提是两个录入员依据相同的图像进行录入一个文字 A，不会将 A 同时错误录入为文字 B。若两个录入员为录入员 1 和录入员 2，录入员 1 的录入错误率为 e1，录入员 2 的录入错误率为 e2，人工校对的工作量为录入文字总量的（e1+e2），校对员的校对错误率为 e3，则文本的错误率为（e1*e3+e2*e3）。采用双工录入校对后，全文文本错误率表的理论值如表 6-18 所示。通过对表 6-18 的分析不难看出，校对错误率对文本错误率的影响大于录入错误率；两个录入员的录入错误率差距过大，较小的录入错误率对文本错误率的影响较小；校对错误率与录入错误率差距过大，校对工作量将有很大变化。数字方志全文化项目的文字错误率要求为3%%，录入员的录入错误率为1.6%和1.4%，校对员的校对错误率1%是较为优化的配置，校对工作量占录入文字的比例仅为2%。

表 6-18 双工录入校对错误率表

录入员1录入错误率	录入员2录入错误率	校对员校对错误率	校对工作量（占文字总量的比例）	校对后文本错误率
10%	10%	10%	20%	2%
10%	10%	5%	20%	1%
10%	10%	1%	20%	2‰
5%	5%	5%	10%	5‰
5%	5%	1%	10%	1‰
1%	1%	1%	2%	2%%
1%	1%	5‰	2%	1%%
5‰	5‰	5‰	1%	0.5%%
5‰	5‰	1‰	1%	0.1%%
10%	5%	5%	15%	7.5‰
10%	5%	1%	15%	1.5‰
10%	1%	1%	11%	1.1‰
10%	1%	5‰	11%	5.5%%
5%	1%	1%	6%	6%%
5%	1%	5‰	6%	3%%
1%	5‰	5‰	1.5%	0.75%%

验证双工录入自动比对方法的有效性，除了理论分析外，还要通过实践检验。数字方志全文化项目（第一期）的双工录入和校对错误率如表6-19所示，除了铅印本外，其他版本的平均录入错误率均高于1.9%；除了

抄稿本外，其他版本的平均校对错误率都在 1% 左右；所有版本类型的校对工作量均高于 2%；双工录入自动比对方法可以发现差异，但是由于校对人员的问题造成的错误率，如表 6–19 中校对错误率的“异错”列所示；双工录入自动比对方法无法发现的错误，即双两个录入员依据相同的图像进行录入将文字 A 同时错误录入为文字 B，如表 6–19 中校对错误率的“同错”列所示；将“异错”和“同错”相加起来，即校对后的文本错误率，如表 6–19 中校对错误率的“综合”列所示。通过对表 6–19 的分析不难看出，双工录入自动比对方法无法发现的错误率在 1‰ 到 1.5‰ 之间，平均录入错误率和平均校对错误率都与理论值有差异，因此，校对错误率高于 3‰，无法满足数字方志全文化项目的错误率要求。

表 6–19　数字方志全文化项目（第一期）双工录入校对错误率表

版本类型	平均录入错误率	平均校对错误率	校对工作量（占录入文字总量的比例）	校对错误率		
				异错	同错	综合
刻本	2.2%	1.2%	4.4%	5.28‰	1.16‰	6.44‰
木活字本	1.9%	1.1%	3.8%	4.18‰	1.23‰	5.41‰
铅印本	1.3%	0.9%	2.6%	2.34‰	1.12‰	3.46‰
抄稿本	3.1%	2.2%	6.2%	13.64‰	1.38‰	15.02‰

通过上述分析不难看出，双工录入自动比对方法不能消除双工录入“同错”的情况，对双工录入“异错”的情况可以部分消除，但是还无法满足项目的文字错误率要求。在实际项目中，受人员、经费等方面的限制，平均录入错误率和平均校对错误率都无法达到理论值，改为三工录入或双工校对也不能满足 3‰ 的错误率要求。因此，必须引入新的方法来降低错误率。

通过添加人工校对来可以进一步降低错误率，人工校对既包括全校，也包括抽校。全校是将全部文本与图像做逐字比对，而抽校是选择部分文本与图像做逐字比对，可依据版本和内容来选择易错部分进行校对。在数字方志全文化项目中，至少要进行四次校对：软件自动比对称为一校，校对自动比对得到的不同部分（“异错”部分）称为二校，对二校后的文本进行人工全校成为三校，对三校后的文本进行人工抽校成为四校。对于抄稿本和一些错误率较高的刻本，还要进行额外的全校和抽校，直到满足项目的错误率要求为止。经过四次以上的校对，数字方志全文化项目的加权错误率可以控制在 3%% 以下。

6.3.5　文本数据保存

数字方志项目的影像数据都采用了筒子页方式，如图 6-3 所示，全文数据的结构是以行为基本单位，若干行组成一叶，若干叶构成一卷，若干卷构成一种书，用书目数据和三级目录数据来揭示书、卷、篇的关系。每一叶保存为一个数据文件，每一卷保存为一个数据文件，每种书保存为一个数据文件，即一份数据保存为单叶、单卷、整书三种形式。全文数据采用 XML 格式，版式还原后的全文数据采用 PDF 格式。

在数字方志全文化项目第一期至第三期中，每一种书的影像和全文数据保存在一个文件夹下，文件夹名为“XXXX”（4 位数字，表示书号），影像数据的文件名为“XXXXXXXXXX.jpg”（10 位数字，前 4 位为书号，中间 3 位为卷号，最后 3 位为叶号），单叶全文数据的文件名为“XXXXXXXXXX.xml”和“XXXXXXXXXX.pdf”（文件命名方式与影像数据相同），单卷全文数据的文件名为“XXXXXXX.pdf”（7 位数字，前 4 位为书号，后 3 位为卷号），整书全文数据的文件名为“XXXX.pdf”（4 位数字，表示书号）。XML 格式的单叶全文数据由基本属性描述、基础版式描述和文本描述三部分组成：基本属性描述包括 XML 版本（对应 version 标签）、文字编码（对应 encoding 标签）、与图像文件的对应关系（对应 page 标签）、加工信息（对应 staffidx 标签）、工作流信息（对应 workflow 标签）等；基础版式描述（对应 info 段），包括版框描述（对应 format 段）和行描述（对应 setting 段）；文本描述（对应 data 段），包括行款描述（对应 text count 标签）和行文本描述（对应 line 段），行文本描述包括位置描述（对应 line 段的 position 标签）和内容描述（对应 line 段的 content 标签）。

在数字方志全文化项目第四期和第五期中，每一种书的全文数据保存和统计信息保存在一个文件夹下，文件夹名为“SZFZXXXX”（4位数字，表示书号），整书全文数据的文件名为“SZFZXXXX.pdf”（4位数字，表示书号），头文件的文件名为“SZFZXXXX.xml”（4位数字，表示书号），单卷全文数据的文件名为“SZFZXXXX-XXXXXXXX.pdf”（前4位为书号，后8位为卷号），IDS数据库文件名为“XXXX.mdb”（4位数字，表示书号），逐字字频统计文件名为“XXXX.txt”（4位数字，表示书号），一系列子文件夹，子文件夹名为“SZFZXXXX-XXXXXXXX”（前4位为书号，后8位为卷号）。在子文件夹下，单叶全文数据的文件名为“SZFZXXXX-XXXXXXXX-XXXXX.xml”和“SZFZXXXX-XXXXXXXX-XXXXX.pdf”（前4位为书号，中间8位为卷号，最后5位为叶号）。XML格式的单叶全文数据由基本属性描述、基础版式描述和文本描述三部分组成：基本属性描述包括XML版本（对应version标签）、文字编码（对应encoding标签）、与图像文件的对应关系（对应relate_id标签）等；基础版式描述（对应rectangle标签和line标签）；文本描述（对应text标签）。

6.3.6 文本数据实例

数字方志项目的第一至三期由中易公司承担，使用该公司制订的XML标记体系，而项目的第四期、第五期由方正国际软件有限公司承担，遵循《中文文献全文版式还原与全文输入XML规范》。虽然《中文文献全文版式还原与全文输入XML规范》是国家图书馆委托中易公司制订的，但是与数字方志第一至三期使用的XML标记体系有很大的区别。由于采用了不同的XML标记体系，数字方志项目第一至三期的数据与第四期、第五期的数据有明显的区别，两者的主要区别体现在结构和数据描述上。

数字方志项目第一至三期的数据中，除了XML标准文件头、页号记录等，主要包括工序记录信息（staffidx和workflow标签中的内容）、原始图像的基本信息（format标签中的内容）、版式还原系数（setting标签中的内容）、全文文本信息（data标签中的内容）等。第一至三期的数据中带有数据加工流程的痕迹，从工序记录信息到版面分析、版式描述、文本描述等，这样的数据结构有利于程序的处理。而在第四期、第五期数据中除了 XML 标准文件头、页号记录等，主要包括叶面版框信息（paper size、portrait、rectangle 和 line 标签中的内容）和全文版式信息（text_line 标签中的内容）等。第四期、第五期数据强调对古籍内容的描述，先描述古籍的版面版式，再以行为单位，描述每一行的文字内容和版式信息。虽然两者的结构各有侧重，但是第四期、第五期数据的结构更清晰明了，适合古籍文字内容和版式信息的描述。

数字方志项目第一至三期的数据中使用了大量的自定义数值和符号，例如版式还原系数的取值范围从 0 到 99，每个数值代表固定的版式信息；在全文文本信息中使用了大量的符号，如表 6–20 所示，这些符号有的成对使用，有的单独适用，有的和文字一起使用，不同的符号代表不同的版式。第一至三期的数据中自定义数值和符号使得版式描述大大化简，满足了数据加工的需求，适应了键盘录入的需要，但是降低了数据的通用性，不利于数据使用和交换。而在第四至五期数据中使用标签和属性来描述版式信息，以多行小字的描述为例，如表 6–21 所示。第四至五期数据中使用的标签和属性通过 DTD 或 Schema 来定义和规范。

表 6–20　数字方志第一至三期数据中使用的符号示例

含　义	符　号	含　义	符　号
大字（正文）	普通大字没有标示 “【”“】”起始 – 结束 “[”“]”起始 – 结束	小字（注释）	“〖”“〗”起始 – 结束 “┬”“┴”起始 – 结束 “----” 小字或小小字在列内的折行符号
小小字（注释的注释）	“#”“%”起始 – 结束	插入字	“*”“&”起始 – 结束 “@”“&”起始 – 结束
字带方框	“《”“》”起始 – 结束	反白字	“※”起始 – 结束
字边带方框	“‖”起始 – 结束	字边带三点	“¦”起始 – 结束
字边带单线	“|”起始 – 结束	黑体字	“h”起始 – 结束
字号 +2	“〖”“〗”起始 – 结束	删除标记	“X”起始 – 结束
字符横向右旋转 90 度	“→”	横排	“≮”“≯”起始 – 结束

（续表）

含 义	符 号	含 义	符 号
空过行高一半的高度	"∈"	分段对齐符号	"⊥"
句号	"J"	顿号	"N"

表 6-21 数字方志第四至五期数据中使用的标签和属性示例

XML 标签名	标签中文名称	作 用	属 性		
			名	中文名称	说明
multi_text	多行小字	定义文本中的多行小字	total_column	总行数	给出多行小字行数
			spacing	间隔	单位为像素，给出多行小字行与行的间隔
			collocate	排列方式	top：右排列；mid：居中排列；bottom：左排列
			top_spacing	边间隔	单位为像素。右（左）排列时最右（左）边空白数
			font_id	字（体）引用	选用该编号的字（体）
			fix_size	锁定字号	mormal：正常；fix_size：字号不能变

数字方志项目第一至三期数据与第四至五期数据使用了两种不同的标记体系，在结构和数据描述上有明显的区别，标记体系的变化反映了古籍全文化的发展变化。但是从项目管理的角度上来看，项目数据标准要相对稳定，在项目过程中尽量不改变数据标准。若必须要变更数据标准，则必须要保证变更前后标准的兼容性和数据的一致性。数据标准不统一是数字方志项目当前存在的主要问题之一，不仅困扰着项目管理与后续建设，而

且对数据的后续应用也有影响，例如，为了发布数字方志全文数据，发布系统要支持两种标记体系，或将数据统一到一种标记体系下。

6.3.6.1　数字方志文本数据第一至三期实例

数字方志图像样例如图 6–8 所示，文本数据版式还原效果如图 6–9 所示。

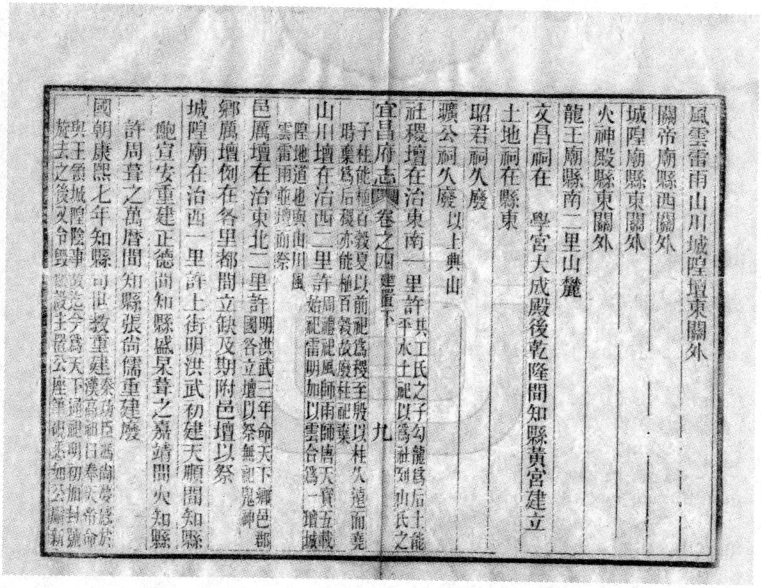

風雲雷雨山川城隍壇東關外
關帝廟縣西關外
城隍廟縣東關外
火神殿縣東關外
龍王廟縣南二里山麓
文昌祠在　學宮大成殿後乾隆間知縣黃宮建立
土地祠在縣東
昭君祠久廢
曠公祠久廢以上興山
社稷壇在治東南一里許共工氏之子勾龍爲后土能平水土祀以爲社列山氏之
宜昌府志卷之四建置下　九
子柱能植百穀夏以前祀爲稷至殷以柱久遠而堯時棄爲后稷亦能植百穀故廢柱祀棄
山川壇在治西二里許周禮祀風師雨師唐天寶五載始祀雷師明加以雲合爲一壇城
隍地道也興山川風雲雷雨並壇而祭
邑厲壇在治東北二里許明洪武三年命天下郡邑國各立壇以祭無祀鬼神
鄉厲壇例在各里都間立缺及期附邑壇以祭
城隍廟在治西一里許上街明洪武初建天順間知縣
鮑宣安重建正德間知縣盛杲葺之嘉靖間火知縣
許周葺之萬曆間知縣張尙儒重建廢
國朝康熙七年知縣司世教重建秦功臣馮尙夢感於漢高祖曰奉天帝命
興王領城隍陰事故迄今爲天下通祀明初加封號旋去之後又令毀像設主置公座筆硯悉如公廨新

图 6–8　数字方志图像样例

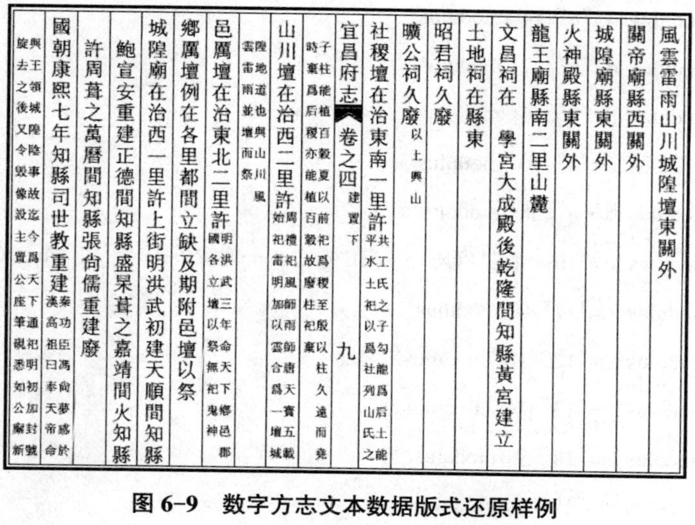

風雲雷雨山川城隍壇東關外
關帝廟縣西關外
城隍廟縣東關外
火神殿縣東關外
龍王廟縣南二里山麓
文昌祠在　學宮大成殿後乾隆間知縣黃宮建立
土地祠在縣東
昭君祠久廢
曠公祠久廢以上興山
社稷壇在治東南一里許共工氏之子勾龍爲后土能平水土祀以爲社列山氏之
宜昌府志卷之四建置下　九
子柱能植百穀夏以前祀爲稷至殷以柱久遠而堯時棄爲后稷亦能植百穀故廢柱祀棄
山川壇在治西二里許周禮祀風師雨師唐天寶五載始祀雷明加以雲合爲一壇城
隍地道也興山川風雲雷雨並壇而祭
邑厲壇在治東北二里許明洪武三年命天下鄉邑郡國各立壇以祭無祀鬼神
鄉厲壇例在各里都間立缺及期附邑壇以祭
城隍廟在治西一里許上街明洪武初建天順間知縣
鮑宣安重建正德間知縣盛杲葺之嘉靖間火知縣
許周葺之萬曆間知縣張尙儒重建廢
國朝康熙七年知縣司世教重建秦功臣馮尙夢感於漢高祖曰奉天帝命
興王領城隍陰事故迄今爲天下通祀明初加封號旋去之後又令毀像設主置公座筆硯悉如公廨新號

图 6–9　数字方志文本数据版式还原样例

<?xml version="1.0" encoding="utf-16" standalone="yes" ?>
– <page pageid="4217005038" bookid=" 4217" relate="4217005038">
<staffidx />
<workflow>91</workflow>
– <info>
– <format count="6">
<modulus id="imagewidth">3517</modulus>
<modulus id="imageheight">2984</modulus>
<modulus id="landscape">0</modulus>
<modulus id="l2r">0</modulus>
<modulus id="type">0</modulus>
<modulus id="case">001</modulus>
</format>
– <setting count="23">
<modulus id="1">18</modulus>
<modulus id="2">19</modulus>
<modulus id="3">32</modulus>
<modulus id="4">28</modulus>
<modulus id="5">14</modulus>
<modulus id="6">17</modulus>
<modulus id="7">46</modulus>
<modulus id="8">36</modulus>
<modulus id="9">38</modulus>
<modulus id="10"> 宜昌府志　ME 卷之四┬建置下┴　九 </modulus>
<modulus id="11">0</modulus>
<modulus id="12">18</modulus>
<modulus id="13">16</modulus>
<modulus id="14">9</modulus>
<modulus id="15">9</modulus>

<modulus id="16">24</modulus>
<modulus id="17">16</modulus>
<modulus id="18">22</modulus>
<modulus id="19">16</modulus>
<modulus id="20">10</modulus>
<modulus id="21">1</modulus>
<modulus id="22">1</modulus>
<modulus id="23">0</modulus>
<modulus id="24">1</modulus>
<modulus id="25">41</modulus>
</setting>
</info>
- <data>
- <text count="18">
- <line id="1">
<position>3227, 625, 3381, 625</position>
<content> 風雲雷雨山川城隍壇東關外 </content>
</line>
- <line id="2">
<position>3071, 625, 3225, 625</position>
<content> 關帝廟縣西關外 </content>
</line>
- <line id="3">
<position>2916, 625, 3069, 625</position>
<content> 城隍廟縣東關外 </content>
</line>
- <line id="4">
<position>2760, 625, 2914, 625</position>
<content> 火神殿縣東關外 </content>

</line>
- <line id="5">
<position>2605, 625, 2758, 625</position>
<content> 龍王廟縣南二里山 </content>
</line>
- <line id="6">
<position>2449, 625, 2603, 625</position>
<content> 文昌祠在　學宮大成殿後乾隆間知縣黃宮建立 </content>
</line>
- <line id="7">
<position>2293, 625, 2447, 625</position>
<content> 土地祠在縣東 </content>
</line>
- <line id="8">
<position>2138, 625, 2291, 625</position>
<content> 昭君祠久廢 </content>
</line>
- <line id="9">
<position>1982, 625, 2136, 1155</position>
<content> 曠公祠久廢┬以上興山┴ </content>
</line>
- <line id="10">
<position>1827, 625, 1980, 1685</position>
<content> 社稷壇在治東南一里許┬共工氏之子勾龍爲后土能····平水土祀以爲社列山氏之┴ </content>
</line>
- <line id="11">
<position>1535, 731, 1689, 731</position>
<content> ┬子柱能植百穀夏以前祀爲稷至殷以柱久遠而堯····時棄爲后稷亦能植

百穀故廢柱祀棄┴ </content>

</line>

- <line id=″12″>

<position>1379, 625, 1533, 1579</position>

<content> 山川壇在治西二里許┬周禮祀風師雨師唐天實五載····始祀雷明加以雲合爲一壇城┴ </content>

</line>

- <line id=″13″>

<position>1224, 731, 1377, 731</position>

<content> ┬隍地道也與山川風····雲雷雨並壇而祭┴ </content>

</line>

- <line id=″14″>

<position>1068, 625, 1222, 1685</position>

<content> 邑厲壇在治東北二里許┬明洪武三年命天下鄉邑郡····國各立壇以祭無祀鬼神┴ </content>

</line>

- <line id=″15″>

<position>913, 625, 1066, 625</position>

<content> 鄉厲壇例在各里都間立缺及期附邑壇以祭 </content>

</line>

- <line id=″16″>

<position>757, 625, 911, 625</position>

<content> 城隍廟在治西一里許上街明洪武初建天順間知縣 </content>

</line>

- <line id=″17″>

<position>601, 731, 755, 731</position>

<content> 鲍宣安重建正德間知縣盛杲葺之嘉靖間火知縣 </content>

</line>

- <line id=″18″>

<position>446, 731, 599, 731</position>

<content> 許周葺之萬曆間知縣張尙儒重建廢 </content>

</line>

- <line id=″19″>

<position>290, 625, 444, 2003</position>

<content> 國朝康熙七年知縣司世教重建┬秦功臣馮尙夢感於┈漢高祖曰奉天帝命┴ </content>

</line>

- <line id=″20″>

<position>135, 731, 288, 731</position>

<content> ┬與王領城隍陰事故迄今爲天下通祀明初加封號┈旋去之後又令毀像設主置公座筆硯悉如公廨新┴ </content>

</line>

</text>

<annotate count=″0″ />

</data>

</page>

6.3.6.2 数字方志文本数据第四至五期实例

数字方志图像样例如图 6-8 所示，文本数据版式还原效果如图 6-9 所示。

<?xml version=″1.0″ encoding=″utf-16″ standalone=″yes″ ?>

- <page id=″038.xml″ relate_id=″038.jp2″ size=″3517, 2984″>

<paper size=″a4″ orientation=″portrait″ />

<rectangle lt_position=″114, 574″ rb_position=″3402, 2870″ weight=″10″ color=″000000″ />

<rectangle lt_position=″134, 594″ rb_position=″3382, 2850″ weight=″1″ color=″000000″ />

<line start_position=″134, 594″ end_position=″134, 2850″ weight=″1″ color=″000000″ />

<line start_position=″289, 594″ end_position=″289, 2850″ weight=″1″

```
    color="000000" />
  <line start_position="445, 594" end_position="445, 2850" weight="1"
    color="000000" />
  <line start_position="600, 594" end_position="600, 2850" weight="1"
    color="000000" />
  <line start_position="756, 594" end_position="756, 2850" weight="1"
    color="000000" />
  <line start_position="912, 594" end_position="912, 2850" weight="1"
    color="000000" />
  <line start_position="1067, 594" end_position="1067, 2850" weight="1"
    color="000000" />
  <line start_position="1223, 594" end_position="1223, 2850" weight="1"
    color="000000" />
  <line start_position="1378, 594" end_position="1378, 2850" weight="1"
    color="000000" />
  <line start_position="1534, 594" end_position="1534, 2850" weight="1"
    color="000000" />
  <line start_position="1690, 594" end_position="1690, 2850" weight="1"
    color="000000" />
  <line start_position="1826, 594" end_position="1826, 2850" weight="1"
    color="000000" />
  <line start_position="1981, 594" end_position="1981, 2850" weight="1"
    color="000000" />
  <line start_position="2137, 594" end_position="2137, 2850" weight="1"
    color="000000" />
  <line start_position="2292, 594" end_position="2292, 2850" weight="1"
    color="000000" />
  <line start_position="2448, 594" end_position="2448, 2850" weight="1"
    color="000000" />
```

<line start_position="2604, 594" end_position="2604, 2850" weight="1" color="000000" />

<line start_position="2759, 594" end_position="2759, 2850" weight="1" color="000000" />

<line start_position="2915, 594" end_position="2915, 2850" weight="1" color="000000" />

<line start_position="3070, 594" end_position="3070, 2850" weight="1" color="000000" />

<line start_position="3226, 594" end_position="3226, 2850" weight="1" color="000000" />

<line start_position="3382, 594" end_position="3382, 2850" weight="1" color="000000" />

- <text_line column_no="1">

<region>1691, 625, 1825, 1791</region>

- <text image_position="1792, 471; 1792, 558; 1792, 672; 1792, 786; ">

<font size="93" spacing="13" />

宜昌府志

</text>

- <text image_position="1776, 885">

<font size="93" spacing="13" />

<full_occupy> </full_occupy>

</text>

- <text image_position="1797, 994; 1797, 1098; 1797, 1224; ">

<font size="93" spacing="13" />

卷之四

</text>

- <multi_text total_column="2" spacing="4">

- <text column_no="1" image_position="1825, 1329; 1825, 1411; 1825, 1520; ">

<font size="58" spacing="48" />

建置下
</text>
<text column_no=″2″ />
</multi_text>
- <text image_position=″1790, 1707；1790, 1803；1790, 1899；1790, 1995；1790, 2091；″>
<font size=″93″ spacing=″13″ />
九
</text>
</text_line>
- <text_line column_no=″2″>
<region>3227, 625, 3381, 625</region>
- <text image_position=″3317, 466；3317, 572；3317, 681；3317, 786；3317, 893；3317, 1006；3317, 1107；3317, 1211；3317, 1330；3317, 1433；3317, 1547；3317, 1658；″>
<font size=″93″ spacing=″13″ />
風雲雷雨山川城隍壇東關外
</text>
</text_line>
- <text_line column_no=″3″>
<region>3071, 625, 3225, 625</region>
- <text image_position=″3163, 466；3163, 567；3163, 675；3163, 789；3163, 898；3163, 996；3163, 1107；″>
<font size=″93″ spacing=″13″ />
關帝廟縣西關外
</text>
</text_line>
- <text_line column_no=″4″>
<region>2916, 625, 3069, 625</region>
- <text image_position=″3010, 465；3010, 569；3010, 677；3010, 788；3010, 891；

3010, 998; 3010, 1103; ″>
<font size=″93″ spacing=″13″ />
城隍廟縣東關外
</text>
</text_line>
- <text_line column_no=″5″>
<region>2760, 625, 2914, 625</region>
- <text image_position=″2853, 468; 2853, 570; 2853, 679; 2853, 790; 2853, 888; 2853, 1001; 2853, 1109; ″>
<font size=″93″ spacing=″13″ />
火神殿縣東關外
</text>
</text_line>
- <text_line column_no=″6″>
<region>2605, 625, 2758, 625</region>
- <text image_position=″2705, 466; 2705, 579; 2705, 673; 2705, 787; 2705, 891; 2705, 1016; 2705, 1105; 2705, 1216; 2705, 1331; ″>
<font size=″93″ spacing=″13″ />
龍王廟縣南二里山
</text>
</text_line>
- <text_line column_no=″7″>
<region>2449, 625, 2603, 625</region>
- <text image_position=″2544, 464; 2544, 567; 2544, 687; 2544, 784; 2544, 885; 2544, 1004; 2544, 1111; 2544, 1221; 2544, 1336; 2544, 1445; 2544, 1545; 2544, 1655; 2544, 1771; 2544, 1878; 2544, 1984; 2544, 2094; 2544, 2198; 2544, 2305; 2544, 2415; 2544, 2529; ″>
<font size=″93″ spacing=″13″ />
文昌祠在　學宫大成殿後乾隆間知縣黄宫建立

〈/text〉
〈/text_line〉
–〈text_line column_no=″8″〉
〈region〉2293, 625, 2447, 625〈/region〉
–〈text image_position=″2401, 469；2401, 574；2401, 686；2401, 782；2401, 897；2401, 996；″〉
〈font size=″93″ spacing=″13″ /〉
土地祠在縣東
〈/text〉
〈/text_line〉
–〈text_line column_no=″9″〉
〈region〉2138, 625, 2291, 625〈/region〉
–〈text image_position=″2247, 473；2247, 577；2247, 689；2247, 791；2247, 892；″〉
〈font size=″93″ spacing=″13″ /〉
昭君祠久廢
〈/text〉
〈/text_line〉
–〈text_line column_no=″10″〉
〈region〉1982, 625, 2136, 1155〈/region〉
–〈text image_position=″2091, 463；2091, 581；2091, 687；2091, 792；2091, 887；″〉
〈font size=″93″ spacing=″13″ /〉
曠公祠久廢
〈/text〉
–〈multi_text total_column=″2″ spacing=″4″〉
–〈text column_no=″1″ image_position=″2147, 1012；2147, 1118；2147, 1219；2147, 1338；″〉
〈font size=″58″ spacing=″48″ /〉
以上興山
〈/text〉

<text column_no=″2″ />

</multi_text>

</text_line>

- <text_line column_no=″11″>

<region>1827, 625, 1980, 1685</region>

- <text image_position=″1933, 471；1933, 574；1933, 679；1933, 790；1933, 897；1933, 999；1933, 1108；1933, 1262；1933, 1337；1933, 1442；″>

<font size=″93″ spacing=″13″ />

社稷壇在治東南一里許

</text>

- <multi_text total_column=″2″ spacing=″4″>

- <text column_no=″1″ image_position=″1982, 1553；1982, 1660；1982, 1770；1982, 1878；1982, 1988；1982, 2093；1982, 2203；1982, 2311；1982, 2420；1982, 2529；1982, 2631；″>

<font size=″58″ spacing=″48″ />

共工氏之子勾龍爲后土能

</text>

- <text column_no=″2″ image_position=″1914, 1553；1914, 1660；1914, 1770；1914, 1878；1914, 1988；1914, 2093；1914, 2203；1914, 2311；1914, 2420；1914, 2529；1914, 2631；″>

<font size=″58″ spacing=″48″ />

平水土祀以爲社列山氏之

</text>

</multi_text>

</text_line>

- <text_line column_no=″12″>

<region>1535, 731, 1689, 731</region>

- <multi_text total_column=″2″ spacing=″4″>

- <text column_no=″1″ image_position=″1695, 575；1695, 685；1695, 791；1695,

893; 1695, 1010; 1695, 1111; 1695, 1221; 1695, 1342; 1695, 1447; 1695, 1546; 1695, 1651; 1695, 1767; 1695, 1879; 1695, 1979; 1695, 2092; 1695, 2200; 1695, 2315; 1695, 2418; 1695, 2537; 1695, 2637; ">

<font size="58" spacing="48" />

子柱能植百穀夏以前祀爲稷至殷以柱久遠而堯

</text>

- <text column_no="2" image_position="1620, 575; 1620, 683; 1620, 794; 1620, 899; 1620, 1007; 1620, 1115; 1620, 1223; 1620, 1336; 1620, 1445; 1620, 1553; 1620, 1667; 1620, 1770; 1620, 1883; 1620, 1994; 1620, 2096; ">

<font size="58" spacing="48" />

時棄爲后稷亦能植百穀故廢柱祀棄

</text>

</multi_text>

</text_line>

- <text_line column_no="13">

<region>1379, 625, 1533, 1579</region>

- <text image_position="1482, 473; 1482, 582; 1482, 670; 1482, 792; 1482, 893; 1482, 1009; 1482, 1117; 1482, 1213; 1482, 1338; ">

<font size="93" spacing="13" />

山川壇在治西二里許

</text>

- <multi_text total_column="2" spacing="4">

- <text column_no="1" image_position="1538, 1448; 1538, 1553; 1538, 1659; 1538, 1774; 1538, 1876; 1538, 1988; 1538, 2096; 1538, 2201; 1538, 2314; 1538, 2414; 1538, 2527; 1538, 2634; ">

<font size="58" spacing="48" />

周禮祀風師雨師唐天寶五載

</text>

- <text column_no="2" image_position="1467, 1448; 1467, 1553; 1467, 1659; 1467,

1774; 1467, 1876; 1467, 1988; 1467, 2096; 1467, 2201; 1467, 2314; 1467, 2414; 1467, 2527; 1467, 2634; ">
<font size="58" spacing="48" />
始祀雷明加以雲合爲一壇城
</text>
</multi_text>
</text_line>
- <text_line column_no="14">
<region>1224, 731, 1377, 731</region>
- <multi_text total_column="2" spacing="4">
- <text column_no="1" image_position="1393, 579; 1393, 690; 1393, 791; 1393, 901; 1393, 1009; 1393, 1114; 1393, 1227; 1393, 1339; ">
<font size="58" spacing="48" />
隍地道也與山川風
</text>
- <text column_no="2" image_position="1318, 580; 1318, 686; 1318, 794; 1318, 900; 1318, 1007; 1318, 1098; 1318, 1221; ">
<font size="58" spacing="48" />
雲雷雨並壇而祭
</text>
</multi_text>
</text_line>
- <text_line column_no="15">
<region>1068, 625, 1222, 1685</region>
- <text image_position="1168, 468; 1168, 572; 1168, 682; 1168, 784; 1168, 891; 1168, 1002; 1168, 1121; 1168, 1230; 1168, 1331; 1168, 1443; ">
<font size="93" spacing="13" />
邑厲壇在治東北二里許
</text>

– <multi_text total_column=″2″ spacing=″4″>

– <text column_no=″1″ image_position=″1228, 1557; 1228, 1665; 1228, 1767; 1228, 1880; 1228, 1990; 1228, 2099; 1228, 2208; 1228, 2316; 1228, 2421; 1228, 2531; 1228, 2640; ″>

<font size=″58″ spacing=″48″ />

明洪武三年命天下鄉邑郡

</text>

– <text column_no=″2″ image_position=″1162, 1557; 1162, 1665; 1162, 1767; 1162, 1880; 1162, 1990; 1162, 2099; 1162, 2208; 1162, 2316; 1162, 2421; 1162, 2531; ″>

<font size=″58″ spacing=″48″ />

國各立壇以祭無祀鬼神

</text>

</multi_text>

</text_line>

– <text_line column_no=″16″>

<region>913, 625, 1066, 625</region>

– <text image_position=″1026, 473; 1026, 576; 1026, 683; 1026, 781; 1026, 892; 1026, 1008; 1026, 1116; 1026, 1218; 1026, 1339; 1026, 1448; 1026, 1552; 1026, 1668; 1026, 1767; 1026, 1881; 1026, 1988; 1026, 2096; 1026, 2207; 1026, 2310; ″>

<font size=″93″ spacing=″13″ />

鄉厲壇例在各里都間立缺及期附邑壇以祭

</text>

</text_line>

– <text_line column_no=″17″>

<region>757, 625, 911, 625</region>

– <text image_position=″872, 470; 872, 576; 872, 686; 872, 790; 872, 897; 872, 1016; 872, 1151; 872, 1219; 872, 1339; 872, 1449; 872, 1554; 872, 1667; 872, 1775; 872, 1882; 872, 1990; 872, 2095; 872, 2214; 872, 2311; 872, 2425; 872, 2531; 872, 2640; ″>

<font size=″93″ spacing=″13″ />

城隍廟在治西一里許上街明洪武初建天順間知縣

</text>

</text_line>

– <text_line column_no=″18″>

<region>601, 731, 755, 731</region>

– <text image_position=″721, 549；721, 685；721, 788；721, 894；721, 1004；721, 1128；721, 1223；721, 1343；721, 1443；721, 1554；721, 1663；721, 1768；721, 1877；721, 1984；721, 2096；721, 2206；721, 2315；721, 2422；721, 2536；721, 2637；″>

<font size=″93″ spacing=″13″ />

鮑宣安重建正德間知縣盛杲葺之嘉靖間火知縣

</text>

</text_line>

– <text_line column_no=″19″>

<region>446, 731, 599, 731</region>

– <text image_position=″565, 578；565, 688；565, 794；565, 901；565, 1007；565, 1122；565, 1223；565, 1348；565, 1447；565, 1559；565, 1664；565, 1773；565, 1883；565, 1987；565, 2095；″>

<font size=″93″ spacing=″13″ />

許周葺之萬曆間知縣張尙儒重建廢

</text>

</text_line>

– <text_line column_no=″20″>

<region>290, 625, 444, 2003</region>

– <text image_position=″410, 462；410, 582；410, 685；410, 795；410, 901；410, 1005；410, 1117；410, 1220；410, 1343；410, 1443；410, 1555；410, 1663；410, 1765；″>

<font size=″93″ spacing=″13″ />

國朝康熙七年知縣司世教重建

</text>

- <multi_text total_column="2" spacing="4">

- <text column_no="1" image_position="466, 1878; 466, 1989; 466, 2103; 466, 2204; 466, 2314; 466, 2417; 466, 2527; 466, 2632; ">

<font size="58" spacing="48" />

秦功臣馮尙夢感於

</text>

- <text column_no="2" image_position="394, 1878; 394, 1989; 394, 2103; 394, 2204; 394, 2314; 394, 2417; 394, 2527; 394, 2632; ">

<font size="58" spacing="48" />

漢高祖曰奉天帝命

</text>

</multi_text>

</text_line>

- <text_line column_no="21">

<region>135, 731, 288, 731</region>

- <multi_text total_column="2" spacing="4">

- <text column_no="1" image_position="310, 582; 310, 693; 310, 799; 310, 903; 310, 1013; 310, 1119; 310, 1225; 310, 1328; 310, 1447; 310, 1555; 310, 1662; 310, 1770; 310, 1887; 310, 1989; 310, 2101; 310, 2200; 310, 2321; 310, 2423; 310, 2529; 310, 2629; ">

<font size="58" spacing="48" />

與王領城隍陰事故迄今爲天下通祀明初加封號

</text>

- <text column_no="2" image_position="233, 579; 233, 685; 233, 795; 233, 901; 233, 1014; 233, 1114; 233, 1230; 233, 1343; 233, 1443; 233, 1551; 233, 1664; 233, 1762; 233, 1878; 233, 1988; 233, 2101; 233, 2198; 233, 2315; 233, 2423; 233, 2533; 233, 2632; ">

<font size="58" spacing="48" />

旋去之後又令毀像設主置公座筆硯悉如公廨新

</text>

</multi_text>

</text_line>

</page>

6.4 数字方志资源库子项目

数字方志资源库子项目仍处于试验阶段，根据方志内容特点和用户需求，已完成了人物库、事件库、作品库、景观库、插图库、目次库、地名库、研究文献库等资源库库结构设计，如图 6–10 所示，梳理了资源库之间的关联关系，在试验系统中制作了部分数据，验证库结构的合理性和系统的可用性，如图 6–11 所示。

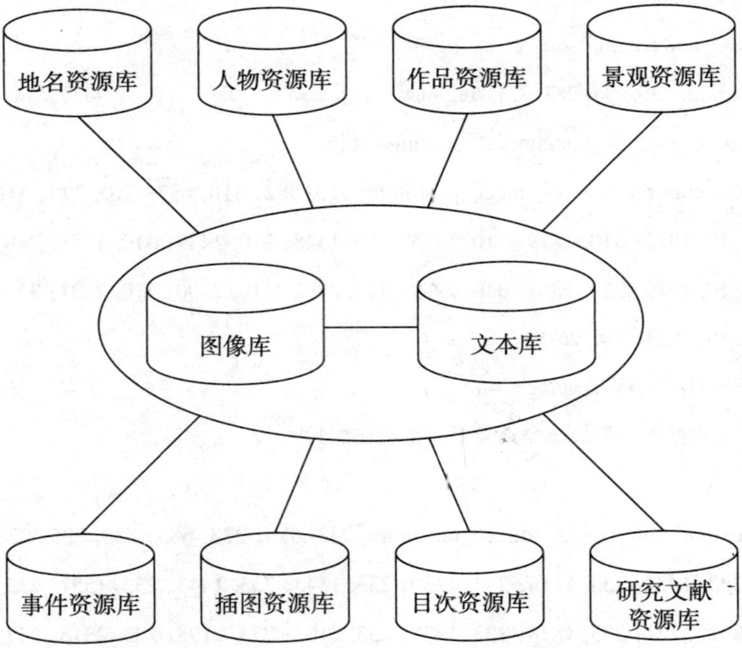

图 6–10　数字方志资源库示意图

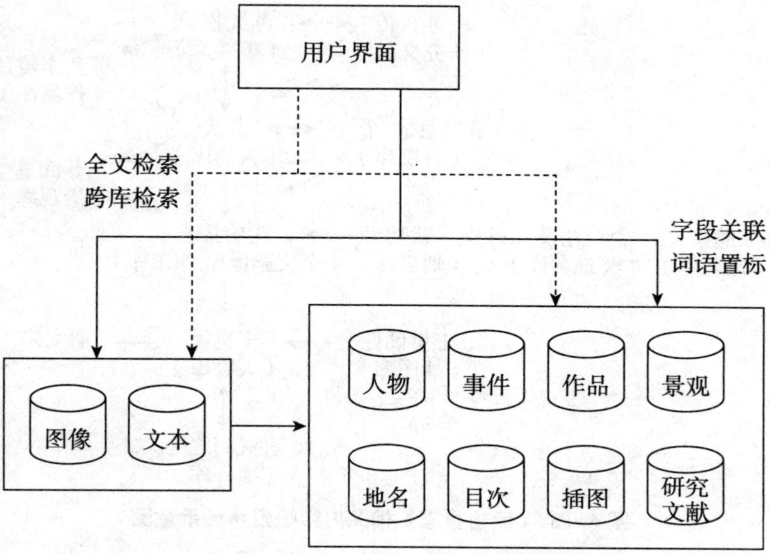

图 6-11　数字方志资源库系统示意图

6.4.1　数字方志资源库

数字方志资源库的建库原则是以方志内容为基础，按照元数据标准进行规范化处理，多角度、多途径地丰富、补充、扩展原书内容，将原来分散或不完整的方志信息集合起来，形成地方志知识网络。八个专题资源库彼此相连，并且都与全文影像库和OCR库相连接，专题资源库的检索条件可以单独使用，也可以两个检索条件组配，进行复合检索。在专题资源库，用户根据需要，从一个知识点入手检索，就可以方便、快捷地跳转到全文影像库、OCR库或不同的专题资源库，检索到与入口知识点相关的各种信息，从而为用户节省大量的精力和时间，最大限度地为用户提供个性化的服务。

为了更好地说明数字方志资源库的内部结构与关联关系，以陕西省《武功县志》为例，分析资源库之间的相互链接关系，如图 6-12 所示，⇌ 表示单纯参见，⟹ 表示相互参见。

假如用户从地名库进入，以“武功”做检索词，则在地名库这个条目下不但可以检索到武功县和与之相邻的礼泉县的情况，还可以通过字段连接和词语置标标引等手段从地名库直接跨库进入相关子库检索到与“武功”

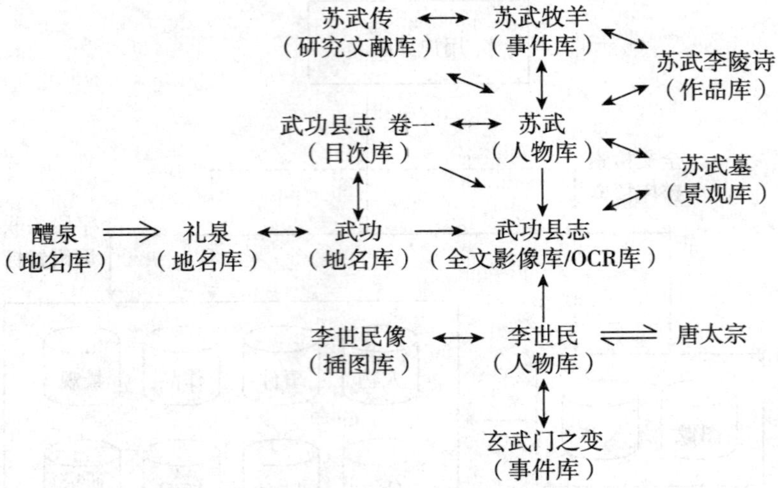

图 6-12 《武功县志》相关内容检索路径示意图

有关联的人物（如李世民、苏武）、进入事件（如玄武门之变、苏武牧羊）、作品（如苏武李陵诗）、景观（如苏武墓）、插图（如李世民像）、研究文献（如苏武传）、目次（武功县志卷一）等，同时这些专题子库都可以与全文影像库和OCR库相链接，用户随时可以根据需要查看原文出处。同理，用户也可以从其他任意资源库进入，检索效果相同。

6.4.1.1　人物库

凡出现在方志人物、选举、职官等篇目中的有较详细传记资料的人物（现暂定传记文字应不少于150个汉字），按照元数据标准进行规范处理，通过“单纯参见”或“相互参见”建立规范人名与非规范人名（又名）之间的联系。人物库基本内容包括：规范人名、又名（别名、笔名、室名、字、号等）、性别、籍贯（出生地）、民族、生卒年、主要活动年代、人物关键词、分类、相关信息等。一般人物以其“名”作规范名称，知名人物以人们熟悉的通行名称作规范名称。例如清代著名藏书家黄丕烈，字绍武，又字绍甫，号荛圃，别号荛夫、老荛、复翁等，室名学耕堂、百宋一廛、龟巢。在人物资源库中，此条数据的规范名称选黄丕烈，而其字、又字、号、别号、室名等则入“又名”字段，同时在规范名称（黄丕烈）与又名（字、又字、号、别号、室名等）之间建立单纯参照关系，用户可从黄丕烈的任一名字入口检索，机器自动指引到规范名称——黄丕烈，检索出与他生平相关的信息。用户还可以通过相关人物字段检索到和黄丕烈同时代的苏州另外三个著名藏书家周锡瓒（字香岩）、顾之逵（字抱冲）、袁廷檮（字寿阶）的相关情况。通过跨库链接检索到黄丕烈的著作（作品库）以及和他有关的地名、事件、插图、景点、研究文献等），用户也可以根据需要回图像或文本库查看原书。

6.4.1.2　事件库

事件资源库收录了志书大事记篇或杂记中记载的重大事件。内容包括灾祥、战事等。依据元数据标准，对事件资源进行规范著录、标引。事件资源库基本内容包括：事件名称、发生时间、地点、事件简介、分类、关键词、相关信息（相关人物、事件、地名、作品、景点、志书、文献等）、原书图像、原书文本和出处等。例如清光绪二十四年（戊戌年，1898），以康有为为代表的资产阶级维新派发动了资产阶级政治改良运动，即著名的“戊戌变法”，又称“百日维新”。此条数据的规范名称选用“戊戌变法”，事件又名为“百日维新”，规范名称与事件又名之间是参见关系，用户不论是从规范名称“戊戌变法”还是从事件又名“百日维新”都能检索到事件信息。用户还可以通过分类号、关键词等途径检索事件信息。通过相关信息（相关人物、地点、作品、景点等）跨库了解戊戌变法的代表人物康有为等的生平事迹、康有为的著述、事件发生地北京的情况，也可以返回全文影像库或OCR库查看在志书中的记载。

6.4.1.3　作品库

作品库收录了方志艺文志、人物志中记载的著述、诗词、游记、散文、墓铭志等作品，依据元数据标准进行规范著录、标引。它与研究文献资源库的区别在于作品库的内容一定出自方志，所做的补充和扩展都是为了保证志书的作品的完整性而进行的。例如：《武功县志》上有关于骆宾王的记载，而艺文志中他的诗文作品收集的又不全，这时为了保证有关骆宾王诗文作品在作品库中的完整性，可以从其他途径进行补充和完善。但所有补充的内容必须是骆宾王的作品。

作品库内容包括：作品题名、作者、作品出处、出版情况（包括出版者、出版地、出版日期)、现存版本、发表时间或历史时期、关键词、分类、原文(图片资料、视频、音频资料)、作品出处、提要和制作信息，并增加了相关地名、人物、事件、作品、景点、插图、研究文献、原书图像和原书文本链接，使作品资源库内容更丰富、充实。以著名藏书家黄丕烈的著述为例，著录如下：

作品题名：苏州府志　人物志

作者：黄丕烈

责任形式：修纂

作品出处：苏州府志

现存版本：道光四年刊版

发表时间：道光四年

关键词：地方志　府志　苏州

分类：K295.33

相关地名：苏州

相关人物：黄丕烈

相关作品：百宋一廛书录　百宋一廛赋注　士礼居诗抄二卷

研究文献：黄丕烈评传

用户通过作品库不但可以检索到黄丕烈的著述，还可以十分方便地检索到作品主人其他方面的信息。

6.4.1.4　景观库

景观库将方志中记载的名胜景观，依据元数据标准进行规范著录、标引，建立景观名称和它的又名之间的相互参见关系，并在该库中增加了景观图片、视频、音频资料，相关人物、事件、作品、地名和研究文献等信息，使景观内容更丰富、充实。该库内容包括：景点名称、位置、景观介绍(包括文字、图片、音频、视频)、分类、关键词、景观文化(包括相关人物、事件、作品、地名、研究文献等)、周边景观、下层景观并可以链接到原书图像或原书文本。

6.4.1.5　插图库

插图资源库将志书中的舆地、器物、肖像、景观和营造等类插图，依据元数据标准进行规范著录、标引，建立插图资源库。该库内容包括：插图代码、名称、版框尺寸、出处、关键词、分类、相关链接（包括相关人物、地名、事件、景点、文化民俗、研究文献等）、图像信息（包括图像格式、图像文件大小、尺寸、分辨率和色彩深度等）。用户可通过插图名称、关键词、分类号等途径，检索到志书插图并能自动连接到同一志书的其他插图。还可以通过“原图”、“原文”按钮或输入 URL 网址与图像库和文本库链接。

6.4.1.6　目次库

目次库记载国家图书馆志书收藏信息。依据元数据标准，对志书题名和志书中的卷次篇目进行规范处理。通过该库用户不但可以检索到志书书目，还可以对书中的卷次篇目进行检索。目次资源库的基本内容有：志书名称，目次名，版本项、载体形态、相关信息（地名、人物、事件）等。

6.4.1.7　地名库

地名库的建设分为两步：首先建立志书名称中涉及的方志地名资源库，其次再逐步扩大地名收录范围，建成为更大规模的中国地名资源库。地名库中的规范地名是依据 2002 年国家行政区划表及有关规则进行规范处理后的地名。客观地名是规范地名以外该地历史上通行或常用的地名。地名异名包括客观地名的又名、别名、俗称、简称等。规范地名与客观地名相互参见，地名异名见规范地名。用户可根据需要选择入口词。该库的基本内容包括：规范地名、客观地名、规范地名的异名、地名隶属关系、地名沿用时间（朝代）、地名简介（沿革、变迁情况）、地名文化（相关人物、事件、景点和插图名称等）、周边地名、所辖地名、原书图像和原书文本等。以《苏州府志》为例，据该志记载，商代末年，周太王长子太伯、次子仲雍出走至此，创建了吴国。秦统一中国后，在此地置吴县，后或称吴郡，或称吴州，到隋代始称苏州。宋代升为平江府，元代治平江路，明代改为苏州府。清代沿袭明制，并将苏州府城定为江苏省治。依据地名规范原则，此条地名数据的规范地名选“苏州”，行政区划单位是“市”，客观地名是“苏州、吴县、平江、平江”，但行政区划单位分别是“府、县、府、路”，规范地名“苏州市”与客观地名“苏州府、吴县、平江府、平江路”之间具有相互参见关系，规范地名的异名为吴郡、吴州，它们与规范地名“苏州”之间是单纯参见关系，当用户以“吴郡”、或“吴州”做入口词，检索“苏州”时，系统会自动指引到规范地名“苏州”条目下，检索到它的相关信息。

6.4.1.8　研究文献库

研究文献库收录后人对志书、志书版本、志书内容（相关人物、事件、地名等）的评论、研究、考证论文、论著。依元数据标准进行著录、标引。该库基本内容有：文献名称、作者信息（责任描述、工作单位）、原文、分类、关键词、文献发表时间、发表刊报、相关链接（包括相关事件、人物、作品、志书、地名、插图、文献）、原书图像、原书文本等。

6.4.2　资源库库结构

资源库的库结构由若干个模块组成，每个模块包含若干个字段，每个字段具有不同的属性。

6.4.2.1　人物库库结构

■ 人物信息块

人物名称	（规范名称，单行，不可重复）
又名	（别名、室名、笔名等，单行，可重复）
参见名称	（单行，可重复）
字号	（单行，可重复）
国别	（单行，不可重复）
性别	（下拉选择）
民族	（单行，不可重复）
生卒年	（单行，不可重复）
主要活动年代	（单行，不可重复，朝代）
籍贯/出生地	（单行，不可重复）
主要活动地	（单行，可重复）

■ 附注块

人物附注	（多行，文字描述）
事件附注	（多行，文字描述）

作品附注　（多行，文字描述）
景观附注　（多行，文字描述）
地名附注　（多行，文字描述）

■ 标引块

分类号　（单行，可重复）
关键词　（单行，可重复）

■ 链接块

人物图像　（单行，可重复）
原文　（单行，可重复）
原图　（单行，可重复）
相关人物　（单行，可重复）
相关事件　（单行，可重复）
相关作品　（单行，可重复）
相关景观　（单行，可重复）
相关插图　（单行，可重复）
相关志书　（单行，可重复）
相关地名　（单行，可重复）
研究文献　（单行，可重复）

■ 管理信息块　（无此定义）

数据制作人　（单行，不可重复）
制作时间　（单行，不可重复，记录生成时间）
加工历史　（多行，可重复）
数据统计　（数据条目，非空字段）

6.4.2.2　事件库库结构

■ 事件信息块

事件名称　（规范名称，单行，不可重复）
又名　（单行，可重复）
事件分类名称　（下拉事件分类名称 + 该类系统号，单行，可重复）

发生地　　　　　　（单行，可重复）
发生时间　　　　　（单行，可重复）

■ 附注块

事件附注　　　　　（多行，文字描述）
人物附注　　　　　（多行，文字描述）
作品附注　　　　　（多行，文字描述）
景观附注　　　　　（多行，文字描述）
地名附注　　　　　（多行，文字描述）

■ 标引块

分类号　　　　　　（单行，可重复）
关键词　　　　　　（单行，可重复）

■ 链接块

原文　　　　　　　（单行，可重复）
原图　　　　　　　（单行，可重复）
相关事件　　　　　（单行，可重复）
相关人物　　　　　（单行，可重复）
相关作品　　　　　（单行，可重复）
相关景观　　　　　（单行，可重复）
相关插图　　　　　（单行，可重复）
相关志书　　　　　（单行，可重复）
相关地名　　　　　（单行，可重复）
研究文献　　　　　（单行，可重复）

■ 管理信息块

数据制作人　　　　（单行，不可重复）
制作时间　　　　　（单行，不可重复，记录生成时间）
加工历史　　　　　（多行，可重复）
数据统计　　　　　（数据条目，非空字段）

6.4.2.3　作品库库结构

■ 作品信息块

作品名称	（规范名称，单行，不可重复）
又名	（单行，可重复）
作者	（单行，可重复）
作者年代	（单行，可重复）
著作方式	（单行，可重复）
作品体裁	（单行，可重复）

■ 附注块

作品附注	（多行，文字描述）
人物附注	（多行，文字描述）
事件附注	（多行，文字描述）
景观附注	（多行，文字描述）
地名附注	（多行，文字描述）

■ 标引块

分类号	（单行，可重复）
关键词	（单行，可重复）

■ 链接块

原文	（单行，可重复）
原图	（单行，可重复）
相关作品	（单行，可重复）
相关人物	（单行，可重复）
相关事件	（单行，可重复）
相关景观	（单行，可重复）
相关插图	（单行，可重复）
相关志书	（单行，可重复）
相关地名	（单行，可重复）
研究文献	（单行，可重复）

■ 管理信息块

数据制作人	（单行，不可重复）
制作时间	（单行，不可重复，记录生成时间）

加工历史　　　　　（多行，可重复）
数据统计　　　　　（数据条目，非空字段）

6.4.2.4　景观库库结构

■ 景观信息块

景观名称　　　　　（规范名称，单行，不可重复）
又名　　　　　　　（单行，可重复）
地点　　　　　　　（单行，可重复）
时间　　　　　　　（单行，可重复）

■ 附注块

景观附注　　　　　（多行，文字描述）
人物附注　　　　　（多行，文字描述）
事件附注　　　　　（多行，文字描述）
作品附注　　　　　（多行，文字描述）
地名附注　　　　　（多行，文字描述）

■ 标引块

分类号　　　　　　（单行，可重复）
关键词　　　　　　（单行，可重复）

■ 链接块

景观图　　　　　　（单行，可重复）
原文　　　　　　　（单行，可重复）
原图　　　　　　　（单行，可重复）
相关景观　　　　　（单行，可重复）
相关人物　　　　　（单行，可重复）
相关事件　　　　　（单行，可重复）
相关作品　　　　　（单行，可重复）
相关插图　　　　　（单行，可重复）
相关志书　　　　　（单行，可重复）
相关地名　　　　　（单行，可重复）
研究文献　　　　　（单行，可重复）

■ 管理信息块

数据制作人　（单行，不可重复）

制作时间　（单行，不可重复，记录生成时间）

加工历史　（多行，可重复）

数据统计　（数据条目，非空字段）

6.4.2.5 插图库库结构

■ 插图信息块

插图代码　（插图分类名称 + 该类流水号，必备）

插图名称　（规范名称，单行，不可重复）

又名　（单行，可重复）

插图状态　（多行文字描述，包括插图版框尺寸、颜色信息、插图在志书中的位置、插图方向）

插图制作方式　（单行，不重复）

图像文件大小　（单行，不可重复）

图像尺寸　（单行，不可重复，图像垂直和水平的像素数）

图像分辨率　（单行，不可重复）

图像色彩深度　（单行，不可重复）

■ 附注块

图说　（多行，文字描述）

人物附注　（多行，文字描述）

事件附注　（多行，文字描述）

作品附注　（多行，文字描述）

景观附注　（多行，文字描述）

地名附注　（多行，文字描述）

■ 标引块

分类号　（单行，可重复）

关键词　（单行，可重复）

■ 链接块

插图图像　（单行，可重复）

原文　　（单行，可重复）
原图　　（单行，可重复）
相关插图　　（单行，可重复）
相关人物　　（单行，可重复）
相关事件　　（单行，可重复）
相关作品　　（单行，可重复）
相关景观　　（单行，可重复）
相关志书　　（单行，可重复）
相关地名　　（单行，可重复）
研究文献　　（单行，可重复）

■ 管理信息块

数据制作人　　（单行，不可重复）
制作时间　　（单行，不可重复，记录生成时间）
加工历史　　（多行，可重复）
数据统计　　（数据条目，非空字段）

6.4.2.6　目次库库结构

目次库分为书目子库和卷目篇目子库，书目子库的著录对象为方志书目，可直接导入馆藏书目记录（MARC 格式），卷目篇目子库的著录对象为方志的卷目和篇目。

1. 书目子库

■ 书目信息块

志书名称　　（规范名称，单行不可重复）
又名　　（单行，可重复）
作者　　（单行，可重复）
版本　　（单行，不可重复）
出版时间　　（单行，不可重复）
载体形态　　（单行，不可重复）

■ 附注块

作者附注　　（多行文字）

版本附注　　　（多行文字）
出版情况附注　　　（多行文字）
内容附注　　　（多行文字，序跋等）
行款附注　　　（多行文字）
藏书附注　　　（多行文字，印章，题记）

■ 标引块

分类号　　　（单行，可重复）
关键词　　　（单行，可重复）

■ 链接块

书影　　　（单行，可重复）
目录　　　（单行，可重复）
相关志书　　　（单行，可重复）

■ 管理信息块

数据制作人　　　（单行不可重复）
制作时间　　　（单行不可重复，记录生成时间）
加工历史　　　（多行，可重复）
数据统计　　　（数据条目，非空字段）

2. 卷目篇目子库

■ 卷目篇目信息块

卷号　　　（单行，不可重复）
卷名　　　（单行，不可重复）
篇名　　　（单行，不可重复）
又名　　　（单行，可重复）
作者　　　（单行，可重复）
著作方式　　　（单行，不可重复）

■ 附注块

内容附注　　　（多行文字）
作者附注　　　（多行文字）

■ 标引块

分类号　　　　　　　　（单行，可重复）

关键词　　　　　　　　（单行，可重复）

■ 链接块

原图　　　　　　　　　（单行，可重复）

原文　　　　　　　　　（单行，可重复）

所属志书　　　　　　　（单行，可重复）

相关文献　　　　　　　（单行，可重复）

■ 管理信息块

数据制作人　　　　　　（单行，不可重复）

制作时间　　　　　　　（单行，不可重复，记录生成时间）

加工历史　　　　　　　（多行，可重复）

数据统计　　　　　　　（数据条目，非空字段）

6.4.2.7　地名库库结构

地名库分为客观地名子库和规范地名子库，客观地名子库的著录对象为方志中出现的地名，规范地名子库著录规范形成区划表中出现的地名。

1. 客观地名子库

■ 客观地名信息块

客观地名　　　　　　　（单行，不可重复）

行政区划单位　　　　　（单项选择，下拉菜单）

拼音　　　　　　　　　（单行，不可重复）

又名　　　　　　　　　（单行，可重复）

所处朝代　　　　　　　（单行，可重复）

上一级行政区划地名　（单行，可重复）

■ 附注块

地名简介　　　　　　　（多行文字）

■ 标引块

分类号　　　　　　　　（单行，可重复）

关键词　　　　　　　　（单行，可重复）

■ 链接块

规范地名　　（单行，可重复）
行政建置图　　（单行，可重复）
图片　　（单行，可重复）
音频　　（单行，可重复）
视频　　（单行，可重复）
原图　　（单行，可重复）
原文　　（单行，可重复）
相关地名　　（单行，可重复）
相关人物　　（单行，可重复）
相关事件　　（单行，可重复）
相关作品　　（单行，可重复）
相关景观　　（单行，可重复）
相关插图　　（单行，可重复）
相关志书　　（单行，可重复）
相关研究文献　　（单行，可重复）

■ 管理信息块

数据制作人　　（单行，不可重复）
制作时间　　（单行，不可重复，记录生成时间）
加工历史　　（多行，可重复）
数据统计　　（数据条目，非空字段）

2. 规范地名子库

■ 规范地名信息块

规范地名　　（单行，不可重复）
行政区划单位　　（单项选择，下拉菜单）
拼音　　（单行，不可重复）
又名　　（单行，可重复）
行政区划版本　　（单行，不可重复）
上一级行政区划地名　（单行，可重复）

所属省级行政区划地名（单行，可重复）
所辖地名（单行，可重复）
周边地名（单行，可重复）

■ 附注块

地名简介（多行文字）

■ 标引块

分类号（单行，可重复）
关键词（单行，可重复）

■ 链接块

行政建置图（单行，可重复）
图片（单行，可重复）
音频（单行，可重复）
视频（单行，可重复）
原图（单行，可重复）
原文（单行，可重复）
相关规范地名（单行，可重复）
相关规范客观（单行，可重复）
相关人物（单行，可重复）
相关事件（单行，可重复）
相关作品（单行，可重复）
相关景观（单行，可重复）
相关插图（单行，可重复）
相关志书（单行，可重复）
相关研究文献（单行，可重复）

■ 管理信息块

数据制作人（单行，不可重复）
制作时间（单行，不可重复，记录生成时间）
加工历史（多行，可重复）
数据统计（数据条目，非空字段）

6.4.2.8　研究文献库库结构

■ 文献信息块

文献名称	（规范名称，单行，不可重复）
又名	（单行，可重复）
作者	（单行，可重复）
著作方式	（单行，不可重复）
发表时间	（单行，可重复）
出处	（单行，可重复）
藏书地点	（单行，可重复）

■ 附注块

摘要	（多行，文字描述）
人物附注	（多行，文字描述）
事件附注	（多行，文字描述）
作品附注	（多行，文字描述）
景观附注	（多行，文字描述）
地名附注	（多行，文字描述）

■ 标引块

分类号	（单行，可重复）
关键词	（单行，可重复）

■ 链接块

原文	（单行，可重复）
原图	（单行，可重复）
相关研究文献	（单行，可重复）
相关人物	（单行，可重复）
相关事件	（单行，可重复）
相关作品	（单行，可重复）
相关景观	（单行，可重复）
相关插图	（单行，可重复）
相关志书	（单行，可重复）

相关地名　　　　　　（单行，可重复）

■ 管理信息块

数据制作人　　　　　（单行不可重复）

制作时间　　　　　　（单行不可重复，记录生成时间）

加工历史　　　　　　（多行，可重复）

数据统计　　　　　　（数据条目，非空字段）

6.4.3 资源库数据样例

以下为数字方志资源库样例数据，数据中不包括空字段和管理信息块数据，连接块数据只包括链接数据对象的名称，与资源库数据的发布样式一致。

6.4.3.1 人物库数据样例

例 6-12：

规范人名：江源

字：一原

籍贯 / 出生地：广东番禺

主要活动年代：明成化间

主要活动地：广东　江西　四川

分类号：K827

主题词：政治

进士

知县　户部主事　兵备副使

相关作品：《桂轩集》

相关志书：[道光] 广东通志

6.4.3.2 事件库数据样例

例 6-13：

事件名称：蓝玉党

又名：蓝狱

蓝玉案

发生时间：明洪武间

分类号：K248

关键词：明代

历史事件

相关人物：蓝玉　孙蕡

相关事件：胡惟庸案

相关文献：蓝玉党供状

例 6-14：

事件名称：王成陈仲玉暴动

时间：元至正十五年（1355）

地点：广东东莞

分类号：K247

关键词：起义

元代

广东　东莞

相关人物：王成　陈仲玉　何真

相关志书：［道光］广东通志

6.4.3.3　作品库数据样例

例 6-15：

作品名称：曲江集十卷附录一卷

作者：张九龄

作者年代：唐

著作方式：撰

体裁：颂　赞　赋　诗　文

人物附注：张九龄（678—740）：字子寿，一名博物，汉族，韶州曲江（今广东韶关市）人。长安年间进士。唐开元尚书丞相，诗人。官至中书侍郎同中书门下平章事。后罢相，为荆州长史。

分类号：I210

关键词：唐代

文集

张九龄

相关作品：张九龄集六卷

相关人物：徐坚　柳宗元　姚子彦　吕温　郑宗珍　徐浩　陈子昂

相关志书：[道光]广东通志

相关文献：曲江集二十卷

张曲江集二卷

张九龄传

曲江集敕书

研究文献：曲江集考证二卷

例 6-16：

作品名称：广州五先生诗选二卷

作者：陈暹

作者年代：明

著作方式：编

体裁：诗歌

人物附注：陈暹（1405—1496）：字季昭，号云樵，吴县（今江苏苏州）人。艺画六十年，非古人无师，非定见无发，若限而不滞，若质而有味，亦艺之成者。性气慤简，不喜亲世事，寡出庭户，仕者请画多不予。弘治初年八十，诏赐冠带。

分类：I222

关键词：明代

诗歌

陈暹

相关人物：孙蕡　王佐　黄哲　李德　赵介　谈恺

相关作品：临清集

相关事件：蓝玉党

相关志书：[道光]广东通志

相关文献：南园前后五先生诗十种附一种

例 6-17：

作品名称：桂轩集十卷续集六卷

作者：江源

作者年代：明

著作方式：撰

体裁：诗歌　杂文

分类：I210

关键词：明代
诗歌
江源

相关人物：江源

相关志书：[道光] 广东通志

6.4.3.4　景观库数据样例

例 6-18：

名称：濂溪书院

又名：相江书院

地点：广东韶州

景观附注：相江书院，位于广东韶关。原名濂溪书院。宋乾道六年（1170）韶州知州周舜元为祀周敦颐而建于州治曲江县城。淳熙十年（1183）教授廖德明增修。淳熙中提刑杨大异改建于帽峰山麓。宝祐二年（1254）提刑吴燧奏请朝廷，理宗赵昀赐额“相江书院”。咸淳末毁于兵火。元至顺间复建。后至元二年（1336）毁于兵。明洪武初韶州知府徐炳文重建。清嘉庆十九年（1814）南韶道齐嘉治、道光八年（1828）知府金兰原重修。咸丰四年（1854）毁于兵火。六年曲江知县偕绅士筹款重建。光绪二十九年（1903）改设北江中学堂，后又改为广东省立韶州师范。现为韶关北江中学。

分类：K928

关键词：教育

书院　广东

韶州

相关人物：周敦颐　周舜元　廖德明　杨大异　吴燧　徐炳文　华昶

相关志书：[道光]广东通志

例 6–19：

景点名称：沧州十景

地点：河北沧州

分类：K928

关键词：景观

河北　沧州

相关人物：脱因不花　胡曾

相关景点：东郊劝农　龙池新雨　菜园墨迹　河口碑文　中城铁狮　南堂鸡群　程日林墓　毛井甘泉　禅林水月　诗塚烟霞

相关作品：龙灵异井记

道水记

相关志书：天津府志

例 6–20：

景点名称：东郊劝农

地点：河北沧州

事件附注：龚逐卖剑买牛

分类：K928

关键词：景观

河北　沧州

相关人物：龚逐

相关事件

相关志书：天津府志

例 6–21：

景点名称：龙池新雨

地点：河北沧州

事件附注：八角井新雨事

分类：K928

关键词：景观

河北　沧州

相关人物：龚逐

相关作品：龙井灵异记

相关志书：天津府志

6.4.3.5　插图库数据样例

例 6–22：

插图名称：广东舆图

插图版框尺寸：29 × 20 cm

插图出处：［道光］广东通志卷八十三舆地略

分类：K992

关键词：地理

舆图

广东

相关景点：凤凰山　狮子塔

相关志书：［道光］广东通志

例 6–23：

插图名称：南海舆图

插图版框尺寸：29 × 20 cm

插图出处：［道光］广东通志卷八十三舆地略

分类：K992

关键词：地理

舆图

广东　南海

相关志书：［道光］广东通志

例 6-24：

插图名称：广州海防图

插图版框尺寸：29 × 20 cm

插图出处：[道光] 广东通志卷一百二十四海防略

分类：K992

关键词：军事

海防图

广东　广州

相关志书：[道光] 广东通志

6.4.3.6　目次库数据样例

例 6-25：

志书名称：广东通志

作者：阮元

版本：刻本

出版时间：清道光间

载体形态：160 册

篇目目次名称：训典　郡县沿革表　职官　选举表　封建表　舆地略　山川略　关隘略　海防略　建置略　经政略　前事略　艺文略　金石略　古迹略　宦绩录　谪宦录　列传　杂录

行款附注：11 行 21 字白口四周双边双鱼尾

关键词：地方志

通志

广东　道光

分类号：K296.5

例 6-26：

目次名称：谪宦录

分类号：K820

关键词：广东

人物

所属志书：广东通志

版本：刻本

出版时间：清道光间

例 6-27：

目次名称：宦绩录

分类号：K820

关键词：广东

人物

所属志书：广东通志

版本：刻本

出版时间：清道光间

例 6-28：

目次名称：列传

分类号：K820

关键词：广东

人物

所属志书：广东通志

版本：刻本

出版时间：清道光间

6.4.3.7 地名库数据样例

例 6-29：

规范地名：广东

规范地名的行政区划单位：省

规范地名所属省的名称：广东

规范地名所在地的行政建置图

分类号：K928

关键词：广东

周边地名：福建 江西 湖南 广西 海南

所辖地名：广州 清远 韶关 河源 梅州 潮州 汕头 揭

阳　汕尾　惠州　东莞深圳　珠海　中山　江门　佛山　肇庆云浮　阳江　茂名　湛江

例 6-30：

客观地名：广东

客观地名的又名：百越　藩服　南越国

所属省：广东

分类号：K928

关键词：广东

相关志书：[道光] 广东通志　[同治] 广东通志

规范地名：广东

6.4.3.8　研究文献库数据样例

例 6-31：

文献名称：曲江集考证二卷

作者：温汝适

文献发表时间：清

文献收藏地点：国家图书馆古籍馆

分类号：I210

关键词：清代

温汝适

相关人物：张九龄

相关作品：携雪斋诗钞六卷卷首三卷续一卷

携雪斋文钞三卷

曲江集十卷附录一卷

参考文献

1. 专著

[1] 鲍国强，程有庆. 汉语文古籍机读目录格式使用手册［M］. 北京：北京图书馆出版社，2001.

[2] 北京图书馆普通古籍组 . 北京图书馆普通古籍总目 . 第四卷，地志门［M］. 北京：北京图书馆出版社，2003.

[3] 程千帆，徐有富. 校雠广义（版本篇）［M］. 济南：齐鲁书社出版社，1991.

[4] 富平，黄俊贵. 中国文献编目规则（第二版）［M］. 北京：北京图书馆出版社，2005.

[5] 国际标准书目著录（ISBD）［M］. 吴龙涛等. 北京：华艺出版社，2002.

[6] 国家图书馆. 新版中国机读目录格式使用手册［M］. 北京：北京图书馆出版社，2004.

[7] 黄永年. 古籍整理概论［M］. 上海：上海书店出版，2001.

[8] 蒋贤春，翟喜奎. 中文文献全文版式还原与全文输入 XML 规范和应用指南［M］. 北京：国家图书馆出版社，2010.

[9] 李波. 史记字频研究［M］. 北京：语文出版社，2006.

[10] 厉兵. 汉字字形研究［M］. 北京：商务印书馆，2004.

[11] 刘琳，吴洪泽. 古籍整理学［M］. 成都：四川大学出版社，2003.

[12] 毛建军. 古籍数字化理论与实践［M］. 北京：航空工业出版社，2009.

[13] 沈澍农. 中医古籍用字研究［M］. 北京：学苑出版社，2007.

[14] 王德恒等. 中国方志学［M］. 北京：大象出版社，2009.

[15] 王立清. 中文古籍数字化研究［M］. 北京：国家图书馆出版社，2011.

[16] 杨永德，杨宁. 中国古代书籍装帧［M］. 北京：人民美术出版社，2008.

[17] 张书岩. 异体字研究［M］. 北京：商务印书馆，2004.

[18] 张轴材．古籍汉字字频率统计［M］．北京：商务印书馆，2008．
[19] 郑林曦．精简汉字字数的理论和实践［M］．北京：中国社会科学出版社，1982．
[20] 中国科学院北京天文台．中国地方志联合目录［M］．北京：中华书局，1985．
[21] 周迅．中国的地方志［M］．北京：中国国际广播出版社，2010．

2. 论文

[1] 常娥．古籍智能处理技术研究——农业古籍自动编辑和自动校勘的研究［D］．南京农业大学，2007．
[2] 陈爱志．古籍电子化与中国古代文史研究——以文渊阁《四库全书》电子版原文及全文检索版为中心［D］．福建师范大学，2008．
[3] 陈诚．论古典文献数字化［D］．苏州大学，2004．
[4] 陈国庆．数字技术在古籍整理中的运用初编［D］．兰州大学，2008．
[5] 侯汉清．农业古籍数字化整理研究［D］．南京农业大学，2006．
[6] 蓝永．论古籍整理的新方式［D］．山东大学，2007．
[7] 李兵．中医古籍数字化整理方案研究［D］．中国中医科学院，2009．
[8] 刘博．基于《文渊阁〈四库全书〉电子版》分析的我国古籍数字化问题与对策研究［D］．郑州大学，2006．
[9] 毛建军．古籍数字化理论研究［D］．南京大学，2008．
[10] 苗军．Unicode/XML 在电子出版物中的实现［D］．河北工业大学，2002．
[11] 全没．书同文公司《四部丛刊》电子版对我国今后古籍数字化工作的启示［D］．辽宁师范大学，2007．
[12] 王冠中．中文古籍数字化成果与展望［D］．东北师范大学，2005．
[13] 殷子．《农政全书》数字化研究［D］．南京农业大学，2007．
[14] 白振田．地方志引书挖掘系统的设计与实现［J］．图书馆杂志，2008（8）．
[15] 包铮．让古籍数字化成为可能——古籍数字化处理技术［J］．数字与缩微影像，2003（4）．
[16] 蔡璐．浅谈人物数据库网站的核心表现——以湖南近代人物资源库建设为例［J］．图书馆，2010（3）．
[17] 曹安和．我国古代乐谱简介［J］．人民音乐，1980（11）．

[18] 陈秉仁．古籍善本数字化的尝试——中国古籍善本查阅系统述略［J］．现代图书情报技术，1998（1）．

[19] 陈力．中文古籍数字化方法之检讨［J］．国家图书馆学刊，2005（3）．

[20] 陈力．中文古籍数字化的再思考［J］．国家图书馆学刊，2006（2）．

[21] 陈书梅．南京大学图书馆和元智大学的古籍数字化比较研究［J］．河北科技图苑，2008（4）．

[22] 陈文新．数字时代国学研究的四个趋势［J］．江西社会科学，2007（8）．

[23] 陈小兵．掌握"盘带技术"——磁盘存储和磁带存储比较［J］．网管员世界，2008（3）．

[24] 董丽，张蓓，邢春晓．开放源代码的数字资源管理系统 Dspace 和 Fedora 的分析和比较［J］．现代图书情报技术，2005（7）．

[25] 高坤育．地方多媒体文献资源库建设——泉州学文献资源数据库建设的思考［J］．情报探索，2002（4）．

[26] 郝淑东．古籍数字化的发展概述［J］．情报探索，2007（7）．

[27] 黄玉华，吉汉强．海南地方特色文献数字资源库群的联合共建［J］．图书馆建设，2006（1）．

[28] 李国新．中国古籍资源数字化的进展与任务［J］．大学图书馆学报，2002（1）．

[29] 李国英，周晓文．资料库建设的必要性与可行性［J］．北京师范大学学报（社会科学版），2009（5）．

[30] 李璐．古籍全文数据库建设的技术与实践［J］．图书馆学研究，2004（11）．

[31] 李明杰．中国古籍数字化资源调查与分析［J］．图书馆杂志，2002（5）．

[32] 李明杰．中文古籍数字化基本理论问题刍议［J］．图书馆论坛，2005（5）．

[33] 李玉海．面向数字图书馆的古籍数字化模型构建［J］．图书馆学研究，2008（8）．

[34] 李运富．谈古籍电子版的保真原则和整理原则［J］．古籍整理研究学刊，2000（1）．

[35] 李哲汇．地方特色数字资源库的开发与设计［J］．情报探索，2003（4）．

[36] 梁滨久．地方志的性质［J］．黑龙江史志，2008（3）．

[37] 刘博．大规模古籍数字化之汉字编码选择［J］．科技情报开发与经济，2006（5）．

[38] 刘二灿．特色资源库建设的实现技术［J］．数字图书馆论坛，2005（6）．

[39] 刘炜．上海图书馆古籍数字化的初步尝试［J］．图书馆杂志，1997（4）．

[40] 刘泳洁．国内外图书馆内容管理系统的比较研究 [J]．图书情报工作，2009 (23).
[41] 楼向英．对数字图书馆建设若干问题的思考 [J]．图书馆理论与实践，2003 (3).
[42] 罗丽丽．浅谈贵州古籍文献数字化建设 [J]．理论与当代，2008 (6).
[43] 毛建军．古籍数字化的概念与内涵 [J]．图书馆理论与实践，2007 (4).
[44] 毛建军．古籍数字化研究的回顾与思考 [J]．国家图书馆学刊，2007 (3).
[45] 毛建军．国内科研院所古籍数字化资源的建设 [J]．图书馆建设，2007 (2).
[46] 毛建军．欧美地区中文古籍数字化概述 [J]．数字与缩微影像，2008 (1).
[47] 毛建军．日本中文古籍数字资源的建设 [J]．图书馆建设，2009 (3).
[48] 毛建军．台湾地区古籍书目数据库的建设及其特点 [J]．福建图书馆理论与实践，2007 (3).
[49] 毛建军．中文古籍全文数据库的类型与规范 [J]．中国索引，2008 (2).
[50] 潘德利．中国古籍数字化进程和展望 [J]．图书情报工作，2002 (7).
[51] 史睿．论中国古籍的数字化与人文学术研究 [J]．国家图书馆学刊，1999 (2).
[52] 宋继华．基于语料库方法的数字化《说文》学研究环境的构建 [J]．语言文字应用，2007 (1).
[53] 孙继林．关于古籍善本的数字化问题 [J]．图书馆杂志，2000 (7).
[54] 王碧静．个人资源库的构建 [J]．电脑知识与技术，2009 (5).
[55] 王东海．古文献数字语料库的异形字处理 [J]．语言文字应用，2005 (4).
[56] 王桂平．我国古籍数字化的现状及展望 [J]．图书情报知识，2000 (4).
[57] 王国庆，董秋生．DjVu 是值得推崇的数字图书馆存储格式 [J]．中华医学图书情报杂志，2008 (5).
[58] 王立清．港台地区古籍数字化现状分析及启示 [J]．图书情报工作，2006 (8).
[59] 王宪洪．数字化古籍及其对方志研究的影响 [J]．中国地方志，2009 (4).
[60] 王晖．四论方志性质与特征 [J]．中国地方志，2005 (1).
[61] 王荟．中国地方志（旧方志）资源库的设计与展望 [J]．国家图书馆学刊，2003 (1).
[62] 王雯，黄丽，王军．Fedora 数据仓储的介绍与应用 [J]．数字图书馆论坛，2007 (9).
[63] 王雪迎．水木娜嬛——清华大学图书馆古文献的传承整理和数字化建设 [J]．大学图书馆学报，2007 (1).
[64] 王燕．浅谈数字图书馆中的图形化查询技术——GIS 在北京大学古文献资源库中

的应用 [J]. 大学图书馆学报，2006 (1).

[65] 尉迟治平. 电子古籍的异体字处理研究——以电子《广韵》为例 [J]. 语言研究，2007 (3).

[66] 魏慧斌. 基于 XML 的古籍信息标注 [J]. 汕头大学学报（人文社会科学版），2006 (5).

[67] 萧世民. 中国历史上的标点符号规范化 [J]. 郑州大学学报（哲学社会科学版），2004 (11).

[68] 肖怀志. 基于本体的历史年代知识元在古籍数字化中的应用——以《三国志》历史年代知识元的抽取、存储和表示为例 [J]. 图书情报知识，2005 (3).

[69] 肖卓. CADAL 项目与古籍整理 [J]. 图书与情报，2005 (4).

[70] 徐健. 古籍数字化中的汉字录入与显示 [J]. 图书与情报，2006 (6).

[71] 徐清. 2001—2005 年我国中文古籍数字化研究综述 [J]. 图书情报工作，2006 (8).

[72] 徐清. 古籍数字化资源的深度开发 [J]. 图书情报工作，2007 (3).

[73] 徐清. 近十年古籍书目数据库建设研究概述 [J]. 图书情报知识，2006 (5).

[74] 徐清，石向实，王唯. 古籍数字化资源的深度开发 [J]. 图书情报工作，2007 (3).

[75] 杨晶石，王红梅. 长白山特色资源库的构建 [J]. 通化师范学院学报，2009 (4).

[76] 杨朝霞. 古籍数字资源略述 [J]. 大学图书馆学报，2000 (3).

[77] 杨之峰. 试论古籍插图的数字化 [J]. 江西图书馆学刊，2007 (4).

[78] 曾艳. 古籍文本抽词研究 [J]. 图书情报工作，2008 (1).

[79] 张艳红. 关于古籍文献数字化的几个问题 [J]. 图书情报知识，2003 (1).

[80] 张再兴. 从字频看西周金文文字系统的特点 [J]. 语言研究，2004 (3).

[81] 周广西，曹玲. 农业古籍数字化研究——以构建《齐民要术》研究知识库为例 [J]. 兰台世界，2008 (3 下).

[82] 赵云. 图书馆古籍数字化前处理工作研究 [J]. 农业图书情报学刊，2007 (3).

[83] 周美英. 馆藏光盘的保护 [J]. 四川文理学院学报（社会科学），2008 (4).

[84] 朱岩. 中国古籍用字字频与分布统计分析 [J]. 国家图书馆学刊，2004 (3).

3. 网络文献

[1] 文渊阁四库全书电子版 [EB]. 上海：上海人民出版社，1999.

[2]《数字资源加工标准规范》研究报告 [OL]. [2011-11-30]. http: //cdls2.nstl.gov.cn/mt/blogs/2nd/archives/docs/CDLS-S03-008.pdf.

[3]《数字资源加工操作指南》研究报告 [OL]. [2011-11-30]. http: //cdls2.nstl.gov.cn/mt/blogs/2nd/archives/docs/CDLS-S03-007.pdf.

[4]《文渊阁四库全书》最新 3.0 版（内联网版 / 网上版）产品小册子 [OL]. [2011-11-30]. http: //www.sikuquanshu.com/Html/GB/product/download/3.0leaflet_gb.pdf.

[5]《異體字字典》網路版說明 [EB/OL]. http: //dict.variants.moe.edu.tw/start.htm.

[6] AnnexT Procedure for the unification and arrangement of CJK Ideographs [OL]. [2011-11-30]. ftp: //ftp.cse.cuhk.edu.hk/pub/irg/AnnexT.rtf.

[7] CADAL 技术规范 [OL]. [2011-11-30]. http: //www.cadal.net/cnc/cn/jsgf/jsgf.htm.

[8] CADAL 项目背景 [OL]. [2011-11-30]. http: //www.cadal.net/cnc/cn/cncadal.htm.

[9] CDI CM 内容管理软件 [OL]. [2011-11-30]. http: //www.cdi.cn/CMS/searcher/searcher.do?method=getContent&contentID=2c90813f11d4213f0111d43a79e2000e.

[10] CJK 汉字拆分项目数据文件 [OL]. [2011-11-30]. http: //hanzi.unihan.com.cn/CoolHanzi/data/download.asp?file=CJKDecomposed20080425V312.pdf.rar.

[11] Guides to Quality in Visual Resource Imaging [OL]. [2011-11-30]. http: //old.diglib.org/pubs/dlf091/dlf091.htm#visguide2.

[12] IDP 保护和数字化 [OL]. [2011-11-30]. http: //idp.nlc.gov.cn/pages/conservation_specialisms.a4d#Case_Study.

[13] IDP 技术基础构造 [OL]. [2011-11-30]. http: //idp.nlc.gov.cn/pages/technical_infra.a4d.

[14] Procedure for the unification and arrangement of CJK Ideographs, Procedure for the unification and arrangement of CJK Ideographs [OL]. [2011-11-30]. http: //www.cse.cuhk.edu.hk/~irg/irg/N681_Annex_S.doc.

[15] TELDAP 中文简介 2008—2009 [OL]. [2011-11-30]. http: //teldap.tw/Files/TELDAP_introduction_ch_2008-2009.pdf.

[16] The Unicode Consortium [OL]. [2011-11-30]. http: //unicode.org/.

[17] TRS WCM V6.5 [OL]. [2011-11-30]. http: // http: //www.trs.com.cn/news/topics/wcm65/zygn.htm.

[18] Western States Digital Imaging Best Practices [OL]. [2011-11-30]. http://www.mndigital.org/digitizing/standards/imaging.pdf.

[19] 地方志影像编码原则 [OL]. [2011-11-30]. http://www2.ndap.org.tw/eBook08/showContent.php?PK=159

[20] 东京大学东洋文化研究所所藏汉籍善本全文影像资料库 [OL]. [2011-11-30]. http://shanben.ioc.u-tokyo.ac.jp/.

[21] 动态组字 [OL]. [2011-11-30]. http://zh.wikipedia.org/wiki/%E5%8B%95%E6%85%8B%E7%B5%84%E5%AD%97.

[22] 付艳．基于内容的古籍检索技术研究 [OL]. [2011-11-30]. http://www.guoxue.com/wk/000655.htm.

[23] 古籍插图库 [OL]. [2012-1-1]. http://www.clcn.net.cn/shuziziy/zijiansk/201112/t20111229_16844.xinxi

[24] 古籍电子定本工程整理体例 [OL]. [2011-11-30]. http://news.guoxue.com/article.php?articleid=19537.

[25] 古籍定级标准 [OL]. [2011-11-30]. http://www.ccnt.gov.cn/sjzz/whkjs/ztlm/whhybz/200804/P020080430418968745630.doc.

[26] 古籍特藏破损定级标准 [OL]. [2011-11-30]. http://www.ccnt.gov.cn/sjzz/whkjs/ztlm/whhybz/200804/P020080430418968745630.doc.

[27] 古籍修复技术规范与质量要求 [OL]. [2011-11-30]. http://www.51zbz.cn/biaozhun/20123.html.

[28] 古籍字频统计国学宝典网络版字频统计（3903 版）[OL]. [2011-11-30]. http://www.guoxue.com/gjzpl.pdf.

[29] 国际编目原则声明 [OL]. [2011-11-30]. www.ifla.org/files/cataloguing/icp/icp_2009-zh.

[30] 国家图书馆汉字处理规范 [OL]. [2011-11-30]. http://www.nlc.gov.cn/sztsg/2qgc/sjym/eqgc_bzgf_1.htm.

[31] 汉字系统工程的计量研究 [OL]. [2011-11-30]. http://chinese.exponode.com/9_0.htm.

[32] 毛庆祯．电子档案格式之开放性研究 [OL]. [2011-11-30]. http://www.lins.fju.

edu.tw/mao/works/filestd.htm.

[33] 缺字系统整合动态组字之应用 [OL]. [2011-11-30]. http: //itech.ntcu.edu.tw/Tanet%202007/2%5C396.pdf.

[34] 数位典藏技术汇编 2007 版 [OL]. [2011-11-30]. http: //www2.ndap.org.tw/eBook08/showContent.php.

[35] 数字空间系统 DSpace [OL]. [2011-11-30]. http: //www.oschina.net/p/dspace.

[36] 数字图书馆整体解决方案 [OL]. [2011-11-30]. http: //tpi.cnki.net/cpzx/zsgl/Document/232/232.html

[37] 图书馆古籍特藏书库基本要求 [OL]. [2011-11-30]. http: //www.ccnt.gov.cn/sjzz/whkjs/ztlm/whhybz/200805/P020080504332279542119.doc.

[38] 张轴材.《四库全书》电子版工程与中文信息技术 [OL]. [2011-11-30]. http: //www.unihan.com.cn/documents/ (doc) Unihan_experience.rar.

[39] 赵敏俐. 第二届中国古籍数字化国际学术研讨会总结 [OL]. [2011-11-30]. http: //www.guoxue.com/zt/gjszh02/hyzj.htm.

[40] 中国知识资源总库 [OL]. [2011-11-30]. http: //dlib.cnki.net/kns50/index.aspx.

[41] 中国基本古籍库 [OL]. [2011-11-30]. http: //www.lib.nchu.edu.tw/lib_newsletter/datas/chinesedatas.pdf.